中国社会科学院创新工程学术出版资助项目

冲突与趋同

中美双边投资协定谈判研究

韩冰 姚枝仲 等◎著

中国社会科学出版社

图书在版编目（CIP）数据

冲突与趋同：中美双边投资协定谈判研究／韩冰等著 . —北京：中国社会科学
出版社，2016.6
ISBN 978-7-5161-8340-3

Ⅰ.①冲… Ⅱ.①韩… Ⅲ.①中美关系—双边贸易—贸易协定—研究
Ⅳ.①F752.771.2

中国版本图书馆 CIP 数据核字（2016）第 133276 号

出 版 人	赵剑英	
责任编辑	孙　萍	
责任校对	胡新芳	
责任印制	王　超	

出　　版	中国社会科学出版社	
社　　址	北京鼓楼西大街甲 158 号	
邮　　编	100720	
网　　址	http://www.csspw.cn	
发 行 部	010-84083685	
门 市 部	010-84029450	
经　　销	新华书店及其他书店	

印　　刷	北京明恒达印务有限公司	
装　　订	廊坊市广阳区广增装订厂	
版　　次	2016 年 6 月第 1 版	
印　　次	2016 年 6 月第 1 次印刷	

开　　本	710×1000　1/16	
印　　张	16.25	
插　　页	2	
字　　数	242 千字	
定　　价	59.00 元	

凡购买中国社会科学出版社图书，如有质量问题请与本社营销中心联系调换
电话:010-84083683

序　　言

　　金融危机爆发后，世界经贸格局随着新兴经济体的崛起而发生着深刻的变化，原有的以美欧为主导的国际经贸秩序受到了巨大的挑战。为因应新的经济形势，以美国为代表的发达国家开始推动新一轮国际经贸议题谈判，致力于构建新一代的国际经贸规则。美国作为传统的国际经贸规则的主导者，在 WTO 框架下推进新一代经贸议题遇阻后，就将谈判的重心转移至区域或双边协定谈判上。例如，美国力推的跨太平洋伙伴关系协定（TPP）①、跨大西洋贸易和投资伙伴关系协定（TTIP）、国际服务贸易复边协定（TISA）以及中美双边投资协定（BIT）等谈判。在上述新一代国际经贸规则谈判中，中美 BIT 谈判是当前我国参与国际投资规则重塑的重要场域。

　　美国现今是全球最大的对外直接投资国家，中国则是新兴市场中最大的对外直接投资国家，但目前中美之间尚未缔结双边投资保护协定。就中美之间的直接投资情况看，据中国商务部统计，2014年，中国新批设立美资企业 1176 家，同比上升 10.8%。美国对华实际投资 26.7 亿美元，在对华直接投资中排名第六位。截至 2014年年底，美对华投资项目累计超过 6.4 万个，实际投入 754 亿美元，分别占中国已批外资企业和实际利用外资的 8% 和 5%。从中国对美国投资看，2014 年，中国对美投资流量为 75.96 亿美元，较上年增长 96.1%，创中国对美国直接投资历史最高值，占流量总额的

---

　　① 2016 年 2 月 4 日，美国、日本、澳大利亚等 12 国在新西兰正式签署跨太平洋伙伴关系协定（TPP）。

6.2%。截至 2014 年末，中国对美投资存量为 380.11 亿美元，占中国对外直接投资存量的 4.3%。由此可知，中美目前双边投资的规模远远低于两大经济体应该拥有的规模。也因此，推动中美之间达成双边投资协定，对中美双方而言都具有重要意义，有利于促进双边投资，保护各自企业的海外利益。事实上，自中美 BIT 谈判启动以来，中美 BIT 问题已成为近年来中美战略与经济对话的重要议题。中美双方共同努力构建新型大国关系的重要共识，成为 BIT 谈判顺利推进的催化剂；而另一方面，BIT 谈判的任何实质性进展又反过来凸显中美双方谨慎处理分歧、加强经贸交流、寻求共赢的合作共识。

中美 BIT 谈判不仅关系到中国在新一代国际经贸规则重构中的话语权问题，而且关系到中美两国双边投资规模的未来发展问题，其也与中国国内投资环境的改善与优化息息相关。2013 年 7 月举行的第五轮中美战略与经济对话中，中方同意以"准入前国民待遇加负面清单模式"为基础开展中美 BIT 实质性谈判。2013 年 9 月 29 日正式挂牌的中国（上海）自由贸易试验区肩负的重要使命之一即是"要探索建立投资准入前国民待遇和负面清单管理模式"。为促进中国深化改革，提供有益的借鉴，2013 年 11 月 12 日通过的《中共中央关于全面深化改革若干重大问题的决定》也指出："实行统一的市场准入制度，在制定负面清单基础上，各类市场主体可依法平等进入清单之外领域。探索对外商投资实行'准入前国民待遇加负面清单的管理模式'。"中美 BIT 谈判确立的谈判基础"准入前国民待遇加负面清单模式"对现行中国外商投资管理体制影响深远，一方面有利于突破现有外商投资管理体制改革的瓶颈，但另一方面意味着中国的外资监管与风险防控能力将面临严峻的挑战。长期以来，中国形成了以外资准入审批为核心的外资监管模式。当前外资准入管理适用的《外商投资产业目录》与《中西部地区外商投资优势产业目录》主要采取正面列举鼓励、限制和禁止外资进入领域的方式，与"负面清单"模式完全不同。并且，由于我国外资管理体制具有"重事前审批，轻事后监管"的倾向，事后监管的法律法规处于滞后发展状态。因此，要与中美 BIT 谈判中的"负面清单"相衔接，当前外资管理体制亟待深化改革。目前外资三法修改项目已列入全国人大常委会于 2013 年 10 月 30 日公布的《十二届全国人大常委会立法规划》中。

早在 2006 年 12 月，中美双方举行第一次战略经济对话（U. S. - China Strategic Economic Dialogue）时，已将讨论开启双边投资协定谈判的可能性确定为战略经济对话的重要内容。在 2008 年 6 月举行的第四次战略经济对话上，中美双方正式启动双边投资协定谈判。从 2008 年 9 月起至 2009 年 6 月，双方进行了 6 轮谈判。[①] 其后由于美国对 2004 年 BIT 范本的修订而导致谈判一度搁置，但 2012 年美国 BIT 新范本（2012 U. S. Model Bilateral Investment Treaty）公布后，双方在同年 5 月的第四轮中美战略与经济对话（U. S. -China Strategic and Economic Dialogue）[②] 重启谈判。至 2013 年 7 月第五轮中美战略与经济对话，中美 BIT 谈判进行了 9 轮技术性磋商，但一直进展缓慢。在 2013 年 7 月举行的第五轮中美战略与经济对话中，中美 BIT 谈判取得突破性进展，中美双方同意以"准入前国民待遇加负面清单模式"为基础开展中美 BIT 实质性谈判，进而打破僵局。此后，谈判进程迅速加快。在 2014 年 7 月举行的第六轮中美战略与经济对话中，中美 BIT 谈判再次取得"历史性"进展，"双方同意争取 2014 年就双边投资协定文本的核心问题和主要条款达成一致，并承诺在 2015 年早期启动负面清单谈判"，从而为中美 BIT 谈判设立了清晰的时间表。截至 2016 年 3 月，中美双方已进行 24 轮谈判。一轮又一轮密集谈判的背后是中美双方投资利益的博弈与角逐，那么中美在确立了"准入前国民待遇加负面清单模式"为谈判基础后，仍存在哪些主要分歧？中国应如何应对美国所推动的竞争中立、知识产权、劳工标准、环境保护标准等新一代国际经贸

---

① 在这一阶段谈判中，美国提交中方的文本是 2004 年 BIT 范本。

② 中美战略经济对话机制建立于 2006 年 9 月。2006 年 12 月，中美两国在北京进行了首次战略经济对话。根据中美双方发表的《中美关于启动两国战略经济对话机制的共同声明》，中美战略经济对话主要讨论两国共同感兴趣和关切的双边和全球战略性经济问题。中美战略与经济对话机制建立于 2009 年 4 月，其基础是中美战略对话和中美战略经济对话。

议题？对于美国 2012 年 BIT 范本中提出的国有企业定义、提高透明度、加强知识产权保护、允许外资参与标准制定等新规则，中国应如何应对？负面清单具有哪些含义？"准入前国民待遇加负面清单模式"对中国外资管理体制有哪些潜在影响？如何与美方进行充分谈判，寻求达成一个平衡、共赢、高水平的中美 BIT？这些问题是当前推进中美双边投资协定谈判亟待解决的问题，也是当前国际投资领域中的研究热点问题。

有鉴于此，本书选择对中美双边投资协定谈判这一论题进行研究，即通过对围绕中美 BIT 谈判而引发的一系列问题进行深入的分析与跟踪研究，提出对策建议。从逻辑框架结构看，本书可分为三个部分：理论综述篇、中美 BIT 谈判篇和附录。第一部分是理论综述篇，由第一章、第二章、第三章和第四章组成，这部分对国际投资协定发展概况、动向和热点条款方面的文献作系统的梳理与概括，并对美国 2012 年 BIT 范本的新变化与其所反映的美国对外投资政策新变化给予了详细的阐释。第二部分是中美 BIT 谈判篇，由第五章、第六章、第七章和第八章组成，重点分析中美 BIT 框架下如何应对美国国家安全审查制度的挑战、中美 BIT 谈判对中国投资环境的潜在影响、如何应对中美 BIT 实质谈判以及中美 BIT 范本全文比较分析，通过上述章节的分析与研究，揭示中美 BIT 谈判对中国的利弊、影响与面临的挑战，并提出应对中美 BIT 谈判的对策建议。附录部分则对中国缔结的双边投资协定、美国对外签订的双边投资协定以及世界各国签订的国际投资协定数量情况进行了整理。

现将本书各章的结构框架、主要内容和特色创新之处阐述如下：

第一章概述与分析了现今国际投资协定发展概况、动向与特征。双边投资协定、区域投资协定与全球性多边投资协定共同构成了调整国际私人直接投资关系的国际规则体系。近年来，双边投资协定增速放缓，内容趋于复杂化与精致化。区域投资协定数量不断增加，并呈现跨地区发展的特征，涵盖内容范围也更广泛。与双边投资协定和区域投资协定均获得较快发展不同，全球性多边投资协定发展缓慢。相较于以 WTO 为核心的国际贸易体制和以国际货币基金组织为核心的国际金融体制，国际投资领域迄今为止还未达成一个全面的、综合性的并具有约束力的多边投资协定。本章对近年来上述三个层面国际投资协定的重要趋势予以阐释与梳理，有助于为研究中美双边投资协定谈判奠定理论基础。

第二章评析与梳理了与国际投资相关的 WTO 协定研究概况。2001 年我国加入 WTO 前后，我国学界对 WTO 相关问题进行了较为深入细致的研讨。中美 BIT 谈判对中国的影响堪比"二次入世"，因此对"入世"前后的相关研究予以述评可以对现今进行的中美 BIT 谈判提供镜鉴。从现有的关于此论题的论著来看，主要集中在三个方面：一是对 WTO 协定中与国际投资相关的协定内容的研究；二是关于 WTO 协定对国际投资法的影响的研究；三是对 WTO 框架下启动多边投资协定谈判的可行性分析。

第三章深入分析与探讨了现今国际投资协定中的热点条款。本章选取了公正与公平待遇标准、间接征收和负面清单这三个国际投资协定中的热点条款予以深入的研究。20 世纪 90 年代以来，投资者以东道国违反公正与公平待遇标准、间接征收为由索赔的案件迅速增加。投资者对国际投资协定条款的滥用以及仲裁庭对国际投资协定条款的扩大解释，引起各方关注。探讨公正与公平待遇标准、间接征收的确切含义与要素内容，适当引导与限制投资仲裁庭的自由裁量权，防止对公正与公平待遇标准、间接征收的扩张解读，成为学界对国际投资协定中条款进行研究探讨的热点论题。2013 年 7 月，中美两国达成以"准入前国民待遇加负面清单模式"为基础开展双边投资协定实质性谈判的一致性意见后，负面清单也成为我国学界研究的热点论题之一。本章对上述三个热点条款的含义、适用以及条约实践和仲裁实践与新进展等问题的分析与探究，有助于掌握现今国际投资协定条款内容的发展动向与趋势，为中美 BIT 谈判提供理论支撑。

第四章探讨与研究了美国 2012 年双边投资协定新范本条文的变化及其所反映的美国对外投资政策的新变化。美国 2012 年 BIT 范本提高了透明度和公共参与，强化了有关国有企业优惠待遇的规制以及加强对劳工和环境的保护，同时审慎寻求为美国的海外投资者提供强力保护与为政府管理公共利益保留必要的政策空间之间的平衡。这些新变化反映了美国政府继续探索介于卡尔沃主义与新自由主义这两种制度间的国际投资法的"第三条道路"的发展范式，也反映了美国对外投资政策近来力推竞争中立政策与寻求可持续发展的新动向，而这对于中国"走出去"的企业将带来一定的影响与挑战，需要我国政府在中美双边投资协定谈判中予以高度重视。

第五章全面分析了美国国家安全审查制度，并对中美双边投资协定框架下如何降低中国企业赴美投资国家安全审查这一主要投资壁垒进行了探讨。近年来，中国企业在美投资频频受阻，一个重要的障碍是美国外国投资委员会（CFIUS）的国家安全审查制度。通过对 CFIUS 对审查范围、审查标准与审查程序的分析，可以发现 CFIUS 是一个运作和审查过程都缺乏透明度的机构，其保密特性使得相关信息公开程度非常有限。"关键基础设施"、"关键技术"、"关键地点"在多大程度上会影响 CFIUS 的裁决并不确定，其依然是"一案一议"。CFIUS 的审查从多方面体现了美国的国家安全战略，例如关注经济安全，追求引入国外直接投资和经济安全之间的平衡，在保证国防安全前提之下追求经济安全等。在中美 BIT 谈判中，我方应提出在中美 BIT 中增加关于 CFIUS 透明度的规定，以从制度上对美国国家安全审查制度予以约束。与此同时，中国应在中美 BIT 达成前，健全与完善中国的外资国家安全审查制度。

第六章阐述与评估了中美 BIT 谈判对中国投资环境的潜在影响。以"准入前国民待遇加负面清单模式"为基础进行中美双边投资协定实质性谈判，对现行的中国外商投资管理体制具有深远影响，继而将对中国的投资环境产生深刻影响。国际投资领域的国民待遇意味着外国投资者可以在同等的条件下与东道国本国的投资者竞争。"准入前国民待遇加负面清单模式"要求一国政府给予外国投资者在设立、并购、扩大阶段的待遇，在同等条件下不低于其给予国内投资者的待遇。而中国当前的双轨制外资立法与外资准入的管理规定与其相冲突，客观上要求现行的投资管理体制进行深入改革，减少行政审批，放宽外资准入，赋予各类企业公平参与市场竞争的机会，提高外资管理体制的透明度。为降低进一步开放带来的监管风险，并为中国政府保留根据国内经济发展形势变化适时调整外资政策的灵活性，中国需要在缔结中美 BIT 之前通过统一内外资法律、制定专门的外资管理法、完善外资准入国家安全审查制度、规范化与制度化反垄断审查工作等措施先行改革与完善国内外资管理体制，予以有效应对。

第七章探讨了如何具体应对中美双边投资协定的实质性谈判。中美双边投资协定的实质性谈判是中美两国重设双边国际投资规则的过程。这是一场美国发起的规则重构活动，中国在有限满足美国核心利益诉求的过程中，能够利用双边投资协定为中国长期发展服务，但也需要特别小心由此带来的隐患，尤其是协定条款之外隐性规则所带来的风险：一是国内政策国际化，二是资本项目自由化。中国需要建立一套高于国际规则的国内制度，同时协调资本账户管理与投资协定的关系。

第八章对中美 BIT 范本进行了全文比较、分析，揭示了中美双边投资协定谈判涉及的主要内容与分歧之处，并提出了相应的谈判对策。本章对美国 2012 年 BIT 范本与中国商务部 2010 年 4 月草拟的《中华人民共和国政府和＿＿＿政府关于促进和保护投资的协定》范本草案进行了逐条比较、分析，同时参照 2011 年中国—乌兹别克斯坦 BIT 以及 2012 年中国—加拿大 BIT 条款规定，揭示了中美在 BIT 条文内容上存在的分歧，并提出了对策建议。

本书系姚枝仲研究员主持的中国社会科学院创新工程课题"中国对外投资战略"的阶段性成果之一，是世界经济与政治研究所国际投资研究室部分研究人员近期研究成果的结晶。本书撰写分工如下：

韩冰：序言、第一章、第二章、第三章、第四章、第六章、第八章和附录；

潘圆圆、王碧珺、韩冰：第五章；

姚枝仲：第七章。

全书由韩冰、姚枝仲负责统稿。统稿人充分尊重各位撰稿人的著述特色，未寻求体例文风的完全统一。当然，文责自负。同时，感谢张明、王永中、张金杰、李国学等同事的宝贵意见。

本书仓促写就，旨在抛砖引玉，有不当之处，有待求教方家。

目　　录

第一章

国际投资协定研究综述

国际投资的国际法规则可以追溯至 18、19 世纪资本输出国为保护海外投资而限制资本输入国干预外国国民及其财产的原则。19世纪 40 年代以来，要求制定国际法律规则保护国际投资不受东道国征收和其他形式的干预的呼声日渐强烈。随着第二次世界大战后国际直接投资的迅猛发展，国际投资的国际法律制度逐渐成熟并形成独立的法律体系。这一体系内容主要包括双边投资协定、区域性及全球性多边投资协定等国际条约和联合国大会的规范性决议以及国际惯例。下文主要对双边投资协定、区域投资协定以及全球性多边投资协定研究领域的重要问题进行分析与述评。

一　双边投资协定

在过去的半个世纪中，双边投资协定（Bilateral Investment Treaties，简称 BITs）得到迅猛发展，成为调整国际投资关系最重要的法律形式和国际法新发展的最显著标志①，也是国际上最重要的投资规范、投资保护与投资促进工具。

（一）双边投资协定的历史变迁

双边投资条约是资本输出国与资本输入国之间签订的以保护和

---

① Jason W. Yackee, "Conceptual Difficulties in the Empirical Study of Bilateral Investment Treaties", *Brooklyn Journal of International Law*, Vol. 33, 2008, p. 40.

促进国际投资与维护健康的投资环境为目的的专门性投资条约。在国际投资实践中，双边投资条约可以分为两大类型：美国型的"友好通商航海条约"（Friendship，Commerce and Navigation Treaties，简称FCN）和双边投资条约。双边投资条约又可分为美国式的"投资保证协定"（Investment Guarantee Agreement）和德国式的"促进与保护投资协定"（Investment Promotion and Protection Agreement，简称IPPA）。[①]

1788年美国与法国签订了第一个友好通商航海条约，而1966年美国与泰国签订了最近的一个友好通商航海条约。友好通商航海条约虽包含了各种有关财产保护方面的规定，但其以调整两国间的友好通商关系为重点，保护私人投资的条款不是条约的主要内容。第二次世界大战后，虽然保护私人海外投资逐步成为友好通商航海条约的主要内容，但由于此类条约所具有的如涉及范围广、缺乏保护国际投资的程序性规定等固有的局限性，使得美国政府转变态度，基本上不再缔结此类条约。

20世纪70年代以前，美国除了签订综合性的友好通商航海条约外，还签订专门的投资保证协定。美国式的"投资保证协定"主要规定代位求偿权问题与处理投资争议的程序问题。它规定投资者可以在本国的相关机构投保，将来如果因东道国发生规定的政治风险而受到损失，投资者母国给予赔偿后，投资者母国政府可以根据双边投资保证协定行使代位权，向东道国政府提出赔偿要求。[②] 这种投资保证协定仅涉及在投资者母国根据其投资保险制度给予投资者赔偿后，对投资者母国的救济，并没有直接规定对外国投资的保护，其保护对象只是单方投资，而不是相互的投资。美国现已与100多个国家签订了双边投资保证协定。1980年10月，我国也与美国签订了双边投资保证协定。

---

① 参见姚梅镇《国际投资法》（第三版），武汉大学出版社2011年版，第243页。余劲松主编《国际投资法》（第三版），法律出版社2007年版，第212页。也有学者将双边投资条约分为三类，即美国主导的友好通商航海条约、20世纪80年代以前美国与发展中国家签订的双边投资保证协定和德国等资本输出国与发展中国家签订的双边促进和保护投资条约。参见梁咏《双边投资条约与中国能源投资安全》，复旦大学出版社2012年版，第39—40页。

② 董世忠主编：《国际投资法》，复旦大学出版社2009年版，第460页。

鉴于 FCN 难以有效保护海外投资，自 20 世纪 50 年代末开始，德国、瑞士等国开始与资本输入国签订促进与保护投资的专门性双边协定。1959 年，联邦德国与巴基斯坦和多米尼加共和国签订了最早的两项现代意义上的双边投资保护协定。此类双边投资保护协定主要规范与投资相关的事宜，既有关于促进与保护投资的实体性规定，也有关于代位求偿、解决投资争端等程序性规定。

美国自 1977 年以后也开始采用促进与保护投资协定模式，1982 年 1 月 11 日美国贸易代表办公室公布了一份用于谈判的双边投资条约样本条文。1982 年美国与巴拿马签订了第一个双边促进与保护投资协定。促进与保护投资协定成为现代国家双边投资条约的主要形式。现一般所称的双边投资协定则是对这类型双边投资条约的简称。

学界根据双边投资协定在投资保护标准、投资自由化方面的一些特征，将其区分为美式 BIT 与欧式 BIT（也有的称为德式 BIT）。一般而言，美式 BIT 对外资的保护要求更高。以美国 2012 年 BIT 范本为例，该范本与德式的 BIT 相较，具有高标准投资保护程度和高水平的投资自由化特点，例如该范本规定了较为宽泛的投资定义与征收条款、给予公平和公正的最低待遇标准、将"最惠国待遇"和"国民待遇"扩展至市场准入阶段以及较高的"透明度"要求等。

（二）BITs 的功能及其有效性

迄今为止，在国际投资领域，由于缺乏全球性统一的、全面的关于国际投资的多边投资协定，BITs 成为现今国际法上调整国际私人投资关系最有效的法律手段。一般认为，BITs 具有两个方面的功能，即投资保护与促进投资的跨国流动。也有学者认为，BITs 具有保护投资、便利外资进入与经营以及促进发展中国家经济整体自由化的三大功能。[①] BITs 的功能的有效性问题一直是学界探讨的热点问题，对此国内外学者的研究结论各异。

首先，投资保护功能。在第二次世界大战前，国际投资的唯一

---

① Jeswald W. Salacuse, Nicholas P. Sullivan, "Do BITs Really Work?: An Evaluation of Bilateral Investment Treaties and Their Grand Bargain", *Harvard International Law Journal*, Vol. 46, No. 1, 2005, p. 67.

外在保护是习惯国际法，它规定东道国有义务按照一套设定的国际标准对待跨国投资。① 但这种保护被证明是不充分的，因为这套国际标准具有不确定性，而且往往会引起争议，并且一些发展中国家在对待跨国投资时也达不到国际标准的要求。② 而缔结 BITs 的首要目的即是保护对外直接投资。因此，在 BITs 形成之初，其就是资本输出国为保护其跨国投资而设计的精致的法律保护工具。人们对双边投资条约的通常认识也是，双边投资条约是能够建立一种保护相互投资的具体的法律机制的一种特别法（a lex specialis），特别是在这种投资保护方面的法律规则尚处于不确定的状态时，这种机制是重要的。③

BITs 一般通过较宽泛的投资定义、给予缔约对方投资者国民待遇、最惠国待遇和公正与公平待遇、征收或国有化的条件和补偿标准、外汇转移、解决投资争端的程序等规定为外国投资者对其在东道国的投资提供法律保护。对于 BITs 的保护功能，有些学者认为，由于多数发达国家与发展中国家之间的 BITs 谈判是由发达国家启动的，两类国家之间的投资关系基本上是单向性的，因此 BITs 保护跨国投资的功能也是单向性的，主要是服务于发达的资本输出国及其跨国投资者。④

其次，投资促进功能。投资促进功能与投资保护功能紧密联系。BITs 作为国际性投资条约，可以为投资者提供一个明确、稳定和透明的投资法律框架，即使发生争端，投资者也可绕过东道国而直接寻求国际救济，因此 BITs 保护功能的增强会促进 FDI 规模增长。⑤

---

① Kenneth J. Vandevelde, "A Brief History of International Investment Agreements", in Karl P. Sauvant and Lisa E. Sachs (eds.), *The Effect of Treaties on Foreign Direct Investment*: *Bilateral Investment Treaties*, *Double Taxation Treaties*, *and Investment Flows*, Oxford University Press, 2009, pp. 3-36.

② United Nations Conference on Trade and Development (UNCTAD), *International Investment Agreements*: *Key Issues*, Sales No. E. 05. II. D. 6 (United Nations, 2004), p. 5.

③ 刘笋：《浅析 BIT 作用的有限性及对 BIT 促成习惯国际法规则论的反对论》，《法制与社会发展》2001 年第 5 期。

④ 曾华群：《论双边投资条约实践的"失衡"与革新》，《江西社会科学》2010 年第 6 期。

⑤ 卢进勇、余劲松、齐春生主编：《国际投资条约与协定新论》，人民出版社 2007 年版，第 117 页。

此外，在一些实行海外投资保险制度的发达国家中，资本输出国经常根据东道国签署 BITs 的意愿程度来决定其投资保险制度的可获得性。① 即这些国家会审查本国与投资者目标国家间是否签订双边投资协定，对未与本国签署 BITs 的国家，资本输出国通常不愿向投资者提供风险担保，或以较高保险费率方式提供，从而提高投资者的风险或投资成本。

BITs 能否促进 FDI 流入与流向问题是许多学者关注的热点问题。联合国贸易和发展会议（United Nations Conference on Trade and Development，简称 UNCTAD）对 1998—2008 年发表的有关 BITs 对外国直接投资的间接影响的一系列的经济学研究成果分析后指出，早期实证的研究结果显示 BITs 对外国直接投资的影响是模棱两可的，有的研究显示影响很弱，有的研究显示有相当大的影响，还有的个别研究显示根本没有影响。但是，2005—2008 年最近发表的——基于更多数据样本、改善的测量模型与多次测试——的研究结果显示，BITs 对于由发达国家流入到发展中国家的外国直接投资流量具有一定的影响。虽然大多数双边投资保护协定并不能改变外国直接投资的主要经济因素，但能改善一些政策和体制方面的决定因素，从而增加签订了 BITs 的发展中国家获得更多的外国直接投资的可能性。②

众所周知，影响投资的因素是多方面的，例如自然资源、劳动力、基础设施、劳动力受教育程度、市场规模、邻近性和政治稳定性等。因此，BITs 对吸引外资的重要性与影响是很难评估的。BITs 对促进投资的主要作用是 BITs 形成的稳定的法律框架能够降低投资者的风险，而降低风险是投资决定的一个重要因素，BITs 在这个决定中可以起到一定的作用，从而为东道国渴望得到的投资提供一些诱因。BITs 引导国际投资的方式可能被设计用于促进投资流动，但

---

① Jason Webb Yackee, "Conceptual Difficulties in the Empirical Study of Bilateral Investment Treaties", *Brooklyn Journal of International Law*, Vol. 33, 2008, pp. 460–462.

② UNCTAD, *The Role of International Investment Agreements in Attracting Foreign Direct Investment to Developing Countries*, Sales No. E. 09. II. D. 20 (United Nations, 2009), p. 13.

并不足以使生产力最大化。① 此外值得指出的是，BITs 的签订意味
着东道国的各项政策在国际仲裁庭前可能会被成功地挑战。② 为此，
发展中国家应充分权衡 BITs 的投资促进功能。

最后，促进投资自由化功能。促进投资自由化是晚近以来 BITs
具有的新功能。第二次世界大战后的一段时间，绝大多数发展中国
家对于国际直接投资自由化强烈抵制。直至 20 世纪 80 年代中期，
发展中国家由于外汇短缺以及经济发展瓶颈问题，才逐步打开实现
FDI 自由化的国门。BITs 对投资自由化的影响主要表现在以下三个
方面：第一，扩大投资与投资者的含义，从而使更多的投资与投资
者被纳入双边投资条约的保护机制，促进投资自由化；第二，延伸
国民待遇与最惠国待遇的适用，将国民待遇与最惠国待遇的适用从
营运阶段扩大到准入阶段，从而使得外资更容易进入东道国；第
三，废除业绩要求。业绩要求条款是双边投资协定具有"自由化性
质"的重要表现之一，它是外资获准进入东道国，或在东道国经
营，或取得特定优惠的前提条件，也是东道国对投资者采取的具体
管制措施，旨在服务于东道国预期的社会经济发展目标。③ 美国
2012 年 BIT 范本第 8 条规定对业绩要求进行全方位禁止，即是推动
BITs 的投资自由化的典型范例。

（三）BITs 的最新发展趋势与特征

20 世纪 90 年代以来，BITs 的发展已经成为国际投资法研究领域
中一个引人注目的现象，构成了现行国际投资法律框架的主要支柱。

第一，BITs 增速放缓。2014 年全世界新签订了 31 项国际投资
协定（包括 18 项 BITs 和 13 项其他国际投资协定）。BITs 的整体数
量继续增加，截至 2014 年年底，全球国际投资保护协定数量则达

---

① 魏卿、姜立文：《双边投资协定的经济分析》，《河南大学学报》（社会科学版）
2005 年第 2 期，第 31 页。

② Jason Webb Yackee, "Conceptual Difficulties in the Empirical Study of Bilateral Invest-
ment Treaties", *Brooklyn Journal of International Law*, Vol. 33, 2008, pp. 459–460.

③ 参见陈安主编《国际投资法的新发展与中国双边投资条约的新实践》，复旦大学
出版社 2007 年版，第 20 页。卢进勇、余劲松、齐春生主编《国际投资条约与协定新
论》，人民出版社 2007 年版，第 115—116 页。

至 3271 项，其中双边投资协定 2926 项，双边投资保护协定网格继续扩大。虽然 BITs 数量继续增加，但是近年来 BITs 增速明显放缓。一些发展中国家正从非洲、亚洲和拉丁美洲的国际投资体系中脱离，在旧的协定到期后不再续签新的协定，例如 2013 年南非终止了与德国、荷兰、西班牙与瑞士的 BIT。对此，UNCTAD 发布的报告认为，这体现了国际投资协定的谈判侧重点正从双边向区域转移——新签的双边投资协定数量继续减少，而越来越多的国家加强了在区域层面的投资政策制定。[①] 有学者对 2001 年以来新增 BITs 数量持续递减的原因进行分析后认为，最近以来各国对于双边投资协定可能会涉及的潜在的法律责任的广泛了解，使得对于 BITs 的采用趋向理性。[②] 还有学者认为，在双边投资协定实践中，存在发达国家与发展中国家之间在谈判地位与能力、谈判目标与效果、权利与利益等方面的不平等或不平衡现象，国际社会特别是发展中国家应积极探索双边投资条约实践的革新路径。[③]

第二，内容趋于复杂化与精致化。内容的复杂化主要体现在 BITs 定义部分内容增多[④]，对公正与公平待遇、征收规则的规定更为详细[⑤]、例外规定明显增多、脚注和附件[⑥]以及投资者—东道国争端解决机制规定的进一步细化；精致化主要体现在很多重新缔结的 BITs 的条款方面。例如很多国家扩大并细化了投资定义，投资定义对于确定仲裁机构是否对案件有管辖权具有重要作用。按照一些 BITs 中的"投资"定义，抵押贷款权、留置权、公司股份、对金钱

---

① UNCTAD, *World Investment Report* 2012：*Towards a New Generation of Investment Policies*, Sales No. E. 12. II. D. 3 (United Nations, 2012), p. 84.

② Srividya Jandhyala, Witold J. Henisz, Edward D. Mansfield, "Three Waves of BITs：The Global Diffusion of Foreign Investment Policy", 55 *Journal of Conflict Resolution*, 2011, pp. 1047–1073.

③ 曾华群：《论双边投资条约实践的"失衡"与革新》，《江西社会科学》2010 年第 6 期。

④ 例如，美国 BIT 范本中对术语的定义，从 1984 年范本的 5 项增至 2012 年范本的 35 项。

⑤ 详见下文有关公正公平待遇和间接征收部分的论述。

⑥ 以附件为例，美国和加拿大 2004 年 BIT 范本都有 4 个附件。

或履行的请求权以及广泛使用的商业特许经营，均是合格投资。[1]

　　第三，强化对投资和投资者的保护的同时，注重平衡东道国的国家利益与投资者的个人利益。有学者对近年各国重新缔结的 BITs 研究分析指出，在投资者保护政策方面，公正与公平待遇已被大大缩小，允许东道国为了保持其金融体制的健全与完整性适用其法律申请延迟转移投资收益的规定也逐渐普遍。此外，强调一项投资必须遵守东道国的法律已成为更普遍的规定。[2] 还有的国际投资协定专门增加新条款以平衡国家和企业之间的权利和义务及确保国际投资协定和其他公共政策之间的一致性。以美国 2012 年 BIT 范本为例，其在继续为投资者提供强力保护的同时，也为政府管理公共利益保留必要的空间。

　　第四，新增可持续发展内容。近年来，越来越多的协定增加了环境和社会发展以及企业社会责任方面的内容，可持续发展在国际投资政策制定过程中起着越来越重要的作用。美国 2012 年 BIT 范本与以往范本相较，也加强了对劳工和环境的保护，如规定缔约双方须遵守国际劳工组织规范下的义务等。[3] 有学者从国际法的人本化要求的视角分析认为，强化投资者的社会责任，给予东道国政府及其国民直接依据国际法追究跨国公司社会责任的权利和机会，将是未来国际投资法革新的重要内容。[4]

（四）中外双边投资条约的实践与完善

　　我国自 1982 年与瑞典签订第一个双边投资保护协定以来，截至 2014 年年底，已与约 130 个国家签订了此类协定，其中与 102 个国家的双边投资保护协定已经生效。[5] 2012 年 9 月 9 日，《中华人

---

① Edward G. Kehoe, Paul B. Maslo, "Trends in International Investment Agreements, 2009/2010: Recent Steps in the Evolution of Bilateral Investment Treaties and the UNCITRAL Arbitration Rules", in Karl P. Sauvant (ed.), *Yearbook on International Investment Law & Policy* 2010-2011, Oxford University Press, 2012, p. 61.

② Ibid., p. 62.

③ U. S. Model BIT, art. 13, 2012.

④ 刘笋：《国际法的人本化趋势与国际投资法的革新》，《法学研究》2011 年第 4 期。

⑤ "我国对外签订双边投资协定一览表"，商务部条法司网站（http://tfs. mofcom. gov. cn/article/Nocategory/201111/20111107819474. shtml）。

民共和国政府和加拿大政府关于促进和相互保护投资的协定》在俄罗斯符拉迪沃斯托克签署，这是中国最近缔结的双边投资保护协定。

中国商签 BITs 的实践始于 20 世纪 80 年代初，目前已缔结的 BITs 主要是在 1982—1998 年签订的，这一时期中国主要从资本输入国立场出发，缔结的双边投资保护协定内容较为保守与谨慎，提供的投资保护程度相对较低。

1998 年，中共中央提出实施"走出去"战略，中国当年与巴巴多斯缔结双边投资保护协定时一改以往谨慎的态度，全盘接受了以解决投资争端国际中心（ICSID）仲裁为代表的国际投资仲裁。因此，有学者认为 1998 年是中国理解双边投资条约的投资保护作用发生重大变化的标志性年份，即从保护外来投资的角度发展到保护中国对外投资。① 而其潜在的原因则是由于我国"走出去"战略的提出，中国政府希望通过双边投资协定强化对外资的保护。2000 年以来，特别是"入世"后的十多年来，在国际投资法全球化、自由化的影响下，我国有关的外资政策与法律发生了重大变化，双边投资保护协定在内容上有了较大的发展。我国与一些国家，如德国、荷兰、瑞典等国签署了新的协定或修改了原协定的议定书。新签订的这些双边投资保护协定呈现出投资自由化、对外资保护标准不断提高的态势，具体表现为扩大了国民待遇适用范围，放宽外汇转移限制②，对于投资者—东道国争端解决接受国际投资仲裁管辖权③等方面。

当前随着中国对外投资规模迅速增长，中国从世界主要资本输入国转变为世界重要的资本输出国，这促使中国双边投资协定在经

---

① 陈安主编：《国际投资法的新发展与中国双边投资条约的新实践》，复旦大学出版社 2007 年版，第 440—441 页。

② 大多数中国商签的双边投资保护协定中规定了"依据缔约方国内法律和法规"作为保障外汇汇出的前提条件，修订后的中国—德国 BIT、中国—荷兰 BIT 中将这一前提条件取消，即保证无条件的自由转移，但在议定书中写明：当前中国有关汇兑管制的法律和法规所规定的手续，并且该手续不得被用于规避本协定中缔约方的承诺和义务。

③ 1992—1998 年，中国签订的 88 项 BITs 中没有接受 ICSID 仲裁管辖权的有 30 项，有限同意的有 13 项；1998—2004 年年底，中国签订了 26 项 BITs，其中没有接受 ICSID 仲裁管辖权的有 8 项，全盘接受的有 17 项。参见黄海浪《"落后"还是"超前"？——论中国对 ICSID 管辖权的同意》，《国际经济法学刊》2006 年第 1 期，第 113—127 页。

历了第一代的"保守主义范式"的 BIT 和第二代"自由主义范式"的 BIT，开始向第三代"平衡范式"的 BIT 演变。① 即同时作为重要的资本输入国和输出国的独特地位，客观上要求中国在双边投资协定的谈判中需要兼顾不同方面的利益。此外，近年来的国际投资实践也表明，双边投资保护协定在为投资者提供保护的同时，也应注意为东道国对公共利益进行管理提供应有的政策空间，中国在现阶段缔结双边投资协定时，也需要考虑这两个方面的平衡。

当前中外双边投资保护协定的实践与研究具有以下特点：

第一，中外双边投资保护协定文本内容亟待完善。虽然自 1998 年以来中国逐步重视对外投资的保护问题，但双边投资条约实践只是初步的，在中外双边投资保护协定的主要条款上，仍然存在大量的"灰色信息"，亟待予以具体明确的界分，并且许多条款仅具象征性意义，缺乏可操作性。此外，我国投资条约的内容日趋自由化，特别是在投资争端解决方面，在 2003 年中国和德国签署的 BIT 中放弃了"逐案审批"的权利，开始全面接受 ICSID 的管辖权、宽泛的间接征收定义等自由化条款，而近年来国际投资仲裁实践的发展表明中外 BIT 中宜采取例外规定、限制间接征收等适当的防御性条款，防止私人滥诉，避免类似阿根廷不慎放权的教训，保障国家基于环境、国家安全等政策的需要对外资实施必要的管制措施。

第二，保障中国海外投资成为近年中外 BIT 研究的新视角。在中国提出"走出去"战略之前，我国学者对中外 BIT 的研究多从资本输入国的视角开展，强调保护东道国对外资的管辖权。② 随着中国对外投资规模迅速增长，越来越多的中国企业走向海外开展直接投资，中国企业在海外遭受到了东道国的政变、动乱、征收、外汇管制等政治风险（如 2011 年以来北非中东地区的政治动荡与社会

---

① 桑百川、靳朝晖：《中美双边投资协定前景分析》，《国际经济合作》2011 年第 11 期。

② 刘笋：《晚近双边投资条约发展值得注意的几个特点——极力弱化东道国外资管辖权成为趋势》，《广西政法管理干部学院学报》2001 年第 4 期；刘笋：《浅析 BIT 作用的有限性及对 BIT 促成习惯国际法规则论的反对论》，《法制与社会发展》2001 年第 5 期；韩亮：《20 世纪九十年代双边投资保护协定的发展及评价》，《法学评论》2001 年第 2 期。

危机），除此之外还遭遇了其他国家企业所没有的"非传统政治风险"，如中海油对美国优尼科石油公司收购失败的典型例子。因此，当前一些学者认为中国同时作为重要的资本输入国和输出国的独特地位使得中国在双边投资协定的谈判中需要兼顾不同方面的利益。[①]并且，已开始从规避海外直接投资可能遭遇的各种风险，保障中国企业海外直接投资安全的视角开始对双边投资保护协定展开全面、深入的研究。[②]

第三，中外双边投资保护协定取得新发展。2012 年，我国在与加拿大历经 18 年谈判后终于签署了双边投资保护协定——《中华人民共和国政府和加拿大政府关于促进和相互保护投资的协定》（以下简称中国—加拿大 BIT）。中国—加拿大 BIT 涵盖了常规投资保护协定包括的主要内容和要素，共包括 35 条和 6 个附加条款，囊括了国际投资协定通常包含的所有重要内容，是中国迄今为止缔结的内容最为广泛的一个双边投资协定。除了包括投资定义、适用范围、最低待遇标准、最惠国待遇、国民待遇、征收、转移、代位、税收、争议解决、一般例外等条款外，中国—加拿大 BIT还对税收和金融审慎例外问题做出了专门规定，这在目前中国对外商签的投资协定中尚属首次，反映了国际投资协定的新发展和新趋势。[③] 中国—加拿大 BIT 代表了今后中国商签中外双边投资保护协定的发展方向，有必要对中国—加拿大 BIT 的新发展予以细致深入的研究。

第四，中美 BIT 谈判是 BIT 研究的热点问题。追求高标准与高度自由化的美式 BIT，一直引领着双边投资保护协定的发展方向与

---

① 卢进勇、余劲松、齐春生主编：《国际投资条约与协定新论》，人民出版社 2007 年版，第 267 页。

② 高建勋：《中国企业"走出去"的法律保障问题研究》，《福建论坛》（人文社会科学版）2006 年第 12 期；梁咏：《我国海外直接投资的现状与双边投资协定的完善》，《法学》2008 年第 7 期；梁咏：《双边投资条约与中国能源投资安全》，复旦大学出版社 2012 年版。

③ 《商务部就中加（拿大）双边投资保护协定进行解读》，中央政府门户网站（http://www.gov.cn/gzdt/2012—09/10/content_2220644.htm）。

趋势，而中美截至目前尚未缔结双边投资保护协定。① 美式 BIT 范本内容、新发展及其影响一直是学界研究的重要问题。② 随着 2008年中美 BIT 谈判的启动，中美 BIT 谈判成了近年学界研究的热点问题之一。有学者对中美双边投资协定谈判前景进行了分析。③ 也有学者对按照美国 BIT 范本达成中美双边投资协定，会对中国经济带来的影响进行了评估。④ 2012 年，美国又推出了新的 BIT 范本。在新范本公布时，美国国务院贸易代表曾做如下说明：国际投资是美国经济发展、创造就业机会和出口的重要推动力。2012 年美国双边投资条约范本的目标是有助于美国公司在国外市场的公平竞争，为促使美国的经济伙伴履行国际义务提供有效的机制。美国政府对双边投资条约文本做了若干重要改变，以便提高透明度和公共参与，强化有关国有企业优惠待遇的纪律，包括对因某些自主创新政策所导致的扭曲加以矫正，以及加强对劳工和环境的保护。⑤ 美国当前的双边投资协定谈判主要依据就是美国 BIT 范本，而 2012 年美国 BIT 范本又是美国政府为与可能的条约伙伴，如中国、印度或其他国家，开展双边投资协定谈判而准备的范本，因此其新发展受到了高度关注。随着中美 BIT 谈判进入实质性阶段，可以预见，中美 BIT 谈判这一论题仍将是学界近期的研究热点论题。

---

① 中美两国从 1980 年开始进行双边投资协定谈判，由于 80 年代末期中美政治关系一度恶化，谈判处于停滞状态。2008 年 6 月，中美两国重启双边投资协定谈判。2011年 5 月，中美在第三轮战略与经济对话中达成《关于促进经济强劲、可持续、平衡增长和经济合作的全面框架》，强调"双边致力于构建更加开放的贸易和投资体系，继续推进双边投资协定谈判"。谈判至今未完成。

② 梁丹妮：《美式投资条约的新近发展对中国的启示》，《云南社会科学》2007 年第 2 期。

③ 桑百川、靳朝晖：《中美双边投资协定前景分析》，《国际经济合作》2011 年第11 期。

④ 田丰：《中美双边投资协定对中国经济的影响——基于美国双边投资协定范本（2004）的分析》，《当代亚太》2010 年第 3 期。

⑤ 详见美国国际法学会网站（The American Society of International LAW），The New US Model Bilateral Investment Treaty（http：//www. asil. org/activities_ calendar. cfm？ac-tion = detail&rec = 244）。

二　区域投资协定

（一）区域投资协定的发展概况

区域投资协定是指区域性国际经济组织旨在协调成员国之间的投资活动而签订的区域性多边条约。它主要有两种表现形式：一种是专门的投资协定；另一种是贸易协定或经济合作协定中包含的投资条款。① 区域投资协定多与区域贸易协定存在密切联系。与双边投资条约相较，区域投资协定更能适应经济一体化的趋势，因为它本身就是区域经济一体化的产物。② 区域投资协定也是多边投资立法的有益尝试。从对国际直接投资流动的影响方面看，则具有产生"投资创造"和"投资转移"的功能。

当前国际投资协定的谈判侧重点正从双边向区域转移，区域投资协定渐成研究热点问题，区域投资协定发展主要呈现以下特征与趋势：

第一，区域投资协定数量不断增加。现今，在全球性多边投资协定阙如的情况下，BITs 与区域投资协定成为国际投资协定的主要形式。自 2007 年开始，BITs 递增数量逐年降低，区域投资协定则随着区域性合作的加强，特别是以建立自由区为基本内容的各种区域贸易协定的数量急剧增加而数量稳步攀升。以 2013 年为例，新签订的区域投资协定有 14 项，其中大部分都是自由贸易协定而在其中包括缔约各方承诺的投资自由化与投资保护内容。依照 2015 年《世界投资报告》统计，截至 2014 年年底，除 BITs 外的其他国际投资协定数量已达 345 项。有学者对于包含投资条款的区域贸易协定数量急剧增加的原因分析认为，这主要是基于三个方面的原因：一是经济利益的驱使；二是政治与安全政策的需要；三是多边

---

① 卢进勇、余劲松、齐春生主编：《国际投资条约与协定新论》，人民出版社 2007 年版，第 119 页。

② 叶兴平、王作辉、闫洪师：《多边国际投资立法：经验、现状与展望》，光明日报出版社 2008 年版，第 11—12 页。

贸易体制的弊端。①

　　第二，区域投资协定呈现跨地区发展的特征。区域投资协定在发展之初主要是在同一个地区的国家间签署，例如欧洲，其既是区域投资协定的发源地，也是区域投资协定的集中地。但自20世纪90年代以来，不同的区域国家开始相互缔结优惠贸易与投资协定。区域投资协定不再仅限于在同一地区的国家间缔结，跨地区、跨大陆、跨海洋的不同国家与集团开始谈判与缔结优惠贸易与投资协定。例如TPP。而且，区域投资协定也从最初的仅在发达国家间缔结发展到发达国家与发展中国家以及最近的发展中国家与发展中国家间缔结。

　　第三，区域投资协定内容涵盖范围更广。与双边投资协定相较，区域投资协定一般涵盖众多经济事务，涉及的范围、采用的方法和包含的内容有很大不同。一般而言，这类协定的主要宗旨是促进贸易和投资，其投资规则部分主要关注投资的自由化，但有时也关注投资保护和促进。它们通常也包括与投资相关的问题，如知识产权保护和竞争等。不同的区域性投资协定所涉内容多有不同。

　　第四，"超大型区域协定"谈判的潜在系统性影响受到关注。超大型区域协定是由一些国家谈判的涵盖内容广泛的综合性经济协定，其中投资一般是这类协定涵盖的重要领域。例如将加拿大—欧盟贸易协定（CETA），非洲东部和南部非洲共同市场（COMESA）、东非共同体（EAC）以及南部非洲发展共同体（SADC）三方自由贸易协定（COMESA-EAC-SADC Tripartite Agreement），欧盟—日本自由贸易协定（EU-Japan FTA），太平洋更紧密经济关系协定（PACER Plus），区域全面经济伙伴关系协定（RCEP），TTIP，TPP这7个协定放在一起，会涉及88个发达国家和发展中国家。如果这些协定最终缔结，很可能对目前的多层次的国际投资体系和国际投资模式产生重要影响，特别是这些协定对缔约方监管空间与可持续发展的潜在影响。超大型区域协定对国际投资体系的系统性影响

① 参见曾令良《区域贸易协定的最新趋势及其对多哈发展议程的负面影响》，《法学研究》2004年第5期。

表现为：既可能有助于巩固现有投资协定体系，也有可能因与现有的国际投资协定的重叠造成进一步的不一致性。同时超大型区域协定有可能边缘化非参与第三方。①

第五，欧盟的对外投资政策是区域投资协定研究中近期研究热点问题之一。2009 年 12 月《里斯本条约》正式生效，从而使得欧盟获得了对于外国直接投资（FDI）事务的排他性管辖权。此前欧盟虽然是世界上最具影响的区域一体化组织，但一直并未取得对外投资领域的排他性管辖权。柯林（Colin Brown）与玛莉亚（Maria Alcover-Llubià）对于《里斯本条约》生效后欧盟对外投资政策面临的挑战给予了研究，指出《里斯本条约》的生效将对投资政策运行的制度设计产生深远的影响，包括在欧盟成员内部以及欧盟与第三国关系方面。② 单文华、张生认为，尽管《里斯本条约》中的外国直接投资条款对欧盟成员国的双边投资协定政策以及全球投资政策具有影响，是欧盟实现共同投资政策的重要一步，但由于间接投资并未被纳入此项排他性管辖权范围，因此该条约也并未使欧盟完全实现一个统一的共同投资政策。③

（二）典型区域投资协定评述

1.《北美自由贸易协定》

20 世纪 80 年代初，随着欧洲经济一体化进程加快，美、加两国意识到要加强两国的国际竞争优势就有必要进一步加强双边的经贸关系。1988 年 6 月 2 日，美国和加拿大签署了《美加自由贸易协定》，该协定于 1989 年 1 月 1 日生效。1991 年 7 月，美、加两国和墨西哥开始签署三边自由贸易协定谈判，经过 14 个月的谈判，美

① UNCTAD, *World Investment Report* 2014: *Investing in the SDGs: An Action Plan*, Sales No. E. 14. II. D. 1 (United Nations, 2014), p. 84.

② Brown, Colin and Alcover-Llubià, Maria, "The External Investment Policy of the European Union in the Light of the Entry into Force of the Treaty of Lisbon", in Sauvant, Karl P. ed., *Yearbook on International Investment Law & Policy 2010-2011*, New York: Oxford University Press, 2012, p. 145.

③ Shan, Wenhua and Zhang, Sheng, "The Treaty of Lisbon: Half Way toward a Common Investment Policy", *European Journal of International Law*, Vol. 4, 2010.

国、加拿大和墨西哥三国于 1992 年 8 月 12 日正式签署了《北美自由贸易协定》（North American Free Trade Agreement，以下简称 NAFTA）这一政府间自由贸易协定。NAFTA 于 1994 年 1 月 1 日正式生效。协定决定自生效之日起在 15 年内逐步消除贸易壁垒，实施商品和劳务的自由流通。截至 2008 年年底，北美自由贸易区拥有 4.4 亿多人口，国民生产总值 GDP 约 16.75 万亿美元，经济实力和市场规模都超过欧洲联盟，成为当时世界上最大的区域经济一体化组织。①

NAFTA 包括前言和八个部分 22 章及 1 个注释和 7 个附件，是一个包括货物贸易、服务贸易、投资、知识产权保护、竞争政策、争端解决机制等内容的综合性协定。其中，第 11 章专门规定了投资规则。② 从 NAFTA 的投资规则看，其规定了涵盖内容广泛的投资和投资者定义、高标准的投资待遇、严格的投资业绩要求、高水平的征收补偿标准以及高效而独特的投资争端解决机制，被公认为是在投资保护方面范围最广泛和标准最高的区域多边国际协定条款。③

NAFTA 最具特色的部分是有关投资者—东道国投资争端解决机制的规定，NAFTA 规定私人投资者可以直接参与争端解决程序并成为"原告方"，从而突破了一般的 FTA 和 WTO 争端解决机制所遵循的传统国际法理论，即投资争端解决主要在两个国家或国际组织间解决，私人投资者不能主动发起争端解决程序，成为国际投资协定争端解决机制的一个较大发展，为私人投资者提供了更广泛的实质性的保护。

20 世纪 90 年代末期，由于私人投资者利用 NAFTA 的投资争端解决机制，根据 NAFTA 中公正与公平待遇、间接征收等宽泛的规定，对东道国采取的某些管理或规制措施提出索赔的案件剧增，而有的请求获得了仲裁庭的支持，从而引起了美国、加拿大等国对 NAFTA 第 11 章的投资规则有可能成为外国投资者侵蚀国家主权的

---

① 姚天冲：《国际投资法教程》，对外经济贸易大学出版社 2010 年版，第 203 页。

② 具体内容详见 NAFTA 网站（http://www.nafta—sec—alena.org/en/view.aspx?conID=590&mtpiID=142）。

③ 叶兴平：《〈北美自由贸易协定〉争端解决机制的创新及意义》，《当代法学》2002 年第 7 期，第 86 页。

实践进行了深刻反思。基于实践中的经验和教训，为避免诉累，NAFTA 的缔约国对该协定关于投资的第 11 章做出了解释，对有关规则予以限制，如 2001 年发布的关于第 11 章的解释，将国际法的最低待遇标准限定为"外国人的习惯国际法最低待遇标准"；规定"公正与公平待遇"及"全面保护和安全"的概念不要求给予习惯国际法关于外国人最低待遇标准之外的待遇；并且，违反协定中的其他规定或不同的国际协定，不表明违反了公正与公平待遇。① 再如，NAFTA 为了避免 Metalclad 公司案②中对征收所作的宽泛解释，限制政府为公共利益进行管理的权力，其在对第 11 章进行解释时，对征收规则给予限制，将征收限定在习惯国际法的范围内，并将征收与公平公正待遇相区别，而且对间接征收求偿也予以限制，从而以期平衡东道国为公共利益进行管理的权限与私人投资者的权益。

2.《中国—东盟自由贸易区投资协议》③

2001 年中国与东盟领导人达成在 2010 年建成中国—东盟自由贸易区的共识，2002 年双方签订了《中国—东盟全面经济合作框架协议》（以下简称《框架协议》），确定了中国—东盟自由贸易区的法律基础和基本框架，全面启动了自由贸易区的谈判。④《框架协议》第 5 条及第 8 条明确规定："为建立中国—东盟自由贸易区和促进投资，建立一个自由、便利、透明及竞争的投资体制，各缔约方同意尽快谈判并达成投资协议，以逐步实现投资体制自由化，加强投资领域的合作，促进投资便利化和提高投资相关法律法规的透明度，并为投资提供保护。"其后，中国与东盟在 2003 年实施了"早期收获计划"，2004 年签署了《货物贸易协议》和《争端解决机制协议》，并于 2007 年签署了《服务贸易协议》。

---

① NAFTA Free Trade Commission, Notes of Interpretation of Certain Chapter 11 Provisions 2 (2001), http//www. international. gc. ca/trade—agreements—accords—commerciaux/disp—diff/nafta_ commission. aspx? lang = en&view = d.

② Metalclad Corp. *v.* United Mexican States, 40 I. L. M. 36 (2001).

③ 全称是《中华人民共和国政府与东南亚国家联盟成员国政府全面经济合作框架协议投资协议》。

④ 李光辉：《中国—东盟自由贸易区〈投资协议〉》，《中国对外贸易》2010 年第 1 期。

2008 年发生的金融危机进一步推动了中国—东盟自由贸易区的谈判进程。经过多轮谈判，2009 年 8 月 15 日中国与东盟 10 国在曼谷共同签署了《中国—东盟自由贸易区投资协议》（以下简称《中国—东盟投资协议》）。《中国—东盟投资协议》的缔结，标志着中国—东盟自由贸易区建设的主要法律程序基本完成，当今世界上人口最多、发展中国家间最大的自由贸易区——中国—东盟自由贸易区正式建成。《中国—东盟投资协议》对于逐步消除中国与东盟国家之间投资障碍，促进东南亚十一国间的投资具有重要意义。《中国—东盟投资协议》主要具有以下特点：

首先，从内容方面看，《中国—东盟投资协议》规定全面而丰富。《中国—东盟投资协议》共有 27 条，除包括定义、适用范围、国民待遇、最惠国待遇、征收、损失补偿、转移和利润汇回、投资争端解决等通常区域投资协定的主要内容外，还包括了利益的拒绝、一般例外、安全例外、透明度与其他协议的关系等条款。

其次，从投资保护水平上看，《中国—东盟投资协议》的整体水平并不高。例如《中国—东盟投资协议》对最惠国待遇条款的适用给予了多层限制，《中国—东盟投资协议》第 3 条第 2 款规定："如果一缔约方依据任何其为成员的将来的协定或安排，给予另一缔约方或第三国投资者及其投资更优惠的待遇，其没有义务将此待遇给予另一缔约方的投资者及其投资。但是，经另一缔约方要求，该缔约方应给予另一缔约方充分的机会，商谈其间的优惠待遇。"第 3 款规定最惠国待遇不包括："（一）在任何现存与非缔约方的双边、地区及国际协定或任何形式的经济或区域合作中，给予投资者及其投资的任何优惠待遇；和（二）在东盟成员国之间及一缔约方同其单独关税区之间的任何协定或安排中，给予投资者及其投资的任何现有或未来优惠待遇。"

最后，从《中国—东盟投资协议》与其他双边投资协定的关系看，《中国—东盟投资协议》使得中国与东盟各国之间的国际投资法律环境更加复杂化。在《中国—东盟投资协议》签订前，中国与东盟的十个国家都已签订了 BITs①，除中国—文莱 BIT 还未生效外，与其他九国之间的 9 项 BITs 都已生效。根据《中国—东盟投资协议》第 18 条第 1 款规定："若任何一方在协议实施之时或此之后的法律或缔约方之间的国际义务使得另一方投资者的投资所获地位优于本协议下所获地位，则此优惠地位不应受本协议影响。"因此，除中国与文莱两国之间的国际投资完全由《中国—东盟投资协议》调整外，中国与其他东盟九国之间的国际投资同时受《中国—东盟投资协议》和中国与该国缔结的 BIT 共同调整。为此，有学者认为，中国与东盟之间的 BITs 本来就存在保护水平参差不齐的弊端，新签订的《中国—东盟投资协议》虽然在中国—东盟自由贸易区范围内首次创建了统一的国际投资保护规则，并开始注意平衡投资者私益与东道国主权之间的关系，其意义殊值肯定，但其不仅保护水平不高，而且还使得中国与东盟各国之间的国际投资法律环境更加复杂化，从而不利于促进中国与东盟国家之间的国际直接投资流动。②

　　综上可知，尽管目前《中国—东盟投资协议》存在如投资保护水平不高等缺陷，但《中国—东盟投资协议》的签署为中国和东盟相互开放市场、促进贸易和投资的自由化与便利化具有重要意义。对于《中国—东盟投资协议》存在的问题，则有待各国共同努力将其逐步完善，并且在条件成熟时可以考虑逐步废止此前中国与东盟各国签订的 BITs，从而使中国与东盟各国国际投资的法律环境简单明晰并规整划一，进一步推动东南亚十一个国家间国际投资的便利化发展。

---

　　① 中国与东盟 10 个国家签订 BIT 具体时间如下：中国—泰国 BIT（1985 年）、中国—新加坡 BIT（1985 年）、中国—马来西亚 BIT（1988 年）、中国—菲律宾 BIT（1992 年）、中国—越南 BIT（1992 年）、中国—老挝 BIT（1993 年）、中国—印度尼西亚 BIT（1994 年）、中国—柬埔寨 BIT（1996 年）、中国—文莱 BIT（2000 年）、中国—缅甸 BIT（2001 年）。

　　② 魏艳茹：《中国—东盟框架下国际投资法律环境的比较研究——以〈中国—东盟投资协议〉的签订与生效为背景》，《广西大学学报》（哲学社会科学版）2011 年第 1 期。

三　全球性多边投资协定

全球性多边投资协定，也被称作多边投资规范、多边投资规则和多边投资框架①，是国际投资协定的一种。近年来，双边和区域投资协定获得了较快发展，但全球性多边层次的投资协定发展缓慢。相较于以 WTO 为核心的国际贸易体制和以国际货币基金组织为核心的国际金融体制，国际投资领域迄今为止还未达成一个全面的、综合性的并具有约束力的多边投资协定。

（一）全球性多边投资立法现状

第二次世界大战后，国际社会为国际投资多边立法做出了不懈的努力。1948 年的《国际贸易组织宪章》是第二次世界大战后有关外国直接投资的最早的国际多边协议，但由于该组织未能成立，因此该文件也没有生效。1949 年国际商会制定的《外国投资公平待遇国际法则》是获得通过的关于外国直接投资的第一个专门性国际文件，但该协议由非政府组织制定，不具有约束力。联合国成立后，1952 年通过的《关于自然资源永久主权决议》、1974 年通过的《建立新的国际经济秩序宣言》以及《建立新的国际经济秩序行动纲领》，肯定了东道国对自然资源的永久主权以及对跨国公司的管辖权。

20 世纪 70 年代以后，随着国际直接投资活动日趋频繁，资本输出国与东道国以及投资者与东道国之间围绕国际直接投资的矛盾与纠纷不断增多，这促使有关外国直接投资的国际多边协议也逐渐增多。其中较有代表性的包括 1965 年世界银行制定的《解决国家和他国国民间投资争端公约》、1976 年经济合作与发展组织公布的《跨国公司准则》、1982 年联合国经社理事会所属的原跨国公司委

---

① WTO 开展多边投资谈判时，称为多边投资框架（Multilateral Framework on Investment，简称 MFI）。

员会提出的《跨国公司行为守则（草案）》①、1985 年 UNCTAD 提出的《国际技术转让行为守则（草案）》②、1985 年世界银行通过的《多边投资担保机构公约》、1992 年世界银行发布的《外国直接投资待遇指南》③（*Guidelines on the Treatment of Foreign Direct Investment*）、1995—1998 年经济合作与发展组织起草的《多边投资协定（草案）》、2003 年《跨国公司和其他工商企业在人权方面的责任准则（草案）》④、2011 年《工商企业与人权：实施联合国"保护、尊重和补救"框架指导原则》⑤，以及 WTO 体制中与投资相关的《服务贸易总协定》、《与贸易有关的投资措施协定》、《与贸易有关的知识产权协定》等。

尽管第二次世界大战后国际社会一直致力于国际投资多边立法，但在上述众多的国际投资文件中真正具有约束力的多边投资协定只有《解决国家和他国国民间投资争端公约》、《多边投资担保机构公约》以及 WTO 体制中与投资相关的《服务贸易总协定》、《与贸易有关的投资措施协定》、《与贸易有关的知识产权协定》等为数不多的几个国际投资协定。因此，制定具有普遍约束力的综合性、

---

① 《跨国公司行为守则（草案）》对跨国公司的活动、跨国公司的待遇、各国政府为实施守则的合作以及守则的实施等问题作了规定。守则提出后，跨国公司委员会每年召开会议对草案内容进行讨论和修改，但由于发达国家与发展中国家在跨国公司应否受东道国法律管辖、征收与国有化的赔偿标准等核心内容以及守则的法律地位等关键问题上存在分歧，致使守则最终未能生效。

② 该草案旨在规范国际技术贸易行为，1979—1985 年举行过 5 次会议谈判，但因各国间存在分歧未获通过。

③ 该指南由世界银行和国际货币基金组织联合设立的发展委员会发起，对外资准入、外国投资待遇、征收和单方面改变合同、投资争议的解决等国际投资问题作了规定，但该指南不具有法律约束力。

④ 2003 年《跨国公司和其他工商企业在人权方面的责任准则（草案）》是在国际层面第一次提出的"非自愿性、在某种意义上对企业具有约束力"的文件，但目前其被搁置，未获人权委员会批准，没有法律地位。

⑤ 2011 年 3 月 21 日，联合国人权与跨国公司和其他工商企业问题秘书长特别代表提交了《工商企业与人权：实施联合国"保护、尊重和补救"框架指导原则》（以下简称《指导原则》），供人权理事会审议。2011 年 6 月 16 日，人权理事会在第 17/4 号决议中一致核准了《指导原则》。《指导原则》获得认可，标志着在分歧很大的工商业与人权问题上首次有一个联合国政府间机构就此通过了一个规范性文件，具有里程碑式的重要意义。

实体性的多边投资协定仍然是迄今国际社会追求而未能实现的目标，全球性多边投资协定的制定任重而道远。

（二）主要的全球性多边投资协定①

1.《多边投资担保机构公约》

为减少投资者在发展中国家投资非商业性风险的顾虑，鼓励外国投资流向发展中国家以加强国际合作并推动经济发展，1968 年世界银行草拟了《多边投资担保机构协议》，但未获通过。经过多次修改，1985 年 10 月 11 日在世界银行汉城年会上终于通过了《多边投资担保机构公约》（*Convention Establishing the Multilateral Investment Guarantee Agency*），亦称《汉城公约》，并于 1988 年 4 月 12 日正式生效。中国政府于 1988 年 4 月 28 日和 30 日分别签署和核准了《汉城公约》，成为该公约的创始会员国之一。截至 2012 年 5 月，《汉城公约》的缔约方已达 177 个。②

依据《汉城公约》，多边投资担保机构（Multilateral Investment Guarantee Agency，以下简称 MIGA）得以设立，该组织是世界上唯一一个专营政治风险的国际经济组织，主要目的是促进对发展中国家的外国直接投资，以支持经济增长、减少贫困以及改善人们的生活。③ MIGA 战略优先领域包括：支持对最贫困国家的投资；对受冲突影响国家的投资；复杂的转型项目；南南投资。根据 2014 年 MIGA 的年度报告，在 2014 财年，MIGA 为发展中成员国项目签发了总计 32 亿美元的担保，由 MIGA 管理的信托基金签发了 180 万美元的担保。这是 MIGA 连续第四年创下担保签发金额历史最高，其

---

① 有关 WTO 体制中的多边投资协定将在本文"WTO 与国际投资法"部分述评。

② 参见多边投资担保机构网站（http://www.miga.org/about/index_sv.cfm?stid=1695）。

③ 《多边投资担保机构公约》第 2 条对机构的目标给予了更具体的规定："鼓励在其会员国之间，尤其是向发展中国家会员国融通生产性投资，以补充国际复兴开发银行（以下简称'银行'）、国际金融公司和其他国际开发金融机构的活动。为达到这些目标，机构应：（1）在一会员国从其他会员国得到投资时，对投资的非商业性风险予以担保，包括再保和分保；（2）开展合适的辅助性活动，以促进向发展中国家会员国和在发展中国家会员国间的投资流动；并且（3）为推进其目标，行使其他必要和适宜的附带权力。"

中 51% 新担保额至少涉及一个 MIGA 的战略优先领域。截至 2014 财年末，MIGA 的总承保金额达到 124 亿美元。① 由此可见，MIGA 基本践行了其设立的宗旨。

MIGA 是世界银行下属的分支机构，同时又是独立法人。② 这使得它在合格投资项目审查上，很少将政治性作为参考因素，能够突破各国政治利益的局限，更好地为资金的国际性流动创造条件。MIGA 主要承保的险别包括货币汇兑险、征收及类似措施险、违约险、战争和内乱险四种险别。③ 此外，应投资者和东道国的联合申请，董事会经特别多数票通过，MIGA 的承保范围可以扩大到上述风险以外的其他特定的非商业性风险。

MIGA 为国际投资的政治风险提供了安全保障，特别是为那些尚未建立海外投资担保机构的资本输出国（主要是发展中国家）提供了海外投资担保的便利和保障机制。同时对其他投资担保机构的业务起到了"拾遗补阙"的补充作用，有效地弥补了各国和区域性海外投资保险机构的不足。④

中国是 MIGA 的第六大股东，作为发展中国家，在过去一段时期我国政府多次与该机构开展合作，为外资进入我国相关行业提供担保和其他服务，对于我国吸引外资起到了良好的作用。⑤ 当前我国的对外投资迅速增加，MIGA 承保的非商业风险对于我国企业的海外投资也可以发挥重要作用，即提供政治风险方面的保障。因此，我国政府与企业应善于运用该机构为政治风险提供安全保障的特殊功能，在向政治风险高的国家投资时考虑向其投保，从而增强海外投资风险的管理与控制能力。与该机构的合作也有利于构建我

---

① 多边投资担保机构 2015 年年度报告，详见 http：//www. miga. org/documents/MIGA_ AR14_ Chinese. pdf。

② 《多边投资担保机构公约》第 1 条。

③ 参见《多边投资担保机构公约》第 11 条第 1 款，此外，《MIGA 业务细则》1. 22 条对承保范围做了更为详细的解释。

④ 卢进勇、余劲松、齐春生主编：《国际投资条约与协定新论》，人民出版社 2007 年版，第 208 页。

⑤ 刘敬东：《采取法律行动保护我在利比亚等国财产》，《经济参考报》2011 年 3 月 23 日，转引自中国法学网（http：//www. iolaw. org. cn/showArticle. asp？id＝2963）。

国海外投资保障的长效保护机制。

2.《解决国家与他国国民间投资争端公约》

20 世纪 50 年代，由于缺乏能够为发达国家和发展中国家共同接受的解决国际投资争端的方式和原则，国际直接投资遭遇了极大的障碍。为了解决上述问题，在世界银行的倡导下，1965 年 3 月在华盛顿订立了《解决国家与他国国民间投资争端公约》（*Convention on the Settlement of Investment Disputes between States and Nationals of Other States*），亦称《华盛顿公约》，并于 1966 年 10 月 14 日正式生效。中国于 1990 年 2 月 9 日签署该公约，并于 1993 年 2 月 6 日正式生效。《华盛顿公约》是目前国际上仅有的解决外国投资者与投资所在国之间投资争议的国际公约。

根据公约建立的解决投资争端国际中心（International Center for Settlement of Investment Disputes，以下简称 ICSID），总部设在华盛顿，专门负责解决东道国和外国投资者之间的投资争端，其宗旨就是提供调解和仲裁的便利。根据 2015 年《世界投资报告》统计，2014 年投资者—东道国争端解决案例增加了 42 件，已知的基于条约的投资争端案件已达 608 件。

依照《华盛顿公约》第 18 条的规定，ICSID 具有完全的国际法上的人格，这意味着其具有缔结合同的能力、取得和处理动产与不动产的能力以及起诉的能力。该公约还规定，为了使 ICSID 能够履行其职责，ICSID 及其财产和资产在各缔约国领土内享有豁免权和特权。①

ICSID 管辖适用于缔约国（或缔约国指派到中心的该国的任何组成部分或机构）和另一缔约国国民之间直接因投资而产生的任何法律争端，而该项争端经双方书面同意提交给中心。当双方表示同意后，不得单方面撤销其同意。② 同时，依照《华盛顿公约》第 26 条、第 27 条的规定，ICSID 的管辖具有排他性，其既排除任何其他救济方法，也排除外交保护。

---

① 《解决国家与他国国民间投资争端公约》第 19 条、第 20 条。
② 《解决国家与他国国民间投资争端公约》第 25 条第 1 款。

在 ICSID 管辖范围内，国际投资争端有调解和仲裁两种解决方法。希望采取调解或仲裁程序的缔约国或缔约国的国民，应首先向中心的秘书长提出书面申请，中心会在接受申请后 90 日内组成调解委员会或仲裁庭进行调解或仲裁。① 仲裁裁决对双方具有约束力。

近年来，ICSID 在解决投资争端中，存在裁决相互冲突、为扩大自己的权力而扩大管辖权、裁决偏向投资者的经济利益而不顾东道国的社会利益等缺陷，从而备受批评，改革的呼声四起。为此，已有国家宣布要退出公约②，还有的国家已对国际投资协定做出部分改动。对此，王贵国认为虽然 ICSID 在解决投资争端中存在相互矛盾的缺陷，但当前以投资者与东道国争议裁决为主体的国际投资判例法已然成型，并且这些裁决对各国的影响越来越大，而这些裁决展示了当代国际投资法的问题所在和趋势。③ 库尔茨（Jürgen Kurtz）对澳大利亚政府宣称其未来的双边和区域贸易协定中将不再规定投资者—东道国争端解决条款予以分析，认为澳大利亚作为历史悠久的国际法的坚定支持者，其做出的政策转变很有可能会影响广泛的国家。④ 还有学者对一些发展中国家为了减少在仲裁庭面临的国际索赔的法律风险，实施旨在退出这一机制的策略进行了利弊分析，认为发展中国家通过重新谈判寻求减少国际投资仲裁可能产生的负面影响是更好的方式，而不是寻求退出这一机制。⑤ 蔡从燕认为，国际投资仲裁面临的危机的根源在于国际投资仲裁被商事化，因此应逐步推动投资仲裁"去商事化"。⑥ 余劲松认为，ICSID

①　《解决国家与他国国民间投资争端公约》第 28 条、第 30 条。
②　2012 年 1 月委内瑞拉宣布其打算退出 ICSID 公约。此前已有多民族玻利维亚和厄瓜多尔退出了 ICSID 公约。
③　王贵国：《从 Saipem 案看国际投资法的问题与走势》，《中国政法大学学报》2011 年第 2 期。
④　Kurtz, Jürgen, "Australia's Rejection of Investor - State Arbitration: Causation, Omission and Implication", *ICSID Review: Foreign Investment Law Journal*, Vol. 27, 2012.
⑤　Federico M. Lavopa, Lucas E. Barreiros, and M. Victoria Bruno, "How to Kill A Bit and Not Die Trying: Legal and Political Challenges of Denouncing or Renegotiating Bilateral Investment Treaties", *Journal of International Economic Law*, Vol. 16, Issue 4, 2013.
⑥　蔡从燕：《国际投资仲裁的商事仲裁与去商事仲裁化》，《现代法学》2011 年第 1 期。

应通过在现行的投资条约中设置必要的例外条款，改进和完善投资条约中核心条款的规定等方法为东道国维护国家安全和公共利益预留必要的空间，合理平衡投资者和东道国权益保护二者间的关系。[①]福斯特（George K. Foster）则建议，可以通过鼓励投资者在投资争端出现后用尽东道国行政或司法救济的方法，寻求投资者保护与国家主权间的平衡，促进投资条约仲裁的长远发展。[②]

总之，投资者—东道国争端解决机制的改革已提上议程，但各种改革方案的可行性、潜在效益和实施方法还有待评估。在这方面，多边政策对话有助于对改革的进程和付诸实践的方法达成共识。[③]

3.《多边投资协定（草案）》

1995—1998 年，经济合作与发展组织（Organization for Economic Cooperation and Development，以下简称 OECD）成员国经过艰苦谈判最终达成了《多边投资协定（草案）》（*Multilateral Agreement on Investment*，以下简称"MAI 草案"），但由于各国在诸多投资规则的实质性问题上存在分歧，此次多边投资立法的努力最终宣告失败。MAI 草案集中反映了发达国家自 20 世纪 80 年代中期以来对国际投资法主要问题所持的基本立场和态度，也反映了西方发达国家之间在国际投资领域缔结多边投资协定上存在的种种矛盾和冲突，是国际社会进行多边投资立法的有益尝试，并可为今后可能重启的多边投资协定谈判积累重要的多边立法经验。

从 MAI 草案内容看，MAI 草案主要以美式双边投资协定和北美自由贸易协定第 11 章中的规则和制度为蓝本，确立了高水平的投资自由化规则与全面高效的争端解决机制。在投资待遇方面，MAI 草案将国民待遇原则扩大适用到投资准入前的阶段，而不仅仅限于

---

① 余劲松：《国际投资条约仲裁中投资者与东道国权益保护平衡问题研究》，《中国法学》2011 年第 2 期。

② Foster, George K., "Striking a Balance between Investor Protections and National Sovereignty：The Relevance of Local Remedies in Investment Treaty Arbitration", *Columbia Journal of Transnational Law*, Vol. 49, No. 2, 2010.

③ UNCTAD, *World Investment Report* 2012：*Towards a New Generation of Investment Policies*, Sales No. E. 12. II. D. 3 (United Nations, 2012), p. 21.

投资准入后的经营运作阶段，从而要求东道国放弃更多的外资审查权力。[①]在投资保护方面，MAI草案规定东道国除非基于公共利益、在非歧视基础上、依据正当的法律程序并给予充分及时和有效的补偿，否则不得进行征收或国有化。有西方学者认为，MAI草案的投资保护条款不仅超越了一般国际法确立的标准，也超越了美国的"赫尔三原则"（即要求对征收和国有化提供充分、及时、有效的补偿）的标准，因为MAI草案的投资保护条款不仅适用于财产，而且适用于契约权利。这意味着，东道国不仅对投资者财产的征收要承担充分及时有效补偿的义务，而且对违反契约的行为也要负责赔偿。[②]在争端解决程序方面，MAI草案既确立了WTO争端解决机制所采用的"国家对国家"程序，也包括了"投资者对国家"程序。从以上MAI草案的主要内容可以看出，该草案确实是一个"高标准"的多边投资协定。

虽然OECD主要是由发达国家组成的一个组织，其成员也多倾向于从发达国家的角度看待外国直接投资问题，但是对于这一部"高标准"的多边投资协定草案，各成员国基于自身的特殊利益需求，达成一致的意见也阻力重重。各成员方对草案的投资定义、投资待遇、区域经济一体化组织例外（regional economic integration organization exception）、文化例外、业绩要求和投资鼓励、劳工和环保、投资争端解决等诸多条款都难以达成一致意见。例如，欧盟为使某些欧盟成员之间相互给予的优惠待遇不扩及适用于MAI其他成员国，提出区域经济一体化组织例外要求；法国、加拿大等国为保护文化产业方面的本国投资提出文化例外；美国一方面呼吁放松投资管制，提出自由准入和禁止业绩要求等许多高度自由化的规则，另一方面却希望为自己保留大量的背离MAI规则的权利，提出国家安全例外、政府补贴和政府采购例外、少数民族扶持例外、保证美国履行已缔结的双边投资条约和北美自由贸易协定下的义务的例外

---

① Maurits Lugard, "Toward an Effective International Investment Regime", 91 *Am. Soc'y Int, l L. Proc.*, 1997, p. 495.

② Sol Picciotto, "Linkages in International Investment Regulation: The Antinomies of the Draft Multilateral Agreement on Investment", 19 *U. Pa. J. Int, l Econ. L.*, 1998, p. 757.

等等。①

　　发达国家间对于外国直接投资的分歧与矛盾最终直接导致 MAI 谈判失败，但与此同时，1998 年爆发的东南亚金融危机与一些非政府组织（NGO）对协议谈判方施压与阻挠②以及跨国公司的冷淡反应则是导致 MAI 谈判终止的外部原因。

　　对于 OECD 的 MAI 谈判的失败，有西方学者指出："一个积极的国际投资法律框架需要各国的广泛参与，为此，一方面要制订国家参加条约的条件，另一方面，也要既规定投资者权利又确定投资者义务。"③ 这正是 MAI 搁置给我们的重要启示：一是在经济全球化快速推进的今天，仅由 OECD 这个"富人俱乐部"成员进行的具有排他性并缺乏透明度的多边投资立法所产生的国际投资法律框架很难广泛吸引各国参加；二是国际投资协定应为各国政府实现其国家发展目标提供弹性空间，即 MAI 不仅要平衡资本输出国与东道国之间的利益，也要平衡投资者与东道国之间的利益。

（三）全球性多边投资协定谈判前瞻

　　近年来，双边层面和区域层面的投资立法活动活跃，因此，对于国际投资领域是否需要稳定并具有约束力的多边投资协定出现了不少怀疑与反对的声音。从法律角度看，多边投资协定可以弥补现有国际投资规则相互重叠、冲突、不统一、不连贯、约束力不高等不足；从经济发展角度看，多边投资协定形成的一套稳定、透明、有预见性的投资规则可以极大地促进 FDI 在全球的自由化流动，从而提高各成员国及全球的经济福利，防止由于保护主义及缺乏协调

---

　　① 刘笋：《从 MAI 看综合性国际投资多边立法的困境和出路》，《中国法学》2001 年第 5 期。

　　② NGO 反对 MAI 的主要观点是认为 MAI 忽视对跨国公司行为的规范将导致环境、劳工标准、文化差异等方面的恶化。参见卢进勇、余劲松、齐春生主编《国际投资条约与协定新论》，人民出版社 2007 年版，第 242 页。

　　③ Sol Picciotto，"Linkages in International Investment Regulation：The Antinomies of the Draft Multilateral Agreement on Investment"，*University of Pennsylvania Journal of International Economic Law*，Vol. 19，1998，p. 766.

性投资规范所导致的福利损失。① 因此，在当今全球经济一体化背景下，制定一个综合性、实体性并具有普遍约束力的多边投资协定不仅十分必要，而且已成为当前国际经济政策议程中的核心。②

从多边投资立法的发展来看，虽然 20 世纪 90 年代 OECD 主导MAI 谈判失败，其后发达国家寻求在 WTO 体制下启动 MIA 谈判也没有实质性进展，但国际社会追求统一的、综合性并具约束力的多边投资协定的脚步并没有停滞不前，联合国贸发会、WTO 与经合组织仍在就多边投资立法进行持续的研讨。③ 这无疑可以为未来在合适的时机下重启多边投资谈判积累经验。

对于未来可能重启的多边投资协定谈判，中外学者从不同视角给予了展望与设计，而其中易引起争论的问题之一即是多边投资协定制定的场所问题，目前已提出的四个场所包括联合国贸发会、世界银行、WTO 和 OECD。对此，笔者认为虽然多边投资协定制定的场所对于其能否最后立法成功具有重要影响，但并不是决定多边投资协定谈判能否取得成功的关键因素。一部透明、稳定和具有可预见性并最大限度地平衡国际投资活动各方的多边投资协定才能吸引广泛的国家参与与一致的认可，但这一过程必定会阻碍重重、步履维艰。正如我国著名国际经济法学家陈安教授所言，"二战以来国际经济立法始终贯穿着强权国家与弱势群体之间的争斗，前者力图维护既定的国际经济秩序和国际经济立法，以保持和扩大既得的经济利益；后者力争更新现存的国际经济秩序和国际经济立法，以获得经济平权地位和公平经济权益。60 多年来，这些争斗往往以双方的妥协而告终，妥协之后又因新的矛盾而产生新的争斗，如此循环往复不已。这种历史进程似可概括地称为螺旋式的'6C 轨迹'

① 卢进勇、余劲松、齐春生主编：《国际投资条约与协定新论》，人民出版社 2007年版，第 226 页。
② 葛顺奇、詹晓宁：《WTO 未来多边投资框架与东道国经济发展问题》，《世界经济与政治》2002 年第 9 期。
③ 例如经合组织在 MAI 计划失败后，其所属的国际投资和多国企业委员会又承担起一项有关国际投资的新的研究项目，该项目主要负责对经合组织成员国的投资规则、非歧视和社会政策、非歧视和环保政策、非歧视、投资保护和国家主权、投资鼓励和投资促进等问题进行分析和研讨。具体可参见 WT/WGTI/3，22 October 1999，p. 15。

或'6C律'，即 Contradiction（矛盾）→Conflict（冲突或交锋）→
Consultation（磋商）→Compromise（妥协）→Cooperation（合作）→
Coordination（协调）→New Contradiction（新的矛盾）……但每一
次循环往复，都并非简单的重复，而是螺旋式的上升，都把国际经
济秩序以及和它相适应的国际经济法规范，推进到一个新的水平或
一个新的发展阶段，国际社会弱势群体的经济地位和经济权益，也
获得相应改善和保障"①。

　　近来，全球多领域的工商界领袖又开始呼吁建立并落实多边投
资框架，认为在当前国际政治与经济发生巨大变革的背景下，与多
边贸易合作框架相对应，客观上要求在世界范围内建立综合性的多
边投资协定或框架，并且应加快这一进程。只有让多边投资规则
发挥实效，才是规避当下频发的投资保护主义、减少如第三轮量
化宽松货币政策（QE3）等短期刺激政策的副作用的根本之策。②
经济复苏的召唤是否会催生多边投资框架谈判重启，值得给予高度
关注。

　　综上分析，保护外国投资的国际规则是国际资本流动的催化剂
与推动经济全球化的发动机。但是它们也可能会限制合理的健康、
环境和雇用标准的适用。③ 伴随全球化的纵深发展与国际经济形势
日新月异的变化，国际投资案件的政治敏感性，以及在保护私人财
产权和允许政府采取合理措施以实现其他社会目标这两个方面日益
增长的紧张情况，使得国际投资法在不断发展的同时，存在的问题
也日益涌现，有待革新。为此，改变现有投资条约过分偏袒投资者
而忽略东道国管辖权及与投资关联的各种社会价值的立法导向，强
化投资者的社会责任，给予东道国政府及其国民直接依据国际法追
究跨国公司社会责任的权利和机会，将是未来国际投资法革新的重

---

① 陈安：《中国加入 WTO 十年的法理断想：简论 WTO 的法治、立法、执法、守法
与变法》，《现代法学》2010 年第 6 期。
② 《经济复苏呼唤多边投资框架》，《国际商报》第 7605 期，2012 年 10 月 8 日第
A2 版。
③ ［英］菲利普·桑斯：《无法无天的世界——当代国际法的产生与破灭》，单文
华、赵宏、吴双全译，人民出版社 2011 年版，第 140 页。

要内容。①

中国作为投资东道国与成长中的海外投资大国，需要认真深入研究国际投资法实践中的前沿问题，一方面，对于国际投资法中尚未形成统一认识的实践性问题，我国应积极参与理论探讨，对于可能形成的国际规则表明中国立场；另一方面，对于现有的国际投资法规则，应在"守法"与"适法"中，使其"为我所用"、"趋利避害"，而对于其中显失公平的立法和规则，应努力实现"变法图强"。② 从而既维护我国作为国际投资东道国的利益，也为我国对外投资的合法权益提供强有力的保障。

---

① 刘笋：《国际法的人本化趋势与国际投资法的革新》，《法学研究》2011 年第 4 期。

② 陈安：《中国加入 WTO 十年的法理断想：简论 WTO 的法治、立法、执法、守法与变法》，《现代法学》2010 年第 6 期。

第二章

WTO 与国际投资法

一　WTO 协定中的国际投资规则

在经过长达 8 年的乌拉圭回合谈判所达成的 WTO 协定①中，《与贸易有关的投资措施协定》、《服务贸易总协定》、《与贸易有关的知识产权协定》、《补贴与反补贴措施协定》与国际投资直接相关。② 在乌拉圭回合谈判之前，国际投资问题一直未被纳入关税与贸易总协定（General Agreement on Tariffs and Trade，以下简称 GATT）框架下。③ WTO 协定中的国际投资规范具有重要意义，标志着国际投资问题已不再单纯地受各国外资法、双边投资条约和多边投资公约的约束，还要在实体法和程序法上受现代多边贸易体制

---

① 本书中"WTO 协定"指乌拉圭回合谈判所达成的包括《建立世界贸易组织协定》（*Agreement Establishing the World Trade Organization*）及其所有附属协议在内的一揽子协议。

② 有些学者认为 WTO 协定中的所有具有促进与保护国际投资意义的规定都是国际投资规范，因此，WTO 协定中的所有条款都会对国际投资产生直接或间接的影响，都是国际投资法领域的重大发展。参见刘笋《论 WTO 协定对国际投资法的影响》，《法商研究》2000 年第 1 期；单文华《世界贸易组织协定中的国际投资规范评析》，《法学研究》1996 年第 2 期。

③ 1947 年通过的《哈瓦那宪章》虽然包含了一些有关外资待遇的条款，但这部宪章未获批准生效。1955 年，GATT 缔约方通过了一项国际投资与经济发展的决议，该决议要求各国通过缔结双边协定为外国投资提供安全和保护。在 1982 年 12 月召开的 GATT 部长会议上，美国首次提出将投资议题纳入 GATT 体制的建议，但由于欧共体成员和发展中国家成员的反对而被取消，因此，在乌拉圭回合之前，投资议题一直未被纳入 GATT 多边谈判的正式议题之中。

的制约。①

（一）《与贸易有关的投资措施协定》

《与贸易有关的投资措施协定》（*Agreement on Trade-Related Investment Measures*，以下简称 TRIMs 协定）是乌拉圭回合的新议题之一。TRIMs 协定虽然仅有 9 个条款并只适用于与货物有关的特定投资措施的框架性协定，但意义深远，其是 GATT 首次就投资问题达成的协定。

TRIMs 协定首先指出某些投资措施对国际贸易存在限制性和扭曲性作用。该协定第 2 条明确规定，禁止任何成员实施与《1994 年关税与贸易总协定》第 3 条和第 11 条不相符的与贸易有关的投资措施。依据协定附录的《解释性清单》，这些投资措施具体而言包括：第一，与《1994 年关税与贸易总协定》第 3 条第 4 款规定的国民待遇原则不相符的与贸易有关的投资措施，包括国内法或行政裁定属强制性或可予执行的措施，或为获得利益所必需的措施，且该措施：（1）要求企业购买或使用原产于国内或任何来源于国内的产品，无论是规定具体产品、产品的数量或价值，还是规定当地生产的数量或价值的比例，即当地成分（含量）要求；（2）根据当地产品出口的数量或价值限制企业购买或使用进口产品，即贸易（外汇）平衡要求。第二，与《1994 年关税与贸易总协定》第 11 条第 1 款规定的普遍取消数量限制义务不相符的与贸易有关的投资措施，包括国内法或行政裁定属强制性或可予执行的措施，或为获得利益所必需的措施，且该措施：（1）全面地或根据当地产品的数量或价值限制企业进口用于当地生产或与当地生产有关的产品，即贸易（外汇）平衡要求；（2）根据企业创收外汇的数量，通过限制其获得外汇，限制企业进口用于当地生产或与当地生产有关的产品，即进口用汇限制；（3）限制企业出口产品或为出口而销售产品，无论是规定特定产品、产品的数量或价值，还是当地生产的数量或价值

---

① 刘笋：《论 WTO 协定对国际投资法的影响》，《法商研究》2000 年第 1 期。

的比例，即国内销售要求。①

值得注意的是，TRIMs 协定仅与货物贸易有关，不包括服务贸易。并且，TRIMs 指的是那些对国际贸易活动产生限制和扭曲作用的投资措施，不包括对国际贸易活动产生积极推动作用的投资措施，因此它也不是东道国政府对外商投资所采取的所有投资措施，仅是其中的一部分。此外，根据 TRIMs 协定的通知和过渡安排，WTO 成员方应在建立世界贸易组织协定生效后 90 日内通知该组织的货物贸易理事会其正在实施的与该协定不相符的所有与贸易有关的投资措施，并在限期内取消，这个限期基于国家经济发展水平的不同而不同，其中，发达国家 2 年，发展中国家 5 年，最不发达国家 7 年，因此 TRIMs 也是世贸组织要求其成员限期取消的投资措施。

TRIMs 协定还规定了例外条款，指出《1994 年关税与贸易总协定》中规定的例外均应适用于与贸易有关的投资措施协定的各项规定，并且对发展中国家成员方在投资措施方面履行国民待遇义务和一般取消数量限制义务作了例外规定。这主要是考虑到发展中国家成员方在贸易、开发和财政方面的特殊需要，因此允许发展中国家成员方有权暂时背离与贸易有关的投资措施方面的国民待遇和一般取消数量限制的义务。但是，这种背离只是"暂时"的，并且应符合《1994 年关税与贸易总协定》第 18 条的规定，即主要是为了平衡外汇收支和扶植国内幼稚产业的发展等目的。有关磋商及争端解决事宜则适用《1994 年关税与贸易总协定》第 22 条、第 23 条以及《关于争端解决规则与程序谅解》各条款执行。

随着越来越多的中国企业"走出去"，一些发达国家或地区以"国家安全"为由遏制中国企业的正当投资行为成为一个频发的现象。例如 2012 年 10 月，美国国会众议院情报委员会发表调查报告称，中国华为技术有限公司和中兴通讯股份有限公司对美国国家安全构成威胁，建议美国政府阻止这两家企业在美开展投资贸易活动。②

---

① 详见 TRIMs 附录《解释性清单》第 1 条（a）、（b）款，第 2 条（a）、（b）、（c）款。

② 《商务部就美国会发布华为、中兴调查报告发表谈话》，2012 年 10 月 10 日（http://www.china.com.cn/policy/txt/2012-10/10/content_26762031.htm）。

由上述 TRIMs 例外条款来看，GATT 第 21 条"安全例外"的规定也适用于 TRIMs 协定。但从 GATT 第 21 条"安全例外"具体规定来看，其规定了三种具体适用该规定的情形：一是成员方可拒绝提供其认为如披露则会违背其国家基本安全利益的任何信息；二是成员方有权采取其认为对保护其基本国家安全利益所必需的任何行动；三是成员方根据《联合国宪章》为维护国际和平与安全而采取的任何行动。而对于其中的第二种情形的适用，又规定了三种明确的法定情形，即：（1）与裂变和剧变物质或衍生这些物质的原料有关的行动；（2）与武器、弹药和作战物资的贸易有关的行动，以及与直接或间接供应军事机关的其他货物或原料有关的行动；（3）在战时或国际关系中的其他紧急情况下采取的行动。即只有在发生以上三种情况时，WTO 成员方才可以为保护其基本国家安全利益，限制外国的贸易与投资行为，而且从 WTO 的司法实践来看，"例外"条款需"从严"解释和运用。[①] 因此，对于一些 WTO 成员以成员方"安全例外"为由限制国际贸易与国际投资的行为，应具体分析，查明其是否具备国际法根据，对于滥用 WTO "安全例外"条款限制我国企业正当的投资行为的投资与贸易保护主义行为，我国政府应坚决表明立场，运用法律手段维护合法权益。

　　综上可知，TRIMs 协定首次将特定范围的投资规范纳入了 WTO 多边贸易体制，是世界上第一个专门规范贸易与投资关系的国际条约，既推动了国际贸易法的发展，也丰富了国际投资法的内容，促进了国际贸易与国际投资的自由化。尽管 TRIMs 协定的适用范围有限，但在国际投资领域缺乏全球统一的实体性规则的情况下，TRIMs 协定对国际投资的规制具有十分重要的作用。值得注意的是，TRIMs 协定作为发达国家极力推动的产物，对发展中成员方的经济具有一定的负面影响，如当地成分要求不利于发展中国家民族工业的发展等。

---

　　① 刘敬东：《华为、中兴事件的国际法评析》，《经济参考报》2012 年 10 月 16 日，转引自中国法学网（http://www.iolaw.org.cn/showarticle.asp? id=3441）。

（二）《服务贸易总协定》

《服务贸易总协定》（*General Agreement on Trade in Services*，以下简称 GATS）首次将服务贸易纳入世界多边贸易体制中，包括了除政府服务采购外的所有服务贸易。GATS 第 1 条第 2 款规定了四种服务贸易提供方式①，其中第三种方式商业存在（commercial presence），指一成员国的服务提供者通过在任何其他成员国境内的商业场所提供服务。第 28 条则对商业存在给予了更为具体的界定，即为提供服务在一成员国境内设立的任何类型的商业或专业机构，包括组建、收购或维持法人或创办或维持分支机构或代表处。② 这一界定，虽然使"商业存在"较双边投资保护协定及一些区域自由贸易协定中以"资产"为基础界定的"投资"定义狭窄，但它揭示了服务贸易与国际投资的密切关系，即服务提供者要提供服务往往需要在东道国境内设立机构或商业场所。

一般认为，GATS 中与国际投资关系最为密切的规定是其第三部分承担特定义务中关于市场准入（第 16 条）和国民待遇（第 17 条）的规定。市场准入是指是否允许外国服务或服务提供者进入本国市场。这一问题从国际投资法上看，实质上是一国的服务业或服务市场领域是否对外开放问题。依据 GATS 第 16 条的规定，在市场准入方面，每一个成员对任何其他成员的服务和服务提供者给予的待遇不得低于其在具体承诺减让表中所同意和列明的条款、限制和条件。同时，对于做出市场准入承诺的服务部门，除非其在减让表中已作例外规定，不得在其地区或全部领土内维持或采取六种限制性措施。这六种限制措施中前四种主要是关于数量的限制措施③，

---

① 由于谈判各方无法就服务贸易的定义达成一致的意见，GATS 只得采用列举方式来解决概念与适用范围问题。四种服务提供方式即跨境交付、境外消费、商业存在和自然人流动。

② GATS 第 28 条对商业存在给予了更为具体的界定，即为提供服务在一成员国境内设立的任何类型的商业或专业机构，包括组建、收购或维持法人或创办或维持的分支机构或代表处。

③ 主要是采用数量配额或要求测定经济需求等方式，限制服务提供者的数量，限制服务交易或资产总额，限制服务业务网点总数或服务总产出量，或限制服务提供者可以雇用的自然人的数量。

与国际投资关系不大，后两种则与国际投资密切相关，即：（1）限制或要求服务提供者通过特定的法人实体或合营企业才可提供服务；（2）对参加的外国资本限定其最高持股比例或对个人的或累计的外国资本投资额予以限制。从以上规定可以看出，GATS 第 16 条并未对市场准入给予定义，而是采用了肯定式清单（具体减让表）与否定式清单（限制措施的禁止）相结合的灵活解决方法，从而更好地协调了发达国家与发展中国家的利益。[①]

关于国民待遇，GATS 第 17 条第 1 款规定，对于列入具体承诺减让表的部门，在遵守其中所列任何条件和资格的前提下，每一缔约方在影响服务提供的所有措施方面给予任何其他方的服务和服务提供者的待遇，不得低于其给予本国同类服务和服务提供者的待遇。第 2 款、第 3 款进一步规定，一缔约方可通过对任何其他方的服务或服务提供者给予与其本国同类服务或服务提供者的待遇形式上相同或不同的待遇。例如形式上相同或不同的待遇改变竞争条件，与任何其他缔约方的同类服务或服务提供者相比，有利于该缔约方的服务或服务提供者，则此类待遇应被视为较为不利的待遇。由此可知，GATS 规定的国民待遇是一种有限制的国民待遇，其仅适用于具体承诺减让表的部门，而不是普遍适用于所有服务或服务提供者。并且，国民待遇仅涉及外国服务进入后的待遇。值得指出的是，对商业存在这一服务贸易提供方式的待遇实质上就是对外国直接投资的待遇。

除特定义务外，GATS 还规定了一般性义务，包括第 2 条的最惠国待遇、透明度等问题，即要求其成员采取措施，确保其境内的垄断贸易提供者按最惠国待遇、透明度及具体承诺的要求行事，不得滥用其垄断地位，破坏正常的竞争秩序。

对于 GATS 对国际投资法的意义，我国学者意见不一，有些学者认为 GATS 实质上是一个重要的国际投资条约[②]，蕴含着 WTO 一揽子协议中分量最大的国际投资规范[③]。也有的学者认为，GATS 只

[①]　卢进勇、余劲松、齐春生主编：《国际投资条约与协定新论》，人民出版社 2007 年版，第 193 页。

[②]　刘笋：《论 WTO 协定对国际投资法的影响》，《法商研究》2000 年第 1 期。

[③]　单文华：《世界贸易组织协定中的国际投资规范评析》，《法学研究》1996 年第 2 期。

是部分内容涉及国际投资。① 商业存在作为服务贸易的提供方式，其在东道国的设立客观上必然对各国的国际直接投资具有促进作用，GATS 对国际投资法的影响不可低估。

（三）《与贸易有关的知识产权协定》

《与贸易有关的知识产权协定》（*Agreement on Trade-Related Aspects of Intellectual Property Rights*，以下简称 TRIPS 协定）是关于知识产权保护的全面的、范围广泛的多边协定。知识产权作为一种财产权，是国际投资的重要形式。知识产权的国际保护对于外国投资者，特别是高新技术生产者而言具有极其重要的意义。知识产权保护不力，可被视作为一种贸易壁垒和投资障碍。加强知识产权保护，可以改善一国的投资环境，从而促进和保护国际投资。

TRIPS 协定共有 7 个部分 73 条，包括知识产权效力、范围及使用标准，知识产权的执法，争端解决机制及过渡期安排等内容。TRIPS 协定的适用范围包括版权和相关权力（即表演者、录音制品制作者和广播组织的权力）、商标权（包括服务标记在内）、地理标志（包括原产地名称在内）、工业品外观设计、专利权（包括新的植物品种保护）、集成电路的布图设计和未披露的信息（包括商业秘密及实验数据）。TRIPS 协定的宗旨是使知识产权得到充分有效的保护，它强调国民待遇和最惠国待遇原则，规定了比现行其他国际公约更高的保护标准。② 在争端解决程序方面，TRIPS 协定规定成员方有关该协定下的争议，适用 GATT 第 22 条、第 23 条的规定以及《关于争端解决规则与程序谅解》的规定，不允许采取单边措施，从而强化了对知识产权的保护。

近年来，由于各国适用的知识产权保护标准的差异，在国际投资领域有关知识产权保护问题衍生出了许多国际争端，凸显了知识产权保护问题的重要性。TRIPS 协定的达成，对国际投资，特别是

---

① 曾华群：《论 WTO 体制与国际投资法的关系》，《厦门大学学报》（哲学社会科学版）2007 年第 6 期。

② 例如版权的保护包括计算机程序等方面，保护期为 50 年，承认邻接权等。

有关高新技术的跨国投资的重要性与重要意义不言而喻。

（四）《补贴与反补贴措施协定》

《补贴与反补贴措施协定》（*Agreement on Subsidies and Counter-vailing Measures*，以下简称 SCM 协定）也是与国际投资相关的一个重要协定。各国为吸引外资，有时会采取一些鼓励性措施，如税收减免，从而将投资引向可以促进本国经济发展的部门与领域。补贴即是鼓励性投资措施之一，其会对国际贸易产生影响，并间接影响外国投资者的利益。

乌拉圭回合谈判达成的 SCM 协定共分 11 个部分，包括 32 个条款和 7 个附件，规定了补贴的定义、补贴的分类、反补贴税的征收、发展中国家成员的特殊和差别待遇、争端解决机制等内容。依据 SCM 协定第 1 条的规定，补贴是指在某一成员的领土内由政府或任何公共机构提供的财政资助，或存在 1994 年 GATT 第 16 条规定所定义的任何形式的收入或价格支持，以及因此而授予一项利益。SCM 协定列举了财政资助的四种表现形式：（1）资金直接转移的政府行为（如赠予、贷款和投股等）、潜在的资金或债务的直接转移（如贷款担保等）；（2）放弃或未征收在其他情况下应征收的政府税收（如税收抵免之类的财政鼓励）；（3）政府提供除一般基础设施外的货物或服务，或购买货物；（4）政府放弃提供资金或政府实施收入和价格支持，或委托或指示私营机构履行上述一种或多种通常应属于政府的职能。SCM 协定规定，某项补贴是否合法，取决于其是否具有专项性，换言之，协定只约束专项性补贴。专项性是指有关法律法规明确规定，或执行该项法律法规的机关明确表示补贴只给予某些特定的企业或产业。专项性补贴分为三类：禁止性补贴、可诉性补贴和不可诉补贴。SCM 协定的第 27 条规定了发展中国家的特殊和差别待遇，包括过渡期、补救方法和程序上的差别等。SCM 协定是WTO 协定中较为复杂的协定之一。

SCM 协定首次对激励性投资措施做出规范，从而弥补了 TRIMs 协定未规范激励性投资措施的缺陷，二者相互配合，对国际投资自由化的深入发展产生了重要的影响。与此同时，SCM 协定对一国利用外资的环境会产生一定的影响，从而有可能降低一国对某些类型的外国投资的吸引力，如依靠补贴鼓励国际直接投资的国家和地区，可能因补贴的取消或受到限制而受到影响，从而使追求优惠型的外来投资减少。①

综上可见，鉴于国际投资是当今最重要的国际经济交往形式之一，国际投资活动发生于国际经济交往的各个层面和各个领域，因此，除前述四项与国际投资直接相关的多边协定外，WTO 协定中其他多边协定与规则也与国际投资具有密切联系，如政府采购协定、反倾销、原产地规则、保障条款、装船前检验规则、许可证规则、海关估价规则等，实践中需要结合具体问题灵活运用。

二　WTO 协定对国际投资法的影响

（一）　WTO 协定和"与投资有关的贸易措施"问题

前文已述，贸易与投资有密切关系。但是，不仅外国直接投资正在日益影响着世界贸易的规模、方向和构成，贸易和贸易政策也可以对外国直接投资流动的规模、方向和构成产生各种影响。乌拉圭回合达成的 TRIMs 协定已对与贸易有关的投资措施予以规范，但是人们对于与投资有关的贸易措施的关注则不够，因此，有学者提出了应对"与投资有关的贸易措施"也给予足够的重视与研究，因为如不对影响投资的贸易措施予以有效规范将会对一国的外国直接投资产生某些负面影响。②

---

①　卢进勇、余劲松、齐春生主编：《国际投资条约与协定新论》，人民出版社 2007 年版，第 195 页。

②　例如，如果有关国家仅仅根据贸易政策或措施的最显见的短期贸易结果来衡量其影响，而不考虑其对投资的潜在的长远的影响，就会产生片面的和潜在的扭曲的评价。因为某种贸易措施可能会对近期或短期的贸易发展具有积极影响，但若导致投资的反向流动，就会影响该国长远的经济发展；投资者受某些贸易措施的影响，不根据市场力量或因素来决定其投资的数量、规模和方向，从而在一定程度上会造成投资扭曲，增加投资成本，不利于依据市场进行合理的资源配置；某些贸易措施影响投资流向，导致国家间投资与发展机会的不公平或不平等。参见余劲松《论"与投资有关的贸易措施"》，《中国法学》2001 年第 6 期，第 117—118 页。

依据 UNCTAD 的相关研究，与投资有关的贸易措施大致可分为四大类：市场准入限制、市场准入发展优惠、出口鼓励措施及出口限制措施。① 其中市场准入限制是范围最广、数量最多的与投资有关的贸易措施。而从近年的发展来看，构成对市场准入限制的区域性自由贸易协定、原产地规则以及国家技术标准等对投资的影响不断增强。

以区域自由贸易协定为例，依照 GATT 规定，关税联盟或自由贸易区所实行的特惠制，属多边贸易体制中最惠国原则的例外，从而使区域一体化措施可以与 GATT/WTO 多边贸易体制长期并行共存。但是，从投资的角度看，具有封闭性、排他性的特点的区域化措施会造成区域内外的差别待遇，从而可能会对投资的规模与流向产生重要影响。因此，对于发展中国家而言，也应注意采取区域合作的方式，建立互惠的区域性合作体制，创造良好的投资环境，吸引外资，促进本区域经济发展，而国际社会今后也应努力使区域一体化向着有利于促进全球一体化的方向发展，而不应成为一种实施贸易保护主义的造成不公平投资机会的工具或区域壁垒。② 再如，作为吸引和利用外资的重要工具的原产地规则，"背后隐藏着巨大经济利益的政策性问题"。原产地规则分为两类，一是依最惠国待遇普遍适用的一般原产地规则；二是仅适用于特殊优惠区（关税联盟或自由贸易区）的原产地规则（以下简称"特惠原产地规则"）。乌拉圭回合达成的《原产地规则协定》仅对一般原产地规则做出了规范，而未将特惠原产地规则包括在内。因此，为促进建立公平合理的世界投资环境和秩序，"与投资有关的贸易措施"仍有待国际社会对其予以协调、规范和调整。

（二）WTO 协定对国际投资法的影响

WTO 协定首创在多边贸易体制中调整国际投资问题的先例，对各国国内外资法、海外投资法制以及双边、区域和多边投资立法都

---

① UNCTAD, *Investment-Related Trade Measures*, Sales No. E. 99. II. D. 12 (United Nations, 1999), pp. 3-4.

② 余劲松主编：《国际投资法》（第三版），法律出版社 2007 年版，第 270 页。

具有重要的影响。

从全球性多边投资立法来看，WTO 相关协定对有关国际投资问题的规范，使其成为重要的多边投资协定。TRIMs 协定、GATS 等有关协定已经涉及投资准入、投资促进与保护、投资争端解决等国际投资条约的重要内容，适用于各协定的《WTO 谅解》则提供了一套相当完备的准司法机制，"一致否决机制"与交叉报复制度的设立，为 WTO 协定下所有有关投资的多边协定和条款的贯彻执行提供了强有力的国际法制保障。

从双边投资条约的角度看，已出现援引 TRIMs 协定的有关规定的双边投资保护协定。在 2004 年加拿大《某国与加拿大促进和保护投资协定草案》中，其第 5 条第 2 款规定："本条规定不适用于与知识产权有关的授予的强制许可的颁布，或知识产权的撤销、限制或创设，以此种颁布、撤销、限制或创设符合 1994 年 4 月 15 日在马拉喀什签订的世界贸易组织协定为限。"从而将间接征收认定与"WTO 相符性"相联系，反映了 BITs 实践与 WTO 体制挂钩的动向。①

从区域投资协定角度看，近年一些区域贸易协定中已明确规定 WTO 条款的适用问题。例如 2002 年的《中国—东盟全面经济合作框架协议》中第 6（3）（d）条题为"WTO 规定的适用"，明确反映了《中国—东盟全面经济合作框架协议》将某些 WTO 规则作为缔约双方直接适用的第一选择，而且各缔约方还同意根据 WTO 有关规则谈判建立中国—东盟自由贸易区。②

从各国国内外资法角度看，一方面，WTO 各成员需要按照 WTO 相关协定中的规定废除与贸易有关的具有扭曲贸易效果的投资限制措施与投资鼓励措施，改善外资投资环境；另一方面，WTO 协定可以优化成员方海外投资市场准入的法律环境，促进各成员海外投资法律环境的优化。

---

① 曾华群：《论 WTO 体制与国际投资法的关系》，《厦门大学学报》2007 年第 6 期。

② 同上。

三　WTO 框架与多边投资协定谈判

1998 年 OECD 经过三年艰苦谈判草拟的 MAI 被搁置后，一些发达国家呼吁有必要将投资问题全面纳入 WTO 框架下调整，并提出在 WTO 框架下制定新的多边投资协定（Multilateral Investment Agreement，以下简称 MIA）的建议。

1999 年 11 月，在西雅图召开的部长级会议上，日本和欧共体极力推动启动 MIA 议题的谈判，但这一建议因受到发展中国家成员和非政府组织的反对而没有实现。1996 年 WTO 新加坡部长级会议决定设立的 WTO 贸易与投资工作关系组（The Working Group on the Relationship Between Trade and Investment，简称"WTO 工作组"），对于应否在 WTO 体制下启动 MIA 谈判问题进行了广泛而深入的研讨。[1] 2001 年 9 月，WTO 成员方发表的部长级会议宣言草案中专门提及了 MIA 问题，该草案就工作组今后的有关工作任务提出了"谈判"和"继续分析研究"的两种选择，以供成员方在多哈部长级会议上做出决定。其后召开的多哈会议做出了只允许工作组对 MIA 问题进行"继续分析研究"的决定。[2] 在 2003 年 9 月召开的 WTO 坎昆部长级会议上，多数发展中国家表示尚未做好 MIA 谈判的准备。[3] 在 2004 年 8 月 WTO 成员通过的《总理事会关于多哈议程工作计划的决议》中，砍掉了《多哈部长宣言》中的新加坡议题"贸易与投资"。此后，在 2005 年 WTO 香港部长级会议、2009 年 WTO 日内瓦部长级会议和 2011 年 WTO 日内瓦部长级会议上，投资议题都未

---

[1] 工作组对投资与发展的关系、投资的定义、投资待遇、政府干预的控制、履行要求的限制、投资鼓励措施的抑制、限制或取消东道国对外资的技术转移要求的必要性等诸多投资实体法问题以及在 WTO 框架下的多边投资立法应当注意的方法和应当解决的问题都进行了讨论。参见 WT/WGTI/3, 22 October 1999, paras. 7–61; WT/WGTI/3, 22 October 1999, paras. 66–107。

[2] WT/MIN（01）/DEC/W/1, 14 November 2001, para. 22.

[3] 冯军：《从多哈回合议程谈中国多边投资框架谈判立场》，《国际经济法学刊》2004 年第 10 期。

能取得进展。因此，虽然发达国家一再强调 MIA 对于促进国际贸易的重要性，在 WTO 体制中是否需要 MIA，迄今尚未达成共识。①

　　主张在 WTO 框架下谈判新的 MIA 的 WTO 成员主要的理由是现有的多边投资立法未能在全球范围内发挥促进投资自由化的功用，而缔结一个由众多成员方的国际组织（WTO）监督执行下的综合性多边投资条约有助于提高投资立法和投资环境的透明度和可预见性，从而有助于全球范围内的经济增长和发展。一些国家认为，只有制定一个综合性的和具有普遍约束力的国际投资条约才能适应当今全球经济一体化的需要。反对方的主要理由是现有的数目众多且内容丰富的关于国际投资的双边条约和多边条约（包括区域性和全球性的条约）可以为国际投资者提供充分的安全和保护，因此没有必要另行商签新的 MIA；并且，在国际经济新秩序并没有真正确立的当今世界，作为世界经济发展的三大支柱的国际货币基金组织、世界银行集团和 WTO，并不值得完全信赖。② WTO 包含的诸多规则至今存在着大量的例外及模糊之处，特别是对国际弱势群体开具空头支票，口惠而实不至之处，已经引起发展中国家改革的呼声。③

　　面对发展中国家的反对，发达国家提出了一些较具弹性的建议，如将多边投资协定定位为"复边协定"（Plurilateral Agreement)④，即由对投资议题感兴趣的 WTO 成员开始并持续进行谈判，达成协定后，由愿意成为当事方的 WTO 成员方签署并加入，而未参与谈判的其他成员可以选择是否加入协定，不加入协定对其不产生任何权利和义务。复边协定的定位无疑会使新签订的 MIA 的全球

---

① Yong Shik Lee, *Reclaiming Development in the World Trading System*, Cambridge University Press, 2006, p. 122.

② 刘笋：《WTO 框架下的多边投资协议问题述评》，《中国法学》2003 年第 2 期。

③ 陈安：《中国加入 WTO 十年的法理断想：简论 WTO 的法治、立法、执法、守法与变法》，《现代法学》2010 年第 6 期。

④ 《马拉喀什建立世界贸易组织协定》包含两类附件，其中之一是复边贸易协定（Plurilateral Trade Agreement)，此类协定允许各国或具有单独关税区地位的地区在加入 WTO 时选择加入。因此，此类协定只约束选择加入特定协定的成员，对未加入的成员不产生任何权利和义务。

性、统一性大打折扣。再如，建议多边投资协定采用 GATS "积极清单" 的承诺方式，这意味着 MIA 的约束力不会自动延伸到缔约方所有行业和所有投资领域，相反，各缔约方可规定承担义务的行业和承担义务的种类。①

对于在 WTO 框架下谈判新的 MIA，中外学者也持有不同观点。一些西方学者较为乐观积极，并预测认为，有关投资议题的谈判最终将在 WTO 体制中完成。② 而我国有学者对在 WTO 体制中启动 MIA 谈判表示担忧，认为发达国家将 MIA 纳入 WTO 体制的主要目的是通过 WTO 的贸易自由化机制扩大投资自由化，确保其海外投资者在发展中国家自由进入和经营，从而消除或削弱发展中国家调整外资准入和外资经营的权力。因此，将 MIA 纳入 WTO 体制有可能会使发展中国家因外国投资问题而面临交叉报复的风险。③

综上所述，在 WTO 框架下启动 MIA 谈判既有现实可能性，又面临重重困难。但无论未来是否会在 WTO 框架下启动 MIA 谈判，只有国际直接投资的 "良好标准" 而非 "高标准" 的确立④，才有可能既显示出对投资者的友好性，又能保障东道国的足够程度的自由⑤，也才能吸引处于不同经济发展阶段且具有利益冲突的国家的广泛参加。正如有学者所指出的，在当今 WTO 异常活跃的经济舞台上，没有永远的朋友，只有永远的利益。⑥

---

① ［印］峇吉拉·劳·达斯：《WTO 与多边贸易体系之过去、现在与未来》，第三世界网络 2004 年版，第 94—95 页。

② Edward Kwakwa, "Institutional Perspectives of International Economic Law", in Asif H. Qureshi (ed.), *Perspectives in International Economic Law*, Kluwer Law International, 2002, p. 58.

③ 曾华群：《论 WTO 体制与国际投资法的关系》，《厦门大学学报》（哲学社会科学版）2007 年第 6 期。

④ Eric M. Burt, "Developing Countries and the Framework for Negotiations on Foreign Direct Investment in the World Trade Organization", *American University Journal of International Law and Policy*, Vol. 12, 1997, pp. 1059-1060.

⑤ WT/WGTI/M/8, para. 82.

⑥ 刘光溪主编：《多哈会议与 WTO 首轮谈判》，上海人民出版社 2002 年版，第 4 页。

第三章

国际投资协定中的
热点条款研究综述

一 国际投资协定中的公正与公平待遇标准

外国投资的待遇问题是国际投资法的重要内容，也是投资保护中的核心制度之一。它不仅直接决定外国投资者在东道国的法律地位，关系到外国投资者的利益和东道国利益，而且与国家主权、外交保护、国家责任等一系列的国际政治法律问题相关。国际上通行的有绝对待遇标准和相对待遇标准两种标准。一般认为，公正与公平待遇标准追求国际法的自然正义价值，是绝对待遇标准，而旨在创建外国投资者与本国投资者之间以及不同国籍外国投资者之间的公平竞争条件的国民待遇和最惠国待遇则是相对待遇标准，在国际投资法中，两类待遇标准相互补充，共同对国际投资发挥全面、有效的保护作用。

20世纪90年代以来，投资者以东道国违反公正与公平待遇标准为由索赔的案件迅速增加，一些国际投资仲裁案件的仲裁庭对公正与公平待遇标准进行宽泛解释，极大地降低了投资者的举证责任并加重了东道国的义务，对东道国的正当外资管辖权构成了严重的威胁，包括美国在内的西方国家也常被投资者指控没有为外资提供依据国际法的公正与公平待遇。仲裁庭和投资者对这一条款的滥用，引起各方关注。当前，探讨公正与公平待遇标准的真正含义与要素内容，从而适当引导与限制投资仲裁庭的自由裁量权，防止对公正与公平待遇标准的随意扩大解读，成为对国际投资条约进行改革的重要内容与学界探讨研究的热点论题之一。

（一）公正与公平待遇标准的概念、性质与解释

公正与公平待遇标准是国际投资条约中最重要的待遇标准之一，它是评估外国投资者和东道国之间关系的重要尺度，而且可以表明东道国在公正及公平条件下接受外国直接投资的意愿。[①] 公正与公平待遇条款最早出现于 1948 年旨在建立国际贸易组织的《哈瓦那宪章》中，经过《波哥大经济协定》的"试演"[②]，并通过二战后美式友好通商航海条约的推广，最终确立了其在国际投资法中的重要地位。当前，多数国际投资条约基本都规定了公正与公平待遇标准，即使少数条约没有做出规定，也可以根据最惠国待遇条款加以援用。

对于公正与公平待遇标准的理解，学说与实践的观点各不相同。学界争论的焦点是如何确定公正与公平待遇标准与其他待遇标准的关系。在这方面，我国学者一般认为应将公正与公平待遇标准理解为给予外国投资者及其投资以无差别待遇，即国民待遇和最惠国待遇。[③] 也有学者认为公正与公平待遇标准应是独立的、总的待遇标准。[④] 与此相较，西方学者则更关注公正与公平待遇标准与国际法最低标准之间的关系。[⑤]

一般认为，公正与公平待遇标准是"绝对的"、"无条件的"待遇标准，与国民待遇和最惠国待遇依据东道国给予本国和第三国投资者的待遇决定的"相对"待遇标准不同，公正与公平待遇标准的确切含义不是参照其他待遇来确定的，而是参照所适用的具体情况来确定的。长期以来，公正与公平待遇标准没有统一的与一般性的

---

① UNCTAD, *International Investment Agreements*: *Key Issues*, Sales No. E. 05. II. D. 6 (United Nations, 2004), p. 209.

② 该协定第 22 条规定："外国资本应享有公平待遇（ equitable treatment）。"该协定与《哈瓦那宪章》一样最终未能生效。

③ 余劲松：《外资的公平与公正待遇问题研究——由 NAFTA 实践产生的几点思考》，《法商研究》2005 年第 6 期。

④ 曾华群主编：《国际投资法》，北京大学出版社 1999 年版，第 441 页。

⑤ Roland Kläger, *Fair and Equitable Treatment in International Investment Law*, Cambridge University Press, 2011, p. 13.

核心含义，也没有一个方便适用的定义。[①] 并且，由于各国际投资条约缔约谈判的历史与背景不同，公正与公平待遇标准在国际投资条约中规定的形式也各有不同，例如有的条约不附加任何条件地规定公正与公平待遇标准[②]，有的条约将公正与公平待遇标准等同于国际习惯法中的"最低待遇"标准。[③] 因此，引发了各方面对它的不同解释，概括起来，主要有以下三种意见：一是认为公正与公平待遇标准是习惯国际法最低待遇标准的一部分。二是认为公正与公平待遇标准是包括所有渊源在内的国际法的一部分，即公正与公平待遇标准的含义不限于习惯国际法，还应考虑一般法律原则、现代条约以及其他公约的义务。三是认为公正与公平待遇标准是一个独立的条约标准。[④]

近年来相关国际投资仲裁实践表明，在对公正与公平待遇标准的解释和适用时，仲裁庭基本上倾向于采用比传统国际最低标准更为宽泛的解释。基于此，在仲裁庭的演绎下，与国际最低待遇标准存在历史渊源的公正与公平待遇标准已不再仅仅局限于国际最低标准所提供的保护程度，而是在其基础上逐渐演变为一种较国际最低标准更高的绝对待遇标准。从而使投资者向东道国索赔的门槛更低，而且赋予了国际仲裁庭更大的自由裁量空间，这对于投资者保护来说当然是更为强化了，但对于东道国来说，其合理性有待商榷。

（二）公正与公平待遇标准的内容要素

由于国际投资条约中公正与公平待遇标准概念的抽象性与模糊

---

① Stephan W. Schill, *The Multilateralization of International Investment Law*, Cambridge University Press, 2009, p. 263.

② 如 1995 年《西班牙与墨西哥双边投资协定》第 4 条第一款规定："缔约任何一方投资者在缔约另一方境内所作的投资应当获得公平与公正待遇，以及给予任何第三方投资者投资的待遇。"这种规定很容易被国际仲裁庭解释成公正与公平待遇标准是一种不受国际法制约的、独立自主的高水平外资待遇标准。

③ 如 2004 年《美国双边投资条约范本》第 5 条规定："最低待遇标准：1. 每一缔约方应给予涵盖投资以符合习惯国际法的待遇，包括公平与公正待遇及充分的保护与安全。2. 确切地说，第 1 款规定的给予涵盖投资的最低待遇标准即习惯国际法给予外国人的最低待遇标准。""公平与公正待遇"和"充分的保护与安全"这两个概念并不要求给予国际最低待遇标准之外的或额外的待遇，也不创设额外的实体权利。

④ 余劲松、梁丹妮：《公平公正待遇的最新发展动向及我国的对策》，《法学家》2007 年第 6 期。

性，在国际投资仲裁实践中，仲裁庭在解释和适用该待遇时提出了一些被认为是该待遇标准所包括的要素或组成部分，以此来衡量公正与公平待遇标准是否被违反。OECD 在 2004 年发布的题为《国际投资法中的公正与公平待遇标准》的工作报告中指出，仲裁庭在解释公正与公平待遇标准时超越了其与国际最低标准关系的讨论，尝试去确定该标准所包含的要素，如适当注意及保护、正当程序、透明度、善意、自治性的公正要素等。

根据已有的国际投资仲裁裁决，仲裁庭认定东道国违反公正与公平待遇标准的情形已达十一种之多，主要包括：违反正当程序[①]、实行专断措施[②]和歧视性行为[③]、损害外国投资者合法期待、缺乏透明度、未提供稳定的和可预见的法律和商务框架、采取强制和侵扰行为、以不适当之目的行使权力、东道国政府部门越权行事、未尽适当审慎之义务、不当得利、非善意。随着新的国际仲裁裁决的不断出现，公正与公平待遇可能还会增加新的内容。[④]

与仲裁庭认为违反公正与公平待遇标准的情形多达十余种不同，学者在公正与公平待遇标准的要素确定方面，格外审慎，例如英国的瓦尔德（Wälde）教授主张公正与公平待遇标准应当包括投资合理期待的保护及与之相结合的透明度原则、善意原则、权力滥用及专横的禁止等。[⑤] 德国的多尔泽（Dolzer）教授认为，近来的趋势表明公正与公平待遇标准包括正当程序和不得拒绝司法。[⑥] 范德

---

① 正当程序（due process）原则要求东道国对待外国投资者时不得拒绝司法，行政行为应当公正合理。

② 专断措施是指东道国政府对法律正当程序的故意漠视，独断专行，缺乏合法和合理的依据对待外国投资者。

③ 歧视性行为是指东道国非基于国籍而是基于其他因素对外国投资者实行的差别待遇，诸如基于种族、性别实行的差别待遇，或者就同样的情形采取不同的对待或就不同的情形采取同样的对待，以及专门针对某人或某事采取行动等。See A. Newcombs & L. Paradell, *Law and Practice of Investment Treaties*: *Standards of Treatment*, Wolters Kluwer, 2009, p. 289.

④ 徐崇利:《公平与公正待遇真义之解读》,《法商研究》2010 年第 3 期。

⑤ Thomas Wälde, "Investment Arbitration under the Energy Charter Treaty: An Overview of Selected Key Issues based on Recent Litigation Experience", in *Arbitrating Foreign Investment Disputes*, Norbert Horn, Stefan M. Kröll (eds.), Kluwer Law International, 2004, pp. 208–209.

⑥ Rudolf Dolzer, "Fair and Equitable Treatment: A Key Standard in Investment Treaties", *The International Lawyer*, Vol. 39, No. 1, 2005, p. 93.

维德（Kenneth J. Vandevelde）认为现有的国际投资仲裁裁决主要是按照广义的法治概念定义公平与公正待遇标准，要求其包含合理性、一致性、非歧视性、透明度与正当程序，而其认为这些仲裁裁决完全可以按照狭义的法治概念对其予以定义，即要求公开与按原则行事，简而言之，即要求国家诚信行事。① 总体而言，目前各国尚未就公正与公平待遇标准的要素达成一致。仲裁庭和学者们对此所做的归纳是否构成对该标准的准确反映，还有待于国际习惯法所形成的标准的检验。但无论怎样，在确定各要素时都应注意在投资者利益的保护和东道国公共利益的维护之间保持平衡，只有如此，才符合"公正与公平"的应有之义，即不仅仅是对投资者的公平，而且应包含对东道国的公平。②

（三）违反公正与公平待遇标准的补偿问题

传统上，国际投资条约一般只规定缔约国在实行征收或类似措施时要予以补偿。对于违反公正与公平待遇标准的补偿，国际投资条约多数都没有具体规定。但近年来的国际投资仲裁实践中的一个重要变化和动向是，一些仲裁庭认为违反公正与公平待遇标准也产生赔偿义务。③ 这样，当国际条约中规定的其他标准或规则在有关案例情况中可能不完全适合时，投资者就有可能以违反公正与公平待遇条款提出仲裁。特别是，当争议的事实不足以支持其以征收提出求偿要求时，投资者就有可能以违反公正与公平待遇标准为由索赔。

不仅如此，有的仲裁庭对违反公正与公平待遇标准所裁决的赔偿额度与违反征收的赔偿额度相同。例如在 2005 年的 CMS 诉阿根

①　Vandevelde, Kenneth J., "A Unified Theory of Fair and Equitable Treatment", *N. Y. U. Journal of International Law and Politics*, Vol. 43, 2010.

②　杨慧芳：《外资公平与公正待遇标准的要素评析》，《法学评论》2009 年第 3 期。

③　Azurix Corp. *v.* The Argentine Republic, ICSID Case No. ARB/01/12, Award, July 14, 2006, para. 369, 372; LG&E Energy Corp. LG&E Capital Corp. LG&E International Inc. *v.* Argentine Republic, ICSID Case No. ARB/02/1, Decision Liability, October 3, 2006, para. 129; CMS Gas Transmission Company *v.* The Argentine Republic, ICSID Case No. ARB/01/8, Award, May12, 2005, para. 280.

廷案①中，仲裁庭就裁定阿根廷违反了公正与公平待遇标准，并采用征收补偿中经常采用的"市场价值"补偿标准。对此，有学者认为，"征收条款项下的义务与公正与公平待遇标准所要求的责任本质上是相同的，但强度不同。在补偿方面，这种不同体现为征收要求赔偿全部价值而公正与公平待遇标准只要求补偿信赖损失"②。笔者也认为违反征收与违反公正与公平待遇标准的补偿可能存在共同之处，但二者适用相同的补偿标准的合理性值得商榷，应确立与违反公正与公平待遇标准相适宜的补偿标准。

（四）中国的对策

对于国际投资仲裁庭对公正与公平待遇标准的随意扩大解释这一情况，美国 2004 年 BIT 范本和加拿大 2004 年 BIT 范本，已经对该标准的内涵做出较为明确的规定。③ NAFTA 自由贸易委员会对涉及公正与公平待遇标准的第 1105 条第 1 款也进行了解释。④ 上述规定与解释，相较于此前的规定，都在一定程度上提高了该项待遇标准适用的门槛，从而一定程度上避免了东道国正当外资管辖权受到挑战以及现实的和潜在的赔偿风险。

我国现已对外签订的双边投资保护协定多数包含公正与公平待

---

①　CMS GasTransmission Company *v*. The Argentine Republic, ICSID Case No. ARB/01/8, Award, May 12, 2005.

②　Francesco Costamagna, "Investor's Rights and State Regulatory Autonomy: The Role of the Legitimate Expectation Principle in the CMS *v*. Argentina Case", 13 *Transnational Dispute Management*, 2006.

③　2004 年美式 BIT 范本不仅删除了此前 BIT 范本序言中涉及公正与公平待遇标准的相关内容，其第 5 条在 NAFTA 相关解释的基础上更进一步指出："公正与公平待遇包括不得拒绝在刑事、民事和行政司法程序中给予世界主要法律制度所包含的正当程序原则所要求的审理公正的义务。"将公正与公平待遇标准的适用范围主要限定于程序规则方面。2004 年美式 BIT 范本对公正与公平待遇标准的规定也被移植到 2005 年美式 FTA 范本中。

④　NAFTA 第 1105 条第 1 款在"最低待遇标准"的标题下规定："每一个成员方应当给予其他成员方投资者的投资以符合国际法的待遇，包括公正与公平待遇以及充分保护与安全。"2001 年 7 月，NAFTA 自由贸易委员会把 NAFTA 第 1105 条第 1 款的规定限缩性地解释为符合国际习惯法要求的国际最低标准，并特别强调公正与公平待遇不要求超出或高于最低待遇标准的义务，而且该标准是独立存在的，即对 NAFTA 其他条款或其他独立国际协定的违反并不构成对 NAFTA 第 1105 条第 1 款规定的违反。详见 http: // www. dfait—maeci. gc. ca/tna—nac/NAFTA—Interpr—en. asp。

遇标准的规定，并且该条款大多是独立的。由于我国以前的双边投资保护协定仅同意将征收补偿数额问题提交国际仲裁，投资者不能以公正与公平待遇标准为据索赔。但近年新缔结的 BITs 赋予投资者就投资争议提起仲裁的权利后，投资者极有可能据此提出索赔。因此，考虑到近年来国际投资仲裁实践对东道国的影响，我们必须采取相应的对策，对公正与公平待遇标准的解释和适用加以适当的限制。目前，我国学界对此存在不同的意见，有学者从我国目前到今后相当长时期内仍将会是资本输入国的立场出发，认为应通过在条约中对公正与公平待遇标准加以定义，或对其适用范围加以限制，或对其适用的例外情况加以规定等方式，限制仲裁庭在解释和适用公正与公平待遇条款时的自由裁量权。① 也有学者认为我国具备资本输入和资本输出双重大国身份，从充分实现国家利益的角度考虑，应改变在过去的数十年里，从发展中国家的立场出发，拒绝承认作为殖民时代产物的国际最低待遇标准的国际经济法学界的主流意见，适当提高外资待遇标准，移植经过美国实践检验的国际最低待遇标准以限制公正与公平待遇标准的适用范围，作为我国未来订立 BIT 和含有投资章节的 FTA 的一个策略。②

综上可见，无论对我国 BITs 和含有投资章节的 FTA 中的公正与公平待遇标准采用何种立法技术予以界定，为避免诉累，审慎而积极地应对国际投资争端仲裁庭扩张解释公正与公平待遇标准的现实，才能更好地服务于继续保持开放的投资政策和积极实施"走出去"战略的双重目标。

二　国际投资协定中的间接征收

征收或国有化问题是国际投资协定谈判的最重要议题之一。征收系指东道国政府基于公共利益的需要对外国投资者在东道国的部

---

① 余劲松、梁丹妮：《公平公正待遇的最新发展动向及我国的对策》，《法学家》2007 年第 6 期。

② 刘笋：《论投资条约中的国际最低待遇标准》，《法商研究》2011 年第 6 期。

分或全部资产实行剥夺的行为，包括直接征收与间接征收两种形式。直接征收通常指东道国以国有化、法律强制或没收等方式完全取得投资者财产的征收行为。第二次世界大战后初期，发展中国家为了维护经济主权，对外资开展了国有化运动，当时主要以直接征收方式大规模地征收外国投资者的财产。随着经济全球化的发展和投资自由化趋势不断加强，东道国实施直接征收的情况已非常罕见，虽然一些拉美国家近年恢复采取了此类措施，如一些国家采取收购资本的大部分等紧急措施以拯救受到 2008—2009 年全球金融危机影响的经济的某些领域。但就总体趋势而言，各国主要采取更为间接与隐蔽的间接征收措施干涉外国投资者。

近年来，国际仲裁机构受理间接征收的案例增多，并且频频指向素来指控别国采取征收措施的发达国家，从而使传统上较少被关注的间接征收问题逐渐取代南北国家有关直接征收补偿标准的重大争议，成为国际投资法理论与实践的热点问题，并被认为是未来国际投资规则中的"争论核心"①。

（一）间接征收的定义与表现形式

1. 间接征收的定义

目前，在国际投资法上"间接征收"并没有明确的、统一的、权威的定义。现有的国际投资条约多数都对间接征收有所规定，例如 1956 年《欧洲人权公约》、1961 年《关于国家对外国人造成损害的国际责任公约哈佛草案》、1967 年《外国人财产保护公约》、1992 年《世界银行外国直接投资待遇指南》、1992 年《北美自由贸易协定》、1994 年《能源宪章条约》、1998 年《多边投资协定草

---

① 以《北美自由贸易协定》（NAFTA）第 1110 条为例，外国投资者根据此条规定对作为投资东道国的成员方频频提起投资仲裁，如 Metalclad 公司诉墨西哥案（1997年）、S. D. Myers 公司诉加拿大案（1998 年）、Pope & Talbot 公司诉加拿大案（1999年）、Methanex 公司诉美国案（2000 年），这些案件普遍涉及巨额赔偿请求，尤其是 Methanex 公司诉美国案中申诉人诉求赔偿 10 亿美元，创下 NAFTA 单案诉求金额的最高纪录，在美国征收史上亦属空前。参见陈安主编《国际投资法的新发展与中国双边投资条约的新实践》，复旦大学出版社 2007 年版，第 129 页。

案》、美国 2012 年 BIT 范本①等，但这些条约对于间接征收规范不一，而且也都未给出精确的概念界定。

一般而言，间接征收主要指未直接转移或剥夺投资者的财产权，但东道国政府以与征收具有"效果相同的措施"或"类似的任何其他措施"，干涉财产的使用或享用收益。联合国贸易与发展委员会（UNCTAD）在分析国家实践、国际投资协定中的定义以及仲裁实践的基础上，概括总结了间接征收包含的四个核心要素：一是可归因于国家的措施；二是对财产权或其他受法律保护的利益的干涉；三是导致相关的权利或利益的全部或绝大部分的价值损失或剥夺所有者对投资的控制；四是所有者保有法律上的所有权或实质上的占有。②

由于在国际投资领域"间接征收"并没有统一的定义，对于间接征收的界定多是描述性的，因此其可以是"间接的征收"、"蚕食性征收"、"事实上的征收"、"等同于征收"、"变相征收"、"监管征收"或"虚拟征收"等任一形式。其中最为值得注意的是蚕食性征收，其会导致财产权被剥夺或失去控制，但这一结果是逐渐发生的或分阶段导致的。

2. 间接征收的表现形式

间接征收的表现形式也多种多样，其中典型性表现形式包括强制转让财产、完全禁止转让或支配财产、实质干预企业的管理控制权、过度或任意征税、取消许可或批准、违法驱逐外国投资者、冻结银行账户或推动罢工、停工和致使劳工短缺等，不一而足。实践中，出现上述表现形式未必一定构成间接征收，还要根据具体案例

---

① 美国 2004 年 BIT 范本中对间接征收判定标准规定相对明确，其附件 B（征收）第 4 条 a 款规定对间接征收应采取逐案分析的方法，综合考虑东道国政府行为的经济影响，该政府行为对支持投资的清晰的、合理的期待的干预程度，以及该政府行为的性质。第 4 条 b 款将那些旨在和用于保护合法的公共福利目标（诸如健康、安全和环境等）排除在间接征收之外。但对于"影响"、"合理的期待"究竟应如何衡量，在实践中仍具有很大的不确定性。参见梁咏《石油暴利税与中国海外投资安全保障：实践与法律》，《云南大学学报》（法学版）2009 年第 6 期。

② UNCTAD（2012），Expropriation，UNCTAD Series on Issues in International Investment Agreement Ⅱ，United Nations，UNCTAD/DIAE/IA/2011/7.

"逐案"考察分析。例如，东道国政府歧视性的"过度和重复税收"措施具有没收效果，等同于间接征收，但是并不是所有的歧视性过度或任意征税都会构成间接征收。假如有充分的理由"过度和重复"征税，不一定会构成间接征收。① 再如，东道国政府在征收外国投资者财产的过程中发生冻结外国投资者银行账户的行为，并且该行为是否定投资者全部财产权利的行为的一部分，在此种情况下，冻结银行账户就"等同于"征收，构成间接征收。但是，如果东道国政府是由于调查犯罪、管制有违法行为的账户等原因合法地冻结银行账户则是正当的，并不构成间接征收。②

由于间接征收缺乏严谨、权威、准确定义以及在实践中表现形式多样，为其认定留下了弹性空间。近年来，在仲裁实践中，如何确认间接征收的成立而同时又不妨碍国家规制公共利益的权力越来越成为具有挑战性的问题。对此，下文将予以进一步分析。

（二）间接征收的认定

1. 间接征收的认定标准

国际法学者与仲裁机构对于间接征收的具体认定问题存在颇多歧见。在间接征收的认定方面，最大的争议来自于对东道国政府措施的"效果"和"性质"的不同看待，而这也是区别东道国政府管制措施与征收措施的焦点问题。对此，加拿大学者提出了三种基本判断标准，即纯粹效果标准（sole effect test）、目的标准（purpose test）及效果与目的兼顾标准（effect and purpose test）③。

纯粹效果标准认为，界定间接征收的标准是东道国政府对外国投资者的财产权是否产生了充分限制性的效果（a sufficiently restrictive effect），如果一项或一系列政府措施产生此类效果，则视为构

---

① 王小林：《论间接征收及其法律表现形式》，《求索》2011 年第 9 期。

② M. Sornarajah, *The International Law on Foreign Investment*, Cambridge University Press, 2004, p. 394.

③ L. Yves Fortier, Stephen L. Drymer, "Indirect Expropriation in International Investment: I Know it When I See It, or Caveat Investor", *ICSID Review—Foreign Investment Law Journal*, Vol. 19, 2004, p. 300.

成间接征收。纯粹效果标准也承认并非所有的政府干预措施都构成间接征收，但这取决于干预的效果，而非目的。纯粹效果标准扩张了征收范围的外延，倾向于保护外国投资者（资本输出国）的利益。

目的标准认为，东道国政府有权根据正当的公共目的实施管理措施，不管对投资产生多大的效果，都不构成征收，政府均无须给予补偿。但是主张该学说的西方学者同时也认为，应当权衡特定政府措施的效果。此外，公共目的属于抽象概念，对其界定本身也是一个很值得探讨的问题。目的标准对征收界定从严，更注重维护东道国管理外资的权力。[①] 在仲裁实践中，由于"目的"的主观性与不确定性，也可能导致仲裁庭轻易地认定东道国政府某项管制措施的"目的"是为了实施间接征收。

效果与目的兼顾标准认为，在认定东道国政府某项管制措施是否构成间接征收时，应综合考虑各种情况，既要考虑措施的实际执行效果，也要考虑该措施是否具有正当的公共目的，管制措施的效果与采取该措施的目的都会影响司法认定。该标准又可细分为以效果为主兼顾目的标准，以及以目的为主兼顾效果标准两种。效果与目的兼顾标准实际上就是主张应寻求保护私人权利与维护公共利益之间的平衡。

采用纯粹效果标准和目的标准判定是否存在间接征收问题有时难免存在偏颇。从法律确定性角度看，效果标准与效果为主兼顾目的标准在司法实践中更具有便利性，因为一般而言"效果"要比"目的"更具有确定性和客观性。但对此有学者认为，应从保护外国投资者的权益角度理解效果标准，而不应以法律确定性或安全性为由适用效果标准。[②]

除以上标准外，有学者认为在实践中还应考虑以下因素：一是立竿见影的经济影响，即政府采取的措施对财产权的影响应是立竿

---

① 梁咏：《间接征收与中国海外投资利益保障——以厄瓜多尔征收 99% 石油特别收益金为视角》，《甘肃政法学院学报》2009 年第 5 期。

② Rudolf Dolzer, "Indirect Expropriation: New Development?", *New York University Environmental Law Journal*, Vol. 11, 2002, pp. 73-74.

见影的，达到对财产权或财产利益重大的、实质上的、根本上的干涉或剥夺；二是持续的逐渐影响，即政府的措施虽然开始对经济利益的影响较小，但如果持续的时间较长（几年甚至十几年），最终累积的效果也可能被认定为存在间接征收；三是整体性影响，即要求政府采取的措施必须是对财产的"整体性"剥夺，只是部分受损并不足以判定间接征收成立。[①]

2. 间接征收认定的新发展

目前大多数国际投资协定均已规定对于为了公共利益的目的，以非歧视的方式并遵守正当程序的直接和间接征收行为应提供充分、及时和有效的赔偿。换言之，一国政府有权在符合上述条件的情况下进行征收。然而，在一些情况下，东道国政府行使治安权或为公共利益而实施管理所采取的措施会不可避免地导致对商业的显著损害，但当前国际法则广泛接受东道国政府行使"治安权"或为公共利益而实施的管理行为不产生赔偿权利的观念。[②] 这就出现了在仲裁实践中需要将这类政府管理行为与间接征收相区分问题。正确区分一国政府为公共利益而实施的管理行为与征收性措施，不仅事关外国投资者合法投资利益能否得到东道国有效保护，也涉及东道国政府管理权限是否受到限制这一重要问题。由于国际投资仲裁庭在间接征收认定上倾向于保护外国投资者的利益，对投资协定中的征收条款及其他条款扩大化解释，引起了国际社会对国际投资仲裁的公正性的质疑，并成为导致国际投资仲裁合法性危机的重要原因之一。

在上述背景下，近年有关征收的条约实践与仲裁实践的主要发展是对于间接征收增加了很多详细规定，从而在缺乏间接征收的统一的定义情况下，对相关因素给予澄清。这些条约一般要求国际仲裁庭在逐案、事实调查以及列出需要考量的相关因素的基础上做出决定。2004 年，美国和加拿大首先在其 BIT 范本的附件中增加了相

---

① 梁咏：《我国海外投资之间接征收风险及对策——基于"平安公司—富通集团案"的解读》，《法商研究》2010 年第 1 期。

② Katia Yannaca-Small：《国际投资法中的"间接征收"与"管制权利"》，《国际经济法学刊》2008 年第 2 期。

关规定，并在其后两国缔结的 FTA 和 BIT 附件中增加了这些规定。大多数新近缔结的条约都参照了美国和加拿大关于间接征收的规定，但也有一些变化，例如在中国和新西兰缔结的 FTA 中还增加了评估国家行为的额外标准。①

根据条约与仲裁实践的新发展，可以发现评估一项措施是否构成间接征收，一般主要考虑三个方面的因素：一是措施的经济影响；二是对投资者期待的干涉；三是措施的特征、性质和目的。这三个因素的具体内容近年均有所发展，下文详述之。

（1）措施的经济影响

东道国的一项措施或一系列措施必须对投资的经济价值和投资者利益造成破坏性的与长时间的影响。但是，对于仅造成对投资的有效的剥夺是否就自动构成征收这一问题则存有争议，也即学界所称的"纯粹效果标准"。1983 年以来，伊朗—美国求偿法庭为解决20 世纪 70 年代末伊朗伊斯兰革命期间及之后伊朗与美国公民间发生的财产纠纷，在认定间接征收方面基本上采取的是"纯粹效果标准"。② 考察 ICSID 仲裁庭在 2004 年前的案例，可发现也主要是采纳效果标准。③

为阻止"纯粹效果标准"的扩散，即矫正国际投资仲裁庭在间接征收认定方面过分强调投资者权益，以至于投资者权益与东道国权力处于过度失衡的状态，美国和加拿大在 2004 年修改其 BIT 范本时，明确增加规定拒绝这一标准适用于间接征收。目前国际投资协定发展的趋势表明，仅有一项措施或一系列措施对投资的经济价值产生负面影响的事实并不意味着已经发生间接征收。换言之，剥夺财产权仅是构成间接征收的必要与重要条件，但不是充分条件。

---

① 《中国—新西兰自由贸易协定》附件十三"征收"规定："在以下情况下，对财产的剥夺应被认为构成间接征收：（一）效果上是歧视性的，既可能是针对特定投资者的，也可能是针对投资者所属的一个类别的；或者（二）违反政府对事前向投资者所做的具有约束力的书面承诺，无论此种承诺是通过协议、许可还是其他法律文件做出的。"

② Veijo Heiskanen, "The Contribution of the Iran—United States Claims Tribunal to the Development of Indirect Expropriation", *Int' l L. Forum*, Vol. 5, 2003, p. 176.

③ Bjørn Kunoy, "Development in Indirect Expropriation Case Law in ICSID Transnational Arbitration", *The Journal of World Investment & Trade*, Vol. 6, 2005, p. 472.

并且，东道国的一项措施或一系列措施对投资的经济价值的破坏必须是全部或接近全部。在格拉姆斯黄金有限公司诉美国案①中，原告声称美国通过联邦和州的意在保护土著居民土地的措施，剥夺了其开采加利福尼亚东南部金矿的权利。鉴于原告仍保有对所有权的占有，仲裁庭在审理此案中需要解决的关键问题是确定采矿权是否失去经济价值。仲裁庭审理认为，在声称的征收措施实施后，项目还保有超过 2000 万美元的价值（原告提出在采取征收措施前该项目具有约 4900 万美元的价值），因此，仲裁庭驳回了征收的诉求，并指出："未满足分析任何征收的首要因素，指控的措施并未对项目造成足够的经济影响并导致原告的投资被征收。"

除了因投资经济价值减损外，投资者也可因被阻止使用或处理其投资，即失去对投资的控制的理由提起征收诉求。这特别适合当投资是一家公司或公司股权的情况。一项有价值的投资在其所有者无法使用或处理时必然变得毫无意义。一个企业的核心管理人员被东道国驱逐也可被视为导致对投资失去控制的征收措施。在比罗恩诉加纳案②中，比罗恩先生作为管理一家经营饭店、度假胜地项目的公司具有关键作用的管理者被驱逐，有效地阻止了该公司继续进行这一项目，仲裁庭视此为构成蚕食性征收的关键点。

此外，构成征收的措施应是不可取消的与持久的。一项措施如果仅暂时性导致投资的价值减损或失去控制通常不会被视为构成征收。在苏伊士集团诉阿根廷案③中，仲裁庭发现阿根廷应对金融危机所采取的措施不构成对投资的永久性与重大的剥夺。但是，一些法律上的暂时性措施根据具体情况也可能被视为是征收性的。

（2）对投资者期待的干涉

国际投资协定中，确定一项措施或一系列措施是否等同于间接征收的另一个相关因素是投资者是否存在对东道国不会采取特定类型的行为或措施的期待。这需要评估东道国采取的措施是否干涉了投资者投资背后的合理的期待（legitimate expectations），特

---

① Glamis Gold Ltd. *v.* USA, Award, 8 June 2009, para. 536.
② Biloune *v.* Ghana, Award on Jurisdiction and Liability, 27 October 1989.
③ Suez et al. *v.* Agentina, Decision on Liability, 30 July 2010, para. 129.

别是当这一期待是由于东道国的保证而产生的。在 2008 年中国—哥伦比亚 BIT 中，明确规定："确定缔约一方的一项措施或一系列措施是否构成间接征收应逐案考虑并基于考虑以下因素的事实调查：……2. 该措施或一系列措施的范围及对投资的合理和明显期待的干涉。"

国际投资仲裁庭对于"合理的期待"的主要分歧在于是否识别"合理的期待"的基础。一些仲裁庭认为，"合理的期待"不需要以东道国具体的明确的保证或表述为基础，心照不宣地保证加上投资者的假想就足以。① 另一些仲裁庭则要求具有规制权的政府做出的明确承诺，而这一承诺又致使打算投资的投资者认为政府会放松监管。② 事实上，在大多数情况下，不明确的保证并不能为合理的期待提供充分的基础，特别是在保证是非官方的和不具体的情况下。

由此可知，国际投资仲裁庭对于"合理的期待"设置了一个比较高的门槛。③ 这意味着"合理的期待"只有在国家对相关投资者做出明确承诺的情况下才会为投资仲裁庭所认定。并且，需要指出的是，国际投资仲裁庭在间接征收认定中，对"合理的期待"的评估绝非是排他性的标准，对"合理的期待"的评估需要综合考虑政府管理措施的特征或其经济影响。④

（3）措施的特征、性质与目的

东道国政府的管理措施的性质、目的与特征也是在考量间接征收是否发生时需要考虑的相关因素。这一因素在区分间接征收与有效的监管措施时特别重要，因为在后者情况下将不予补偿。措施的性质系指一项措施是否是名副其实的（bona fide）；措施的目的系指一项措施是否真的追求合法的公共政策目标；措施的特征主要指一

① Azurix Corp. *v.* Argentine Republic, Award, 14 July 2006, paras. 316-322.
② Methanex *v.* USA, Final Award, 3 August 2005, Part IV, Chapter D, para. 7.
③ Reinisch A., "Expropriation", in Muchlinski P., Ortino F. and Schreuer C. eds., *The Oxford Handbook of International Investment Law*, Oxford: Oxford University Press, 2008.
④ Newcombe A., "The Boundaries of Regulatory Expropriation in International Law", *Icsid Review: Foreign Investment Law Journal*, No. 1, 2005.

项措施是否具有非歧视性、比例性等特征。一些仲裁庭认为缺少征收的意图并不是确定一项措施是否构成间接征收的关键因素，但是意图是分析措施的性质、目的和特征的组成部分。①

鉴于措施的性质、目的和特征在区别间接征收与不予补偿的规制措施之间的决定性作用，近年来条约实践显示，一些国际投资协定试图将真正出于公共利益目的政府措施挑选出来，主要包括两种方式：一是在国际投资协定中的征收条款或附件中增加相关解释性规定，例如规定除非在特别的情况下，缔约一方制定或适用的旨在保护合法公共福利目标的非歧视性监管措施，如公共健康、安全以及环境，不构成间接征收。其他相关条款则相应地规定因这些措施不构成间接征收，所以也不予补偿。这一模式需要特别评估措施的严重程度及其善意性质。另一种方式则是采取增加所谓的一般性例外规定，即从条约整体适用范围上排除政府为特定公共政策目标所必须采取的措施或相关措施。其一般包括保护人类或动植物生命或健康、保护可用竭的自然资源以及保护公共道德等目标。这一方式的主要局限在于其仅仅排除了一般例外条款中明确提及的与公共政策目标相关的措施。实践中，一些为了公共利益的措施可能无法纳入列出的例外范围内，但必须认定其是非征收性且无须补偿的措施。因此，一些国家如印度和加拿大已将两种方式相结合，即同时规定关于间接征收的澄清条款与一般例外条款。

除此之外，缺乏公共目的、未经正当程序、比例性以及歧视、滥用权利、国家直接受益等均是东道国规制措施具有征收性质的标志。② 这里值得注意的是比例原则。事实上，这一原则在确定间接征收方面并不是普遍接受的原则，但近来一些国际投资协定中纳入了相关规定，一些学者也呼吁应广泛运用此项原则。

比例原则是一个源于国内行政法的广义概念，它包括三个次概念，即妥当性原则、必要性原则及均衡原则，或称狭义的比例原

---

① UNCTAD（2012），Expropriation《UNCTAD Series on Issues in International Investment Agreement Ⅱ，United Nations，UNCTAD/DIAE/IA/2011/7.

② Ibid..

则。所谓妥当性原则，是指一个法律的手段可以达到立法目的。所谓必要性原则，是指在妥当性的基础上，在所有能够达成立法目的方式中，必须选择对人民的权力造成最少侵害的方法。该原则的适用前提是必须存在着可以达到同一目的数种手段，如果只有唯一的手段可以实现目的，则该原则不能适用。所谓均衡原则，是指一个措施虽然是达成目的所必要的，但不能使人民承担过度的负担。①1954 年生效的《欧洲人权和基本自由公约》（简称《欧洲人权公约》）第一议定书第 1 条第 2 款规定："……国家有权实施这样的法律，只要确信根据普遍的利益对控制财产的使用或保证税收或其他捐税或罚金的支付是必要的。"根据该款规定，并经过长期的实践，比例原则成为欧洲人权法院在实践中处理强占财产问题时适用的核心标准之一，即应"公平平衡"增进社会公共利益的需要与保护私人财产权的要求。其中最重要的是采取"比例原则"——只要政府实行的适当的和必要的增进社会公共利益的措施不是不成比例地对私人施加过度的或不合理的负担，就不应该被认定为间接征收。② ICSID 仲裁庭则在 2003 年裁决的特姆德公司诉墨西哥案③中，首次援引了欧洲人权法院中的比例原则，在建立权衡效果与目的的标准方面开始了尝试。

对于比例原则被引入对"间接征收"的认定，有学者认为，仲裁庭运用比例原则客观上有助于恰当地实现"效果目的化"与"目的效果化"，即以"比例"为纽带，根据目的判断效果的合理性，根据效果判断目的的正当性。并且，比例原则使此前某些案件中仲裁庭兼顾效果与目的的做法抽象化了，成为具有确切内涵的规范化标准，增强了间接征收认定的一致性，因而具有重要的方法论意义。但另一方面，比例原则的导入可能导致间接征收认定标准的降低，从而非但不会降低，反而会增加东道国政府措施的风险，为纯

---

① 陈新民：《德国公法学基础理论》，山东人民出版社 2001 年版，第 365—370 页。
② 徐崇利：《利益平衡与对外资间接征收的认定及补偿》，《环球法律评论》2008 年第 6 期。
③ Técnicas Medioambientales Tecmed, S. A. *v.* United Mexican States, Award, May 29, 2003.

粹效果标准裹上危险的伪装。[1]

此外，还需要关注的是将人权领域的比例标准引入投资争端仲裁中的适当性问题。欧洲人权法院与投资条约在适用比例原则时的逻辑有一些不同，其不仅仅是用于判定是否发生征收，而且用于估计赔偿数额。在不同制度下适用这一原则可能有助于其相互补充、相互促进，但是，只有对其适当性给予评估后才能真正使这一移植切实发挥效用。并且，更为重要的是，对比例的分析会深入地侵扰政府的决策，包括评估这些问题作为公共目的的优先性与解决问题所采取措施的适当性。欧洲人权法院与国内法院可以被视为具有承担对比例全面评估的足够的合法性，但是对于临时设立的国际投资仲裁庭而言，则缺乏评估的合法性，除了在可适用的国际投资协定专门规定国际投资仲裁庭进行比例评估或比例评估有助于识别恶意采取的措施等特殊情况。[2]

（三）间接征收与我国海外投资权益保障

2000 年以来，随着我国政府出台的一系列鼓励海外投资的政策和措施，中国的海外投资迅速增长。根据商务部的最新数据，2015 年我国境内非金融类投资者共对全球 155 个国家（或地区）的6532 家境外企业进行了直接投资，累计实现对外直接投资 1180.2 亿美元，同比增长 14.7%。其中股权和债务工具投资 1012.2 亿美元，同比增长 17.6%，占 85.8%；收益再投资为 168 亿美元，与上年持平，占 14.2%。中国对外直接投资实现连续 13 年增长，年均增幅高达 33.6%。2015 年"一带一路"具体方案的出炉，更为中国海外投资提供了巨大的历史机遇。然而，有投资就有风险。间接征收即是中国海外投资较易遭受到的政治风险之一。目前中国投资者在解决投资争端国际中心（ICSID）提起的 3 起国际投资仲裁，

---

① 蔡从燕：《效果标准与目的标准之争：间接征收认定的新发展》，《西南政法大学学报》2006 年第 6 期。

② UNCTAD（2012），Expropriation，UNCTAD Series on Issues in International Investment Agreement Ⅱ，United Nations，UNCTAD/DIAE/IA/2011/7.

即香港居民谢叶深诉秘鲁政府案①、中国平安保险公司诉比利时政府案②、北京城建集团诉也门共和国案③均涉及间接征收问题。为保障我国海外投资权益，作为成长中的海外投资大国，我国有必要对间接征收问题进行深入研究，寻求防范与救济途径。

1. 中国海外投资应谨防间接征收风险

中国的海外投资在过去的十多年间取得了显著的进展。而中国海外投资的地区与行业分布表明中国"走出去"的企业应特别注意防范间接征收风险。

从中国海外投资地区来看，《2014 年度中国对外直接投资统计公报》数据显示，截至 2014 年末，中国对外直接投资分布在全球的 186 个国家（地区）。其中，中国在发展中经济体的投资存量为 7281.68 亿美元，占 82.5%；在发达经济体的投资存量为 1352.51 亿美元，占 15.3%；在转型经济体的直接投资存量为 192.21 亿美

---

① 中国香港居民谢叶深，投资了秘鲁的一家 TSG 鱼粉公司，拥有该公司 90% 的股权。2004 年，秘鲁国家税收管理总局认为 TSG 公司欠税 1200 万秘鲁新币，并在发出欠税通知一个月后采取了临时措施冻结 TSG 公司的银行账户，致使该公司无法继续运营。谢叶深认为秘鲁政府采取的措施构成了征收且未予补偿，遂将其告上了 ICSID 仲裁庭。该案于 2011 年审结，仲裁庭裁决秘鲁政府败诉，确认秘鲁政府采取冻结账户的临时措施构成间接征收，因此秘鲁政府需支付 786306.24 美元的补偿，加上 227201.30 美元的利息，共计 1013507.54 美元。参见 Tza Yap Shum v. Republic of Peru（ICSID Case No. ARB/07/6）。孙南申、王稀《中国对外投资征收风险之法律分析》，《国际商务研究》2015 年第 1 期，第 55—56 页。

② 2012 年 9 月 19 日，中国平安保险（集团）股份有限公司向解决投资争端国际中心提交了仲裁请求书，指控比利时政府在 2008 年金融危机期间对富通集团资产处置不当，构成实质上的间接征收，因此向比政府索赔。2014 年 2 月，比利时政府提交了质疑仲裁庭管辖权的答辩状，仲裁庭中止了实体审理，先裁定管辖权问题。2015 年 4 月 30 日，仲裁庭做出没有管辖权的裁定。参见 Ping An Life Insurance Company of China, Limited and Ping An Insurance（Group）Company of China, Limited v. Kingdom of Belgium（ICSID Case No. ARB/12/29）。

③ 2014 年 12 月 3 日解决投资争端国际中心受理了北京城建集团提起的诉也门共和国一案。申请人北京城建集团 2006 年在也门民航气象局"萨那国际机场新航站楼工程"招标项目中中标，工程中标价为 1.15 亿美元。北京城建集团认为被申请人也门共和国违反中国—也门 BIT，强制剥夺即征收了申请人在也门的合同与资产。目前本案的仲裁庭尚未组成，有待进一步审理。参见 Beijing Urban Construction Group Co. Ltd. v. Republic of Yemen（ICSID Case No. ARB/14/30）。韩宝庆《海外承包工程争议适用 ICSID 仲裁的可行性分析——从北京城建集团诉也门共和国案说起》，《国际经济合作》2015 年第 3 期，第 80—81 页。

元，占存量总额的 2.2%。这表明当前中国的海外直接投资存量的八成分布在发展中经济体。由于发展中国家的经济、政治和社会等各项制度往往仍处于形成中，发生调整或转型的风险较高，在客观上增加了这些国家发生间接征收的风险。而这也为国际投资仲裁实践所验证，根据 2015 年《世界投资报告》的统计，截至 2014 年年底，在投资者诉东道国的 608 例仲裁案件中，共有 99 个国家被提起投资仲裁诉讼，其中被诉国最多的为阿根廷，其次为委内瑞拉，位居第三的是捷克（见图 3—1）。总体上看，被诉国主要为发展中国家或转型经济国家，拉美与加勒比地区国家占比最高。

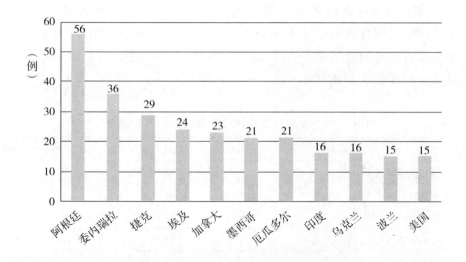

图 3—1　国际投资仲裁最常被诉国家（案例数，截至 2014 年年底）
资料来源：UNCTAD。

从中国海外投资行业分布上看，根据《2014 年度中国对外直接投资统计公报》，中国对外直接投资覆盖了国民经济所有行业类别，但是租赁和商务服务业、金融业、采矿业以及批发和零售业四大行业累计存量为 6867.5 亿美元，占中国对外直接投资存量的 77.8%（见表 3—1）。其中金融业存量为 1376.2 亿美元，是仅次于租赁和商务服务业的第二大行业，占比 15.6%。金融业是一个极具政治敏感性与经济战略重要性的专业性极强的领域。2008 年从美国次贷危机开始的全球金融危机爆发后，一些传统意义上被认为投资环境比较稳定的发达国家，也采取了一系列非常态的管制措施，有些措施在投资者看来已构成了间接征收。例如，前述的中国平安保险公司诉比利时案。位列第三的采矿业，存量达 1237.3 亿美元，占比14%。采矿业投资一般周期长、数额大并需投向政治风险较高的国家和地区，也是易引起投资争端的行业。这也同样为国际投资仲裁实践所证实。2015 年 ICSID 统计数据显示，从行业分布上看，依照ICSID 公约及其便利规则向 ICSID 仲裁庭提交仲裁的案例中，石油、天然气与矿业位居第一位，占比 26%；其次是电力与其他能源行业，占比 14%；金融业与建筑业则分别占比 7%（见图 3—2）。结合前述中国海外投资行业分布情况，可知中国海外投资比较集中的行业多属于易引起投资争端的行业。因此，这也增加了中国海外投资发生间接征收风险的概率。

表 3—1　　　2014 年末中国对外直接投资存量行业分布和比重

行业名称	存量（亿美元）	比重（%）
租赁和商务服务业	3224.4	36.5
金融业	1376.2	15.6
采矿业	1237.3	14
批发和零售业	1029.6	11.7
制造业	523.5	5.9
交通运输、仓储和邮政业	346.8	3.9
房地产业	246.5	2.8
建筑业	225.8	2.6
电力、热力、燃气及水的生产供应业	150.4	1.7
信息传输、软件和信息服务业	123.3	1.4
科学研究和技术服务业	108.7	1.2
农、林、牧、渔业	96.9	1.1
居民服务、修理和其他服务业	90.4	1

续表

行业名称	存量（亿美元）	比重（%）
文化、体育和娱乐业	16	0.2
水利、环境和公共设施管理业	13.3	0.2
住宿和餐饮业	13.1	0.1
其他行业	4.2	0.1

资料来源：作者根据《2014 年度中国对外直接投资统计公报》数据整理。

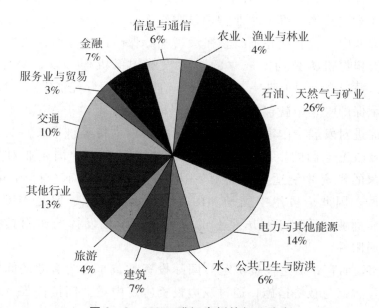

图 3—2　ICSID 登记案例的行业分布

资料来源：The ICSID Caseload - Statistics（Issue 2015-1）。

综上分析可知，中国海外投资的地区与行业分布均表明，中国"走出去"的企业需高度关注间接征收问题。

2. 完善间接征收风险防范与救济的政策建议

从目前各国防范间接征收风险的经验来看，常见的风险防范与救济措施主要有：一是双边投资保护协定，双边投资保护协定中一般会有关于间接征收及其补偿的专门规定，可以为外国投资者提供国际法层面的保护；二是国际投资仲裁，在国际投资中遇到的纠纷与争端，可提交到如解决投资争端国际中心等国际仲裁机构仲裁；三是海外投资保险，即通过向投资担保机构承保以转移海外投资中的政治风险，一般可以承保的政治风险中都包括征收风险。

在上述防范间接征收风险的措施中，海外投资保险主要包括国内海外保险制度和利用《多边投资担保机构公约》（简称 MIGA 公约）的国际保险制度。① 在国内海外保险方面，中国出口信用保险公司承保的险别中就包括征收险。但由于购买保险会增加"走出去"企业的成本，降低企业特别是中小企业的竞争力，此类保险目前在实践中的普及性并不高。在运用国际保险制度方面，依据《多边投资担保机构公约》成立的多边投资担保机构（以下简称 MI-GA），是当今世界上唯一一个专营政治风险的国际经济组织。MIGA主要承保的险别中就包括征收及类似措施险。但由于 MIGA 主要目的是促进对发展中国家的外国直接投资，以支持经济增长、减少贫困以及改善人们的生活，因此按照其规定只有当中国企业对发展中国家的投资才能适用，而对发达国家的投资则不会得到 MIGA的承保。因此，虽然中国是 MIGA 的第六大股东，但是 MIGA 承保的非商业风险对于我国企业的海外投资可以发挥的作用具有一定的局限性。

相较而言，双边投资协定与国际投资仲裁是更为有效的间接征收风险防范与救济措施，通过双边投资协定中对"间接征收"的明确约定，既可以预防东道国采取间接征收措施侵犯我国海外投资企业的权益，又可以在"走出去"的企业遭受到东道国的"间接征收"后为其提供国际法层面的救济。但这两项措施能否真正发挥效用，又与我国与相关国家缔结的 BIT 中的"间接征收"条款是否全面与充分息息相关。

目前我国已缔结的 BIT 和 FTA 中的"投资"章节对于"间接征收"的规范并不一致。2006 年《中华人民共和国政府和印度共和

---

① 孙南申、王稀：《中国对外投资征收风险之法律分析》，《国际商务研究》2015年第 1 期。

国政府关于促进和保护投资的协定》① 中，我国第一次对间接征收做出具体规范，此项规定近似于 2004 年美国 BIT 范本，但是对间接征收的规定更为谨慎。然而，在中国其后与塞舌尔、韩国、墨西哥等国签订的 BIT 中并没有专门界定间接征收。② 中国对外商签的一些 BIT 中缺乏对"间接征收"的规定，这将会导致我国在这些国家的对外直接投资一旦遭遇到"间接征收"后，其合法权益无法获得有效保障。2015 年 4 月 30 日，ICSID 对中国平安保险公司诉比利时政府案做出裁决，本案最终因案件争议发生在中国与比利时重新签订的 BIT 生效前，而最终裁决是仲裁庭对本案没有管辖权。③ 在本案中曾提及此前的 1986 年中国—比利时 BIT，虽然仲裁庭在最终裁决中指出对于中国平安保险公司依据 1986 年中国—比利时 BIT 是否能得到救济仲裁庭不采取任何立场，但是如果该案根据 1986 年中国—比利时 BIT 的规定进行裁决，可以发现 1986 年中国—比利时 BIT 中并未规定间接征收，同时将提交国际投资仲裁的争议限制为"补偿额的争议"④。由此可知，平安保险公司如果根据该协定寻求救济也具有很大的不确定性。北京城建集团提起的诉也门共和国一案也面临类似问题，中国—也门 BIT 签订于 1998 年，其也未对间接征收做出明确规定。

值得注意的是，在 2011 年中国与乌兹别克斯坦缔结的 BIT 中，第 6 条"征收"条款对间接征收作了全面界定，在第 1 款第 2 项中规定："效果等同于国有化或征收的措施"是指间接征收。并且，在第 2 款、第 3 款给予了更为具体的规定："二、在某一特定情形下确定缔约一方的一项或一系列措施是否构成第一款所指间接征收

---

① 《中华人民共和国政府和印度共和国政府关于促进和保护投资的协定》第 3 条规定："除直接征收和国有化外，征收措施包括一方为达到使投资者的投资限于实质上无法产生收益或不能产生回报之境地，但不涉及正式移转所有权或直接征收，而有意采取的一项和一系列措施。"

② 梁咏：《间接征收与中国海外投资利益保障——以厄瓜多尔征收 99％石油特别收益金为视角》，《甘肃政法学院学报》2009 年第 5 期。

③ Ping An Insurance . Ltd. v. Kingdom of Belgium, Award, 30 April 2015, para. 233.

④ 参见《中华人民共和国政府和比利时—卢森堡经济联盟关于相互鼓励和保护投资协定》第 4 条与第 10 条的规定。

时，应当以事实为依据，进行逐案审查，并考虑包括以下在内的各
种因素：（一）该措施或该一系列措施的经济影响，但仅有缔约一
方的一项或一系列措施对于投资的经济价值有负面影响这一事实不
足以推断已经发生了间接征收；（二）该措施或该一系列措施在范
围或适用上对缔约另一方投资者及其投资的歧视程度；（三）该措
施或该一系列措施对缔约另一方投资者明显、合理的投资期待的损
害程度，这种投资期待是依据缔约一方对缔约另一方投资者做出的
具体承诺产生的；（四）该措施或该一系列措施的性质和目的，是
否是为了善意的公共利益目标而采取，以及前述措施和征收目的之
间是否成比例。三、除非在例外情形下，例如所采取的措施严重超
过维护相应正当公共福利的必要时，缔约一方采取的旨在保护公共
健康、安全及环境等在内的正当公共福利的非歧视的管制措施，不
构成间接征收。"从此协定对间接征收的界定来看，这一规定吸纳
了当前关于间接征收的条约实践与仲裁实践的最新进展成果，虽近
似于 2012 年美国 BIT 范本中的规定，但更为谨慎，因为其除对间
接征收予以明确定义外，还通过引入比例原则，使间接征收的认定
标准更具有可操作性。为此，笔者认为，我国在今后对外商签 BITs
时，可以以此规定作为参考。但在具体缔约实践中，还需注意以下
几个方面的问题：

第一，中国在对外商签 BIT 时，对于间接征收条款的内容应结
合我国与缔约国间的双向投资的实际情况及发展趋势审慎选择。
UNCTAD 将国际投资协定中间接征收条款的政策选择划分为三种模
式，即高标准保护模式、预测性模式与合格模式。在高标准保护模
式下，缔约国将条约的保护效果最大化。许多在国际投资仲裁危机
兴起前缔结的现行条约均采用这一模式。预测性模式是指寻求对法
律的澄清以给予缔约国和仲裁员指导，从而确保间接征收条款的正
确与一致适用。合格模式则指近来的实践显示一些国家谨慎地缩减
可能由于征收条款扩大化会引起的特定的风险。例如重新定义投

资，将一些类型的资产如组合投资等从投资定义中排除。① 中国在缔结 BIT 时，宜根据两国投资情况以及潜在发展趋势从上述三种模式中审慎选择，不宜规定千篇一律的间接征收的定义与认定标准，即搞"一刀切"，而是应"量体裁衣"。

第二，要审慎校准中国同时作为投资东道国的利益与成长中海外投资大国的利益平衡问题。换言之，当前中国越来越兼具资本输出国与资本输入国的"身份混同"现状，需要中国兼顾作为东道国的基本利益与日益增长的海外投资利益。为配合"走出去"战略保护海外投资利益而对 BIT 条款内容予以重新考量时，不应忽略作为投资东道国，我国现处于经济发展转型时期，经济政策常会发生变动，产业结构也处于不断调整当中的现实国情，而在这些变动和调整中，可能会涉及外国投资者在华的利益，而外国投资者很可能据此以间接征收为由申请国际投资争端解决。

第三，要注意完善中外 BIT 中与间接征收相关的其他条款。例如"投资"的定义、"最惠国待遇条款"以及"投资争端解决程序规定"等。2003 年中德 BIT 对投资做出开放性的定义，扩大了我国对外资的保护范围，这虽然表明了我国政府对保护外商投资的积极态度，但其也更容易引起纠纷，加之我国在其他投资协定中大多承诺了最惠国待遇，我国在中德 BIT 中的规定可能会被其他国家所援引。并且，在 1998 年《中华人民共和国政府和巴巴多斯政府关于鼓励和相互保护投资协定》签订之后缔结的所有中外双边投资协定中几乎全面接受了 ICSID 仲裁管辖，甚至未将涉及"国家安全利益"的事项明确排除在国际仲裁管辖之外，这也潜在地增加了外国投资者对我国政府管制措施提起投资争端仲裁的可能性。②

第四，应充分利用目前进行中的中美 BIT 与中欧 BIT 谈判，纳入符合中国利益的"间接征收"条款，从而在国际上对间接征收问题尚未形成统一认识时，表明中国的立场，这既有利于中国参与国

---

① UNCTAD (2012), Expropriation, UNCTAD Series on Issues in International Investment Agreement Ⅱ, United Nations, UNCTAD/DIAE/IA/2011/7.

② 梁咏：《我国海外投资之间接征收风险及对策——基于"平安公司—富通集团案"的解读》，《法商研究》2010 年第 1 期。

际投资规则的重塑，也有利于配合中国"走出去"战略，切实保护中国的海外投资利益。

综上分析可知，对国际投资法研究领域尚未形成统一认识的间接征收问题进行深入研究，不论对中国的海外投资利益保障还是对于"引进来"的外国直接投资，都具有特别重要的战略意义。中国海外投资的地区与行业分布均表明中国"走出去"的企业需要特别注意防范间接征收风险。近年来间接征收的条约实践与仲裁实践的最新进展则显示，间接征收认定的分析框架正逐步完善。这对我国"走出去"的企业而言，则意味着其在遭遇间接征收后寻求国际法层面的救济的难度在增加。为此，我国在对外商签 BIT 时应结合两国间的双向投资的实际情况及发展趋势审慎选择间接征收条款的政策模式，通过重新商签 BIT 等方式尽快完善对外缔结的 BIT 中的间接征收条款内容，以实现兼顾中国作为东道国的基本利益与日益增长的海外投资利益。

三　国际投资协定中的"负面清单"

在 2013 年 7 月举行的中美战略与经济对话中，中美两国对于与国民待遇、最惠国待遇等规定的不符措施，同意以"准入前国民待遇加负面清单模式"为基础开展双边投资协定实质性谈判。2013 年 10 月 1 日上海市政府公布了《中国（上海）自由贸易试验区外商投资准入特别管理措施（负面清单）（2013 年）》。自此，"负面清单"这个专有名词，受到广泛关注。那么在国际投资协定中"负面清单"的含义是什么？具有哪些特征？下文将予以简要探讨。

（一）负面清单的含义、特征与适用

1. 负面清单的含义

国际法中，一国对于外国人及其财产的进入予以管制是一国的主权权力。迄今为止，世界上任何国家均未允许外资自由进入，都给予了不同程度的监管。在国际投资协定中，承诺在准入阶段给予

外资国民待遇的一些国家，则保留了诸多限制和例外。以奉行投资自由化高标准的美国为例，其在 2012 年 BIT 范本中除规定国家安全、金融服务和税收例外等条款之外，还在第 14 条专门规定了"不符措施"条款，即缔约双方同意后，可以针对国民待遇、最惠国待遇、业绩要求以及高管和董事会四项义务提出不符措施进行谈判，缔约方就此四项义务提出的不符措施列入协定相应附件中，即为负面清单。

在国际投资法领域，对投资协定中的义务提出保留的方式包括正面清单（positive list，又称"肯定清单"）和负面清单（negative list，又称"否定清单"）两种模式。正面清单模式，主要是指缔约方在协定的附件中正面列举缔约国承担该项条约义务的事项，凡未列明的事项，缔约方不需承担该项条约义务。负面清单模式是指缔约方同意条约所设定的条约义务适用于所有的外国投资者及其投资，但与此同时缔约方在附件中列出该缔约国不承担该项条约义务的特定措施、行业或活动。从理论上看，两种模式都会产生相同的投资自由化结果，只是分别体现了自上而下与自下而上的投资自由化路径。①

2. 负面清单的特征

一般而言，负面清单模式下缔约方承担的义务水平要求更高。在负面清单模式下，除非缔约国在条约中列明例外情形，否则条约义务将无条件适用于所有部门，其是一次性协议的方式，而协议一旦达成就会产生一种"自动自由化"的效果。正面清单则是一种循序渐进与选择性自由化的方式，允许缔约国做出宽泛的保留，从而可以为缔约国预留更多的时间和空间来应对投资自由化带来的各种风险。②

---

① 参见 UNCTAD（2006），Preserving Flexibility in IIAs: The Use of Reservations（New York and Geneva: United Nations），United Nations Publication，Sales No. E. 06. II. D. 14，p. 19。OECD（2008），International Investment Law: Understanding Concepts and Tracking Innovations，ISBN 978-92-64-04202-5，p. 248.

② 参见 OECD（2008），International Investment Law: Understanding Concepts and Tracking Innovations，ISBN 978-92-64-04202-5，pp. 283-284。李庆灵《刍议 IIA 中的外资国民待遇义务承担方式之选择》，《国际经贸探索》2013 年第 3 期，第 82 页。

负面清单模式下，例外安排设置的难度与复杂性也较高。正面清单只需要确定本国的优势产业并将其列入清单，而负面清单则要求缔约国确定本国的敏感行业以及在这些行业中需要保留的不符措施。一项不符措施条目列入负面清单需要说明例外安排针对哪一部门、所涉义务、政府层级、引用的措施、描述以及任何相关过渡安排。对缔约国而言，在 BIT 谈判中选择负面清单模式其最主要的关注点应是首先确定国内哪些产业、活动和政策措施与协定中的承诺不符，予以例外安排；其次，根据东道国特定的监管与发展环境和国内产业竞争实力对这些承诺附加条件。①

负面清单还意味着"固化"承诺。从现有的国际投资协定实践来看，负面清单一般包括对现行不符措施以及现行不符措施的延续、更新或修订的保留以及对未来可能出台的不符措施的保留。另外，根据具体的谈判方不同还会纳入其他的保留，例如，《北美自贸协定》除在附件1与附件2中对现行措施与未来措施保留外，附件3专门列出墨西哥"国家保留的活动"；《美韩自贸协定》中则增加了附件3关于金融服务不符措施的保留。需要指出的是，对现行不符措施保留列入负面清单后，今后如果进行修订要受制于"棘轮"机制的规定。例如，一国政府选择放开一项措施，其不得在后来再次收紧；开放某行业后，其开放程度不允许降低，不允许倒退。当东道国出台或修订的外商投资管理政策或法规违反 BIT 中的规定时，而这些变化又影响到外国投资者在该国的投资利益，外国投资者就可依据 BIT 中的投资者与东道国争端解决机制条款将东道国起诉到国际投资仲裁庭。联合国贸易和发展会议发布的报告中指出，负面清单模式意味着潜在的更高水平的自由化束缚——一定程度上会"锁定"监管现状，各种国际协定的实质都是要限制有关国家自己的政策选择，发展中国家应注意为追求本国发展或其他政策目标保留足够的政策空间。②

----

① UNCTAD (2006)，Preserving Flexibility in IIAs：The Use of Reservations（New York and Geneva：United Nations），United Nations Publication，Sales No. E. 06. II. D. 14，p. 20.

② Ibid.，p. 6.

3. 负面清单的适用

虽然采用负面清单模式，缔约方需承担更多的义务，但许多国际投资协定还是采用了这种模式。其中的主要原因是，一方面，大多数倾向于保留更多政策空间的国家并未接受准入前国民待遇；另一方面，负面清单模式能针对保留的"不符措施"提供更全面的监管透明度。自从《北美自由贸易协定》采用准入前国民待遇与负面清单模式后，一些协定亦采取了类似模式。这一模式在西半球国家的应用尤为广泛，最近也扩展到了东南亚。①

值得注意的是，在实践中，负面清单模式下可以发现两种清单保留方法：一种是详尽列举法，采取这种方法的清单需要详细说明缔约方有意保留或在将来适用的"不符措施"的性质和范围；另一种清单保留方法是一些国际投资协定仅要求列明希望在哪些领域保留"不符措施"，而无须详细阐述。在下文中，将以具体的例子来进一步说明这两种方法之间的差异。

（二）美国 2012 年 BIT 范本中的负面清单规定与实践

1. 美国 2012 年 BIT 范本中的负面清单规定

根据美国 2012 年 BIT 范本第 14 条"不符措施"规定，在缔约方达成协议的前提下，可针对协定中国民待遇、最惠国待遇、业绩要求和高级管理人员和董事会四项义务进行"不符措施"谈判。

专栏 1　美国 2012 年 BIT 范本中可以保留"不符措施"条款规定

第 3 条　国民待遇

1. 缔约一方给予缔约另一方投资者在其领土内设立、取得、扩大、管理、经营、运营、出售或其他投资处置方面的待遇，不得低于在相同情势下给予本国投资者的待遇。

2. 缔约一方给予合格投资在其领土内设立、取得、扩大、

---

① 参见 UNCTAD（2006），*Preserving Flexibility in IIAs: The Use of Reservations*（New York and Geneva: United Nations），United Nations Publication, 2006, Sales No. E. 06. II. D. 14, p. 24。

管理、经营、运营、出售或其他投资处置方面的待遇，不得低于在相同情势下给予本国投资者的投资的待遇。

3. 对于地方政府而言，缔约一方依照前两款规定所给予的待遇系指，不得低于在相同情势下该地方政府给予居住在该缔约方其他地方政府所在地区的自然人，或依照该缔约方其他地方政府所在地的法律所组建的企业，以及上述自然人及企业的投资的待遇。

第 4 条　最惠国待遇

1. 缔约一方就其领土内的投资的设立、取得、扩大、管理、经营、运营、出售或其他处置所给予缔约另一方的投资者的待遇，不得低于在相同情势下给予任何非缔约方投资者的待遇。

2. 缔约一方就投资的设立、取得、扩大、管理、经营、运营、出售或投资的其他处置所给予合格投资的待遇，不得低于在相同情势下给予任何非缔约方投资者在其领土内的投资的待遇。

第 8 条　业绩要求

1. 缔约方对于在其领土内的缔约另一方或非缔约方的投资者的投资的设立、取得、扩大、管理、经营、运营、出售或其他处置方面，不得强加或执行以下任何要求或强制执行以下任何承诺或保证【注 1】：

（a）出口特定水平或比例的货物或服务；

（b）达到特定水平或比例的国内含量；

（c）购买、使用其境内生产的货物或对其境内生产的货物给予优惠，或从其境内的企业或自然人处购买货物；

（d）以任何方式将进口的数量或价值与出口的数量或价值或与此投资有关的外汇流入额相联系；

（e）限制此项投资生产的货物或提供的服务在其领土内的销售，通过将此销售以任何方式与其出口数量或价值或者外汇收入相联系；

（f）向其领土内的企业或自然人转让特殊技术、生产工艺或其他专有知识；

（g）向特定区域市场或世界市场提供仅从该缔约方领土内投资生产的货物或提供的服务；或

（h）（i）在其领土内购买、使用或优先考虑该缔约方或该缔约方的企业或自然人的技术；【注2】或

（ii）在其领土内阻止购买、使用或优先考虑特定技术，从而基于国籍为本国投资者或者投资或者缔约方的技术或者缔约方企业或自然人的技术提供保护。

2. 缔约方在有关其领土内的缔约一方或非缔约方的投资者的投资的设立、取得、扩大、管理、经营、运营、出售或其他处置方面，不得以遵守下列要求作为获得或持续获得优势的条件：

（a）达到特定水平或比例的国内含量；

（b）购买、使用其领土内生产的货物或优先考虑其领土内生产的货物，或从其境内的企业或自然人处购买货物；

（c）以任何方式将进口的数量或价值与或出口的数量或价值或与此投资有关的外汇流入额相联系；

（d）限制此项投资生产的货物或提供的服务在其领土内的销售，通过将此销售以任何方式与其出口数量或价值或者外汇收入相联系。

3.（a）第2款不得被解释为阻止缔约一方在其领土内以遵守生产地点、提供服务、培训或雇佣员工、建设或扩大特定设施或进行研究与发展等方面的要求作为缔约一方或非缔约方投资者在其领土内的投资获得或持续获得优惠的条件；

（b）第1款（f）和（h）项规定不适用于：

（i）缔约一方根据《与贸易有关的知识产权协定》第31条规定授权使用一项知识产权，或者将其用于《与贸易有关的知识产权协定》第39条范围内且符合第39条规定的要求披露私人信息的措施；或是

（ii）法院、行政法庭或者竞争机构苛加的要求或强制执行的承诺或保证，为救济依照该缔约方的竞争法经司法或行政程

序认定的反竞争行为；【注 3】

（c）如果这些措施并未以任意或不合理的方式适用，并且如果这些措施不构成对国际贸易或投资的变相限制，第 1 款（b）、（c）、（f）与（h）项以及第 2 款（a）与（b）项规定不得被解释为阻止缔约一方采取或维持以下措施，包括环境措施：

（i）为确保遵守与本协定不一致的法律法规所必要；

（ii）为保护人类、动物或植物的生命或健康所必要；或

（iii）与保护生物或非生物的可用竭自然资源有关。

（d）第 1 款（a）、（b）和（c）项与第 2 款（a）和（b）项规定不适用于促进出口和外国援助项目的相关货物或服务的资格要求。

（e）第 1 款（b）、（c）、（f）、（g）和（h）项与第 2 款（a）和（b）项规定不适用于政府采购。

（f）第 2 款（a）和（b）项规定不适用于进口方为有资格获得优惠关税或配额优惠所必需而施加的关于货物成分的要求。

4. 为进一步明确，第 1 款和第 2 款规定不适用于上述条款列出的规定以外的承诺、义务或要求。

5. 如果缔约方未强加或要求承诺、保证或要求，本条规定不阻止私人之间达成的承诺、保证或要求的强制执行。

【注 1】为进一步明确，第 2 款中所指的获得或持续获得优惠条件并不构成第 1 款中的"承诺或保证"。

【注 2】本条中，"缔约一方或缔约一方的自然人或企业的技术"包括该缔约方所有或该缔约方的自然人或企业所有的技术，以及该缔约方或该缔约方自然人或企业拥有排他许可权的技术。

【注 3】缔约双方认识到专利并不必然获得市场势力。

第 9 条　高层管理人员与董事会

1. 任何缔约方不得要求缔约一方合格投资的企业任命任何特定国籍的自然人为高层管理人员。

2. 缔约一方可以要求该方合格投资的企业的多数董事会或其委员会成员为特定国籍或在其领土内居住，如果此要求不会实质性损害投资者控制其投资的能力。

注：上述条款根据美国 2012 年 BIT 范本翻译，http：//www. state. gov/documents/organization/188371. pdf。

并且，"不符措施"包括：（1）中央政府层面和地方政府层面的任何现行"不符措施"；（2）第（1）项中的任何不符措施的延续或及时更新；或（3）对上文第（1）项中的任何不符措施的修正，只要与修正前相较，不减损该措施与第 3 条"国民待遇"、第 4 条"最惠国待遇"、第 8 条"业绩要求"和第 9 条"高级管理和董事会"规定的一致性。①

此外，第 3 条"国民待遇"和第 4 条"最惠国待遇"不适用于《与贸易有关的知识产权协定》第 3 条或第 4 条中关于义务例外或减损的任何措施，这些例外或减损规定在《与贸易有关的知识产权协定》中的第 3 条、第 4 条和第 5 条。第 3 条"国民待遇"、第 4 条"最惠国待遇"和第 9 条"高级管理和董事会"不适用于政府采购或缔约一方提供的补贴或补助，包括政府支持的贷款、担保和保险。②

2. 美国 BIT 负面清单的实践

前述的负面清单模式下两种保留方法均可见于美国已缔结的 BIT 的负面清单中。除 2008 年《美国—卢旺达双边投资协定》外，大多数美国已缔结的 BIT 并未采用详尽列举法。例如，《美国—玻利维亚双边投资协定》在附件中规定："美利坚合众国政府在对以下领域或与以下事项相关的合格投资给予国民待遇时，可采取或维持例外规定：原子能、报关代理、广播许可、公用运输、航空电台；通讯卫星；补贴或补助，包括政府支持的贷款、担保和保险；州和地方政府依照《北美自由贸易协定》第 1102 条和第 1108 条所

_____

① 参见《美国 2012 年 BIT 范本》第 14 条（http：//www. state. gov/documents/organization/188371. pdf）。

② 同上。

取得的措施豁免；以及海底电缆铺设。"从该规定可以看出，它仅说明了保留国民待遇义务例外的领域，并没有具体描述"不符措施"、政府层级等内容。

相较而言，《美国—卢旺达双边投资协定》采用了详尽列举法，按照这一方法，一项"不符措施条目"列入负面清单需要说明例外安排针对哪一部门、所涉义务、政府层级、引用的措施、描述以及任何相关过渡安排。例如该协定附件中列出的一项"不符措施"：

领域：原子能

有关条款：国民待遇（第 3 条）

政府层面：中央

措施：1954 年《原子能法》，《美国法典》第 42 编第 2011 条及下文。

说明：在美国从事州际贸易的任何人出于商业或工业需要，进行任何核能"利用或生产设施"的传送或接收、制造、生产、转让、使用、进口或出口时，须向美国核能管理委员会申领许可证。此许可证不得颁发给已知或详细知道的、受外国人雇佣、控制或支配的任何实体、外国公司或外国政府［《美国法典》第 42 编第 2133 条（d）款］。将核能"利用或生产设施"用于药物治疗，或用于研究和开发活动时，也须向美国核能管理委员会申领许可证。此许可证不得颁发给已知或详细知道的、受外国人雇佣、控制或支配的任何实体、外国公司或外国政府［《美国法典》第 42 编第 2134 条（d）款］。①

从美国已缔结的 40 个生效 BIT 来看，美国大多数情况下禁止的部门和子部门主要包括原子能、采矿、外资保险、航空运输、报关服务、证券登记、无线电通信、有线电视、卫星通信、少数民族事务、海事服务和金融服务等。

---

① 参见《美国—卢旺达双边投资协定》附件 1，美国国务院（http：//www.state.gov/e/eb/ifd/bit/117402.htm）。

（三）《自贸试验区负面清单》与中美 BIT "负面清单" 的区别

2015 年 4 月 20 日，国务院发布了《自由贸易试验区外商投资准入特别管理措施（负面清单）》（以下简称《自贸试验区负面清单》），这标志着广东、天津、福建三个新设自贸试验区将与上海自贸试验区适用统一的 "负面清单"。《自贸试验区负面清单》依据现行有关法律法规制定，列明了在上海、广东、天津、福建四个自由贸易试验区内不符合国民待遇等原则的外商投资准入特别管理措施。

《自贸试验区负面清单》明确规定四大自贸试验区采用统一的 "负面清单"，有利于四大自贸区成为推进改革和提高开放型经济水平的 "试验田"，形成可复制、可推广的经验，也有利于进一步扩大开放、激发市场活力，还有利于促进我国外商投资管理机制与国际投资规则发展新动向、新趋势接轨，进一步提升与优化我国的投资环境。

此外，《自贸试验区负面清单》还可以为未来编制国家版负面清单奠定基础。2014 年 7 月国务院发布的《国务院关于促进市场公平竞争维护市场正常秩序的若干意见》（国发〔2014〕20 号）明确指出："制定市场准入负面清单，国务院以清单方式明确列出禁止和限制投资经营的行业、领域、业务等，清单以外的，各类市场主体皆可依法平等进入；地方政府需进行个别调整的，由省级政府报经国务院批准。" 通过自贸试验区对 "负面清单" 制度的试验，有助于我国在深化对外开放的同时，有效防控风险，从而最终促进我国构建统一、透明、规范和成熟的市场经济体系。

但是《自贸试验区负面清单》与中美 BIT "负面清单" 具有明显的区别，主要表现在以下六个方面：

一是法律效力不同。《自贸试验区负面清单》仅具有国内法效力；而中美双边投资协定 "负面清单" 一旦达成，其将具有国际法效力。

二是适用范围不同。《自贸试验区负面清单》适用于上海、广东、天津、福建四个自由贸易试验区；而中美 BIT 谈判达成的 "负面清单"作为国际法将对中国各地区均适用。

三是修订要求不同。《自贸试验区负面清单》在"说明"部分指出，其可以根据实践发展需要适时调整；而按照美国 2012 年 BIT 范本规定，中美 BIT 谈判中的"负面清单"的首个有效期是 10 年，再度修订时需要缔约国进行正式谈判。并且，自终止之日起的 10 年，除去涉及合格投资的设立或取得的适用条款，所有其他条款将继续适用于在终止之日前设立或取得的合格投资。

四是内容不同。《自贸试验区负面清单》仅列明了不符合国民待遇等原则的外商投资准入特别管理措施；而按照美国 2012 年 BIT 范本规定，中美 BIT 谈判中的"负面清单"将包括对国民待遇、最惠国待遇、业绩要求、高级管理人员和董事会等条款义务的保留。值得指出的是，根据联合国贸发会的研究，双、多边投资协定中对国民待遇条款的限制是最普遍的保留措施。①

五是透明度不同。《自贸试验区负面清单》中仅列出了保留的领域与特别管理措施内容；而中美 BIT 谈判中列入"负面清单"的不符措施条目，需要说明例外安排针对哪一部门、所涉义务、政府层级、引用的措施、描述以及任何相关过渡安排。因此，后者在透明度方面要求更高。

六是争端解决机制不同。投资者就《自贸试验区负面清单》发生争议时，需依照国内司法程序寻求救济；而按照美国 2012 年 BIT 范本规定，投资者因东道国违反中美 BIT 中的义务、投资授权或投资协定而遭受损害时，可按照协定中"投资者与国家间投资争端解决机制"直接向国际仲裁机构提起仲裁。

综上分析可知，《自贸试验区负面清单》与中美 BIT 谈判中的"负面清单"仍存在诸多不同之处。尽管如此，《自贸试验区负面清单》的出台，不仅可以为未来国家版"负面清单"出台奠定基础，而且可以为中国编制中美双边投资协定"负面清单"提供重要参考。

---

① 参见 UNCTAD（2006），Preserving Flexibility in IIAs: The Use of Reservations（New York and Geneva: United Nations），United Nations Publication，2006，Sales No. E. 06. II. D. 14，p. 55。

由于中美经济发展水平不同，两国政府的监管模式存在差异，负面清单方面的谈判将会困难重重，注定是一条布满荆棘之路。但是，如果中美双方能够在谈判中坚持互利共赢的合作共识，尤其是充分尊重彼此的国情，赋予负面清单谈判更大的灵活性，最终必能达成一个平衡、共赢、高水平的中美双边投资协定。

第四章

美国对外投资政策法律新进展

2012 年 4 月 20 日，美国公布了最新版本的双边投资协定范本（2012 U. S. Model Bilateral Investment Treaties，以下简称 2012 年美国 BIT 范本）。BIT 范本是美国与其他国家进行双边投资协定谈判的基础，也是美国对外投资基本政策立场的重要体现。其有助于美国加强 BIT 谈判的优势，掌控谈判的进程并为谈判确立基本框架。[1] 自 1982 年美国公布第一个双边投资协定范本以来，美国政府每隔一段时间就会根据其缔约实践以及潜在的缔约谈判目标对 BIT 范本予以修订。此次范本修订，即是美国政府为与中国、印度等国家进行双边投资协定谈判而准备的条约范本。有鉴于此，下文拟在简要回顾美国 BIT 范本的制定背景与变迁的基础上，对 2012 年美国 BIT 范本的最新变化及其所反映的美国对外投资政策的新动向予以分析和探讨，以期对目前正在进行中的中美双边投资协定谈判有所裨益。

一　美国 BIT 范本的制定与变迁

（一）美国启动 BIT 范本计划的背景与目的

双边投资协定是两国间缔结的旨在保护和促进国际投资的专门性条约。其既是现今调整国际投资关系最重要的法律形式，也是各国对外投

---

[1]　Jeswald W. Salacuse, "BIT by BIT: The Growth of Bilateral Investment Treaties and Their Impact on Foreign Investment in Developing Countries", *The International Lawyer*, Vol. 24, 1990, pp. 662-663.

资政策的方向标。作为世界上最大和最活跃的投资母国，美国具有悠久的以缔结双边投资条约的方式保护海外投资的历史。早至美国独立战争时期，美国就与法国、西班牙等国缔结了友好通商航海条约。早期的FCN 虽然也包含各种有关财产保护方面的规定，但主要以调整两国间的友好通商关系为重点。第二次世界大战后，关贸总协定取代了 FCN成为美国与其他国家建立贸易关系的主要工具。FCN 也自此开始以保护私人海外投资为主要内容。但自 1966 年美国与泰国缔结 FCN 后，随着与菲律宾等国 FCN 谈判的失败，FCN 终因其在海外投资保护方面存在的诸如涉及范围广、缺乏保护国际投资的程序性规定等固有局限性而黯然退出历史舞台。与此相对照的是，同一时期欧洲国家缔结了大量的BIT。因此，美国也开始效仿欧洲国家缔结双边投资保护协定。

　　1977 年 3 月 7 日，美国国务院法律顾问和经济与商业事务助理国务卿共同提议启动双边投资协定计划，同年 8 月 15 日该计划得到批准。[①] 其后，美国以 FCN 条文为基础，删除了所有与投资保护无关的规定，并汲取了欧洲国家已缔结的 BIT 的经验，耗时 4 年精心制定了第一部用于谈判的样板条文。1982 年 1 月 11 日，首部BIT 范本作为里根政府改善投资与世界资本流动计划的一个组成部分由美国贸易代表办公室发布。[②]

　　美国启动 BIT 模式保护其私人海外投资具有多重目的。从政治方面看，缔结 BIT 是为了以 "非政治化" 的方式解决海外私人投资争端，即美国政府希望建立不需要任何的政府干预而可以为投资者提供有效救济的机制。[③] 从经济方面看，缔结 BIT 是为了保护既有

---

①　Kenneth J. Vandevelde, "The BIT Program: A Fifteen-Year Appraisal", *Proceedings of the Annual Meeting (American Society of International Law)*, Vol. 86, 1992, p. 534.

②　Valerie H. Ruttenberg, "The United States Bilateral Investment Treaty Program: Variations on the Model", *University of Pennsylvannia Journal of International Business Law*, Vol. 9, 1987, p. 121.

③　20 世纪 60 年代早期至 70 年代中期，美国的海外投资在东道国遭遇征收或国有化时，投资者一般希望政府出面通过外交途径或国际仲裁获得补救或者至少对违法者实施经济制裁。而这一时期美国出台的一系列法案，如 1961 年《希肯路伯修正案》(*The Hickenlooper Amendment*)、1972 年《冈萨雷斯修正案》(*The Gonzalez Amendment*)、1974 年《贸易法案》(*The Trade Act of 1974*) 等，也都规定对征收美国海外资产而未支付全额赔偿的国家实施制裁。但美国政府认为不时出现的这些私人海外投资争端会破坏其他一些更为重要的外交政策问题的谈判。因此，其希望在不削弱对投资者的有效救济的情况下从对私人海外投资纠纷的参与中解脱出来。

投资。与发展中国家往往希望借助 BIT 促进未来的投资不同，美国在启动 BIT 范本计划时更关注对已有的海外投资利益的保护。从法律方面看，缔结 BIT 是为了维护"赫尔"规则，即及时、充分、有效补偿标准。①

值得注意的是，投资促进并非是美国启动 BIT 范本计划的目的。虽然在 BIT 的名称和序言中多处可见"促进"的语词，但对于 BIT 范本的起草者而言，至少在 BIT 范本计划创建之初，投资促进并非其目标。这主要是基于以下两个方面的原因：一是就当时的美国而言，积极推进对外投资的政策被视为不符合应由市场引导投资流向的政策；二是如果 BIT 能够产生促进对外投资的影响，则会激起美国国内的劳工组织与地方经济利益集团的反对。②

（二）美国 BIT 范本的修订与特征

自 1982 年美国 BIT 范本制定后，美国政府先后于 1983 年、1984 年、1987 年、1991 年、1992 年、1994 年、2004 年和 2012 年对 BIT 范本进行了数次修订。③总体而言，美国 BIT 范本具有高标准投资保护程度和高水平的投资自由化特点，具体体现在宽泛的投资定义、"最惠国待遇"和"国民待遇"扩展至市场准入阶段以及"透明度"要求等方面。纵观美国对 BIT 范本的历次修订，可以将其主要特征概括如下：

第一，BIT 范本修订与 BIT 实践相辅相成。美国 BIT 范本制定后，一直与时俱进，每隔一段时间就会根据其在实践中签订 BIT 与 FTA 的经验，对范本条文予以修订，从而及时完善协定内容。例如，美国政府以 1982 年美国 BIT 范本为基础，先后与埃及和巴拿马签订了双边投资保护协定。其后，美国政府又以与该两国谈判的

---

①　Kenneth J. Vandevelde, "U. S. Bilateral Investment Treaties: The Second Wave", *Michigan Journal of International Law*, Vol. 14, 1993, pp. 625-626.

②　K. Scott Gudgeon, "United States Bilateral Investment Treaties: Comments on their Origin, Purposes and General Treatment Standards", *Berkeley Journal of International Law*, Vol. 4, Iss. 1, 1986, pp. 111-112.

③　Kenneth J. Vandevelde, "U. S. Bilateral Investment Treaties: The Second Wave", *Michigan Journal of International Law*, Vol. 14, 1993, p. 627.

经验为基础，对 1982 年的样本草案加以修改，并于 1983 年 1 月 21
日公布新的和经修订的 BIT 范本。

　　第二，BIT 范本规定与其他投资法律规定相一致。美国除与发
展中国家缔结 BIT 保护海外投资利益外，一般还在其缔结的自由贸易
协定中规定投资章节，其中最具代表性的是《北美自由贸易协定》
（NAFTA）。20 世纪 90 年代末期，由于私人投资者根据 NAFTA 中公
正与公平待遇、间接征收等宽泛的规定，对东道国采取的某些管理或
规制措施提出索赔的案件剧增，并且有的请求获得了仲裁庭的支持，
从而使美国、加拿大等国对 NAFTA 第 11 章 "投资" 有可能成为外国
投资者侵蚀国家主权的实践进行了深刻反思。为避免诉累，NAFTA
的缔约国对该协定关于投资的第 11 章做出了解释，即对有关规则予
以限制。① 而美国政府为避免在其签订的 BIT 中重复发生类似 NAF-
TA 第 11 章规定引发的仲裁案件的被动局面，于 2004 年对 BIT 范本
中的相关条文予以修订和补充，从而使其与 NAFTA 第 11 章的规定
保持一致，更好地服务于强化投资保护与促进投资自由化的目的。

　　第三，BIT 范本的制订具有 "开门立法" 的特征。美国 BIT 范
本的起草由美国国务院和美国贸易代表办公室负责。在范本起草和
修订过程中，会向广泛的利益攸关方进行谘商。例如在修订出台
2012 年范本过程中，美国政府广泛征求并收到了来自国会、企业、
商业协会、劳工组织、环保组织和其他非政府组织以及学术界的意
见。这些利益攸关方的参与虽然会使范本起草过程充满争议与波折，
但也有利于集思广益起草 BIT 范本并保证范本制定过程的透明度。

二　2012 年美国 BIT 范本的最新变化

　　为确保 BIT 范本符合公众利益和政府的整体经济议程，2009 年

---

　　①　例如 2001 年发布的关于第 11 章的解释，将国际法的最低待遇标准限定为 "外
国人的习惯国际法最低待遇标准"，规定 "公正与公平待遇" 及 "全面保护和安全" 的
概念不要求给予习惯国际法关于外国人最低标准之外的待遇。并且，违反协定中的
其他规定或不同的国际协定，不表明违反了公正与公平待遇。

初奥巴马政府启动了对 2004 年 BIT 范本的审议工作。从整体上看，修订出台的 2012 年美国 BIT 范本基本沿用了 2004 年 BIT 范本的基本框架，包括序言、正文和附件三部分内容，共 37 个条款。在正文部分，承袭了 2004 年范本的主要条款规定，包括投资的定义、投资待遇、业绩要求等都未作实质性修改。但与此同时，相较于 2004 年范本，2012 年范本也对诸多条款进行了修订，既包括对原有条文的进一步细化与明确，也包括对一些重要条款的扩充与完善。概而言之，最主要的变化与发展主要体现在以下几个方面：

（一）国有企业

2012 年范本在 BIT 适用范围第 2 条第 2 款第 1 项中，对"国有企业被授予政府职权"给予界定。在此前的范本中，对于何谓"国有企业被授予政府职权"未做出明确界定，因其含义模糊，实践中容易引起哪些被授予政府职权的国有企业的行为应受 BIT 规制的争议。2012 年范本则以脚注方式界定澄清了判定缔约方授予国有企业或任何其他企业政府职权的标准，"被授予政府职权"包括以立法授予、政府命令、指令或其他措施将政府职权转交给国有企业或其他个人或实体或者授权国有企业或其他个人或实体行使政府职权，从而明确了"国有企业"受 BIT 义务约束的范围。

与 BIT 的其他议题不同，在美国政府对 2004 年 BIT 范本审议中，各利益攸关方对外国国有企业是否可以如外国私营企业一样自由到美国投资的问题具有一定的共识，无论是 BIT 的反对者还是赞成者都提出了在 BIT 中应对国有企业在美国投资予以规制的建议。但这些建议最终都未被美国政府采纳，2012 年 BIT 范本有关国有企业问题仅做出了上述的修改。但这一修改也意义深远，其反映了美国政府一方面表明其不愿通过投资协定对国有企业在美国的投资予以规制；另一方面，其则通过 BIT 范本表明"一国有可能会因其国有企业行使政府授权行为而依照 BIT 中的实体条款规定被追究法律责任"的立场，即使该授权是以非正式方式授予的。①

（二）业绩要求

业绩要求条款是外国投资获准进入东道国，或在东道国经营，或取得特定优惠的前提条件，也是东道国政府为实现其预期的社会经济发展目标对投资者采取的具体管制措施。以高度自由化著称的美式 BIT 一般都主张废除业绩要求，认为其有碍于国际投资的自由化。这反映到 BIT 范本中，则体现为限制东道国对外国投资做出超过 WTO 协定所规定的关于本地成分或类似的"业绩要求"的实体性义务的规定。

2012 年美国 BIT 范本第 8 条第 1 款第 8 项增加了缔约方的采购政策不得与本国技术含量要求挂钩的规定，"缔约方不得为保护本国投资者、投资或技术的优势而要求投资者承诺或保证购买、使用国内技术或给予国内技术优惠；相对的也不得阻止投资者购买、使用特定的国内技术或给予特定的国内技术优惠"。但该条第 3 款第 5 项同时规定这一新增条款并不适用于政府采购。这说明，如果一东道国政府接受了美国 BIT 范本中这一新增规定，其就不能再以贸易保护主义行为在与投资相关的技术方面首选本国技术，但政府采购除外。

（三）透明度

透明度条款是 2012 年美国 BIT 范本修订的主要内容之一。为解决 NAFTA 仲裁程序缺少透明度而备受指责的问题，2004 年美国 BIT 范本修订时增加了很多关于透明度的安排。但是在 2012 年 BIT 范本的修订中，各利益攸关方仍然提出了进一步提升透明度的要求，以更好地保护海外投资利益。为此，2012 年 BIT 范本第 11 条修改并新增若干款项。

首先，将 2004 年范本中的"联络点"规定修改为要求各缔约

---

① Mark Kantor, "The New U. S. Model BIT: 'If Both Sides Are Angry With You, You Must Be Doing Something Right'", *New York Dispute Resolution Lawyer*, Vol. 5, 2012, p. 57.

方应定期就影响投资的法律、法规和其他措施的制定与实施以及投资者与东道国争端解决机制等相关事项的透明度实践进行磋商。

其次，新增与 BIT 涵盖事项相关的法律草案或法律制定的程序性规定。要求相关法律草案或法律应在全国发行的单一的官方刊物上发布，并附制定目的与理由的解释说明；对于法律草案，在大多数情况下应规定不少于 60 日的公示期；在法律最终获得通过时，应在官方刊物上或政府网站的显著位置发布在公示期收到的重要评论意见，并说明对法律草案所作的实质性修改。

最后，新增技术法规与标准制定的程序性规定。范本规定每一缔约方应允许另一缔约方的投资者参与其中央政府机构的技术法规、标准以及合格评定程序的制定，并且每一缔约方应建议其境内的非政府标准化机构允许另一缔约方的投资者参与这些机构的标准与合格评定程序的制定。并且，另一缔约方的投资者参与前述事项时，享有不低于缔约方给予本国投资者的待遇。但以上规定并不适用于世界贸易组织《关于实施动植物卫生检疫措施的协议》（*Agreement on the Application of Sanitary and Phytosanitary Measures*）附件 A 中规定的动植物卫生检疫措施或者购买政府机构为生产或消费需要而准备的样本。本条中的"中央政府机构"、"标准"、"技术法规"等术语的含义则依照《技术性贸易壁垒协定》（*Agreement on Technical Barriers to Trade*）附件 1 中的定义解释。

中国美国商会在《美国企业在中国——2012 年白皮书》中指出，在中国标准化体系建设中，在华注册的外商投资企业不能充分参与中国所有商用标准的制定，而且在所有标准制定和实施过程中不能始终保持完全透明。虽然根据中国国家标准化管理委员会的相关规定，在华登记注册的外资企业有资格加入中国标准委员会或工作组，并参与中国标准的起草和投票。但是在实践中，是否允许外资企业加入的决定权实际上由各技术委员会和技术分委会保留，有些技术委员会和技术分委会根本不允许外资企业参与标准及技术规定的起草工作。有的允许外资企业以有投票权的成员身份参加，有

的则仅允许外资企业以没有投票权的观察员的身份参加标准工作
组。① 由此可见，2012 年美国 BIT 范本中专门新增的这一"技术法
规与标准制定的程序性规定"，与美国企业在中国市场中遇到的现
实问题具有高度关联性。

（四）环境与劳工

对于环境与劳工议题，1994 年 BIT 范本仅在序言中做了概述性
规定，2004 年范本除在序言中作一般性陈述外，还分别在第 12 条
和第 13 条首次做出具体规定，但每条仅包括两款内容。2012 年
BIT 范本则在前述范本的基础上进一步扩充了环境与劳工的规定。

第一，在投资与环境问题上，范本规定缔约双方承认其各自的
环境法律与政策和缔约各方均为成员方的多边环境协定对于保护环
境具有重要作用；在投资与劳工问题上，缔约双方重申了其作为国
际劳工组织成员的各自义务以及其对国际劳工组织《基本工作原则
和权利及后续事项宣言》（*ILO Declaration on Fundamental Principles
and Rights at Work and Its Follow-up*）的承诺。

第二，新增缔约方投资者在环境与劳工保护方面的义务。范本
规定每一缔约方应确保不以放弃或损抑国内环境保护或劳工保护法
律，或表示愿意放弃或损抑此类法律作为对在其境内设立、取得、
扩大或保留投资的鼓励，也不得以未有效履行这些国内环境保护或
劳工保护法律的规定作为投资鼓励。

第三，对"环境法"与"劳工法"给予界定。环境法是指为保
护环境或防止危害人类、动物或植物的生命或健康而通过的有关预
防污染物排放、控制有毒的化学物质以及保护野生动植物的法律或
法规，但不包括任何与劳工的安全或健康直接相关的法律或法规；
劳工法是指各缔约方有关结社自由、有效切实承认集体谈判的权
利、消除一切形式的强迫或强制劳动、有效废除童工和禁止最恶劣
形式的童工劳动、消除就业以及职业方面的歧视以及关于最低工

---

① 中国美国商会：《美国企业在中国——2012 年白皮书》，第 79 页，http://web. re-
source. amchamchina. org/cmsfile/2012/04/26/cd626ad14b98c259cfb187f4576b4d79. pdf。

资、工作时间和职业安全健康方面可接受的工作条件的法律法规。

第四，强调公共参与，细化了有关环境与劳工问题的谘商程序规定。范本规定一缔约方可提出书面请求另一缔约方就环境与劳工条款规定的任何事项进行磋商。另一缔约方应在收到此种请求后的3日内做出回应。此后，双方应进行磋商并尽力达成双方满意的解决方案。

第五，保留缔约方就一些环境事项的自由裁量权。范本规定每一缔约方保留就监管、守法、调查和起诉等方面事项行使自由裁量权的权利，并有权就其他确定的具有优先性的环境问题的执法资源的分配做出决定。因此，各缔约方理解一缔约方采取的作为或不作为措施是对这一自由裁量权的合理行使，或是对资源分配的善意的决定。

前文已述，美国BIT范本在起草和修订过程中，会向包括劳工组织和环保组织等广泛的利益攸关方进行谘商。上述新增的环境与劳工规定有些即是由于劳工组织与环保组织的游说而新增的规定。

虽然2012年美国BIT范本对第12条投资与环境和第13条投资与劳工条款内容予以了大幅修改扩充，但是仍受到环保组织与劳工组织的广泛批评。这主要是由于在美国新近签订的一些FTA中已经规定有关环境与劳工事项可以提交国际投资仲裁，而2012年BIT范本中仍规定只允许外国投资者将第3条至第10条项下的争议提交国际仲裁①，而不得就环境与劳工条款规定提交国际投资仲裁，并且依照第37条第5款规定环境与劳工条款也被排除在缔约国间投资争端解决程序之外。因此，新增的这些关于环境与劳工规定虽然严格并公开接受质疑，但并未被辅之以有约束力的争端解决程序，这些条款规定好似没有牙齿的老虎并不具有法律约束力。换言之，缔约方就环境与劳工事项的争议仍然仅适用国家间的谘商程序。

_____

① 2012年美国BIT范本第3条至第10条规定的东道国义务包括国民待遇、最惠国待遇、最低待遇标准、征收与补偿、转移、业绩要求、高层管理和董事会、有关投资的法律和决定的发布。

（五）金融服务

金融服务是一个极具政治敏感性与经济战略重要性的专业性极强的领域。2004年美国BIT范本首次将其在正文中予以专条规定。从所作规定来看，金融服务不仅适用协定中的一般保护规定，而且有许多特殊性处理。例如第20条第1款"金融服务审慎例外"条款规定："无论本协定的其他条款如何规定，不得阻止缔约一方基于审慎原因采取或维持与金融服务有关的措施，包括出于对投资者、存款人、保险单持有人或者金融服务者对之负有信托责任的人的保护，或者为了确保金融体系的完整性和稳定性。当此种措施与协定的规定不一致时，不被视为缔约一方规避本协定义务的手段。"2012年BIT范本扩充了第20条第1款的注释，规定采取审慎措施的"审慎原因"包括"为了维护支付和结算系统的财务与经营的安全性和完整性"。

第20条第8款又新增了监管措施例外条款，规定"与防止欺骗或欺诈实践相关的措施或者对金融服务合同默认的影响的处理措施"在符合下述两项要求时不得被解释为是阻止缔约一方采用或实施与缔约另一方投资者或者合格投资相关的措施：一是为确保金融机构遵守法律或法规而采取的与本协定不一致的必要的措施；二是这些措施不以构成同等条件下国家间任意的或不合理的歧视的手段或者变相限制金融机构的投资的方式适用。

此外，2012年BIT范本还进一步明确细化了有关金融服务的仲裁程序规定，提升了金融服务相关法律制定的透明度。

2008年从美国次贷危机开始的全球金融危机，激发了各国政府对以新自由主义为理论基础的金融自由化的反思，并相继出台了一系列金融监管改革措施对其予以矫正。美国也不例外，2010年7月通过了《华尔街改革与消费者保护法案》（简称《多德—弗兰克法案》），而这也致使美国政府担心新采取的金融监管措施会引起外国投资者以违反双边投资协定的规定而提起国际投资仲裁。2012年美国BIT范本上述对金融服务相关规定的修改与增补，正是为了给美国政府采取应对金融危机的监管措施预留足够的政策空间。

（六）仲裁裁决的上诉机制

近年来，依照《华盛顿公约》建立的解决投资争端国际中心在解决投资争端中，存在裁决相互冲突、为扩大其自身权力而扩大管辖权、裁决偏向投资者的经济利益而不顾东道国的社会利益等缺陷，从而备受批评，改革的呼声四起。①

鉴于目前 ICSID 已有 17 个起诉美国的案例②，美国国内的一些 BIT 批评者也呼吁修改 BIT 范本中投资者与东道国争端解决机制的规定。这些提议包括通过"国家—国家"模式解决投资争端、规定用尽当地救济原则、缩小投资定义等提议，但这些建议均未被 2012 年美国 BIT 范本采纳。③ 因此，范本中约占三分之一篇幅的投资者与东道国争端解决的国际投资仲裁程序规定基本没有重大变化。

范本仅对仲裁裁决的上诉问题进行了修改，删除了 2004 年范本附件 D 关于缔约双方在协定生效后三年内应展开关于是否建立一个双边上诉机构或类似机制的谈判的规定，并将原第 28 条第 10 款的规定"如果建立了其他仲裁裁决的上诉机构，缔约方应努力达成协定同意由上诉机构审查依协定做出的仲裁裁决"修改为"如果未来在其他制度安排下，审查投资者与东道国争端解决仲裁庭所作裁决的上诉机制得以建立，则缔约方应考虑根据本范本第 34 条做出的裁决是否应当受此上诉机制的约束。并且，缔约方应努力确保此类上诉机制考虑采用的程序透明度类似于本范本第 29 条关于仲裁程序透明度的规定"。新规定取消了三年的期限。这说明依照 BIT 规定在两国间展开上诉机制的谈判并不具吸引力，现已提上议程的投资者与东道国争端解决机制的改革还有赖于多边政策对话。

综上可知，由上述 2012 年 BIT 范本的变化，可以看出美国政府

---

① 目前已有一些国家宣布退出公约，例如多民族玻利维亚、厄瓜多尔等。

② 这些案件主要是依据 NAFTA 第 11 章有关投资的规定提起的，美国迄今尚未因缔结的 BIT 规定被诉至 ICSID。

③ Mark Kantor, "The New U. S. Model BIT: 'If Both Sides Are Angry With You, You Must Be Doing Something Right' ", *New York Dispute Resolution Lawyer*, Vol. 5, 2012, p. 48.

对 2004 年 BIT 范本做出了若干重要修改，以便提高透明度和公共
参与，强化有关国有企业优惠待遇的规制以及加强对劳工和环境的
保护，同时审慎寻求为美国的海外投资者提供强力保护与为政府管
理公共利益保留必要的政策空间之间的平衡。其反映了美国政府继
2004 年 BIT 范本修订时对以往奉行的新自由主义投资制度予以反思
与矫正后，继续探索介于卡尔沃主义与新自由主义这两种制度间的
国际投资法的"第三条道路"发展范式。但总体而言，虽然 2012
年范本较 2004 年范本的修正又前行了一步，但仍未改变美式 BIT
范本以新自由主义为精髓的本质特征。①

三　美国对外投资政策的新动向

从对外投资政策的视角分析，2012 年 BIT 范本的变化反映了美
国对外投资政策的以下新动向：

一是力推竞争中立政策。在美国政府对 2004 年 BIT 范本进行审
议时，国家主导型经济问题受到了很多利益攸关方的关注。国家主
导型经济（State-Led Economies）主要指一国经济活动的组织很大
程度上建立在国有企业和其他形式的国家影响与控制的基础上。②
2012 年范本所做出的缔约方的采购政策不得与本国技术含量要求挂
钩、缔约方应当允许另一方的投资者参与其技术法规与标准的制定
以及对"国有企业被授予政府职权"的界定等规定都是对此问题做
出的积极回应。这些新规定反映了美国近来力推的"竞争中立"
（competitive neutrality）政策。

---

① 在单文华著《从"南北矛盾"到"公私冲突"：卡尔沃主义的复苏与国际投资
法的新视野》一文中，作者提出了国际投资法的"第三条道路"的观点，并认为 2004
年美国 BIT 范本的修正未改变新自由主义为精髓的本质特征，本文则认为 2012 年的变化
虽然比 2004 年更进一步，但也仍未改变新自由主义投资制度的精髓。参见单文华《从
"南北矛盾"到"公私冲突"：卡尔沃主义的复苏与国际投资法的新视野》，《西安交通
大学学报》（社会科学版）2008 年第 4 期。

② Fact Sheet of Model Bilateral Investment Treaty, U. S. Department of State, http: //
www. state. gov/r/pa/prs/ps/2012/04/188199. htm.

依照 1996 年 6 月澳大利亚政府发布的《联邦竞争中立政策声明》（*Commonwealth Competitive Neutrality Policy Statement*），竞争中立是指要求政府的商业行为不应仅凭其公共部门所有权地位（public ownership sector）而享有高于私营部门竞争者的竞争净优势。竞争中立政策实施的目的是要破除国有企业的商业行为在资源配置上引起的扭曲与增强市场的竞争性。竞争中立要求政府不得运用立法与财政权力使其所有的企业优于私营部门，否则将会扭曲市场竞争并降低效率。① 在美国大力倡导和推动下，OECD 成为最早推动竞争中立研究的国际性组织，并于 2011 年发布了《竞争中立与国有企业——挑战和政策选择》与《竞争中立——确保国有企业和私营企业间的公平贸易》两份报告。OECD 认为，"竞争中立"本身是一个中性的概念，指的是"在特定经济市场中，没有任何企业受到不当之竞争利益或不利益"②。2012 年 4 月 10 日，美国和欧盟发布了《欧盟与美国就国际投资共同原则的声明》（以下简称《声明》）。该《声明》包括七项原则，其中第二项公平竞争原则指出：政府应加强对在全球经济中发挥着日益显著作用的国家影响力在涉及商业企业时造成的实质挑战的理解，并致力于应对这些挑战的统一方法。为此，欧盟与美国支持 OECD 在竞争中立领域的工作，该工作强调国有企业和私营商业企业享有同样的外部环境并在既定市场上进行公平竞争。③ 此外，美国在 TPP 谈判中，也提议限制政府对国有企业的扶持，避免国有企业借助政府特惠待遇和补贴在与私营企业的竞争中占优势。TPP 是迄今为止第一个专门将减少中小型企业壁垒，确保国有企业和民营企业之间公平竞争议题纳入

---

① Capobianco A. and H. Christiansen, "Competitive Neutrality and State-Owned Enterprises: Challenges and Policy Options", *OECD Corporate Governance Working Papers*, No. 1, OECD Publishing, 2011, http://dx.doi.org/10.1787/5kg9xfgjdhg6-en.

② 汤婧：《"竞争中立"规则：国有企业的新挑战》，《国际经济合作》2014 年第 3 期。

③ Statement of the European Union and the United States on Shared Principles for International Investment, http://trade.ec.europa.eu/doclib/docs/2012/april/tradoc_149331.pdf.

其中的区域自由贸易协定。①

国内学者一般分析认为，美国倡导竞争中立政策的根本原因在于美国认为中国等一些国家的经济模式对以美国为主导的国际经济秩序构成了挑战，正在削弱美国开放投资政策的作用，抑制美国的对外投资。②为此，美国希望通过竞争中立政策以确立新的游戏规则，避免中国等新兴经济体利用政府手段扶持其国有企业，并且通过竞争中立标准的制定迫使中国等发展中国家进一步对外开放，为欧美企业凭借现有的巨大优势进一步开拓全球市场提供制度支持。③竞争中立政策对我国当前"走出去"战略目标的实施无疑是极大的障碍与挑战，因此还需我国政府在认清美国力推该政策的真正目的的基础上，通过健全完善国内竞争法律与深化国有企业改革从容应对。

二是寻求可持续发展。2012 年美国 BIT 范本不仅扩大了缔约方的环境和劳工保护义务，而且对缔约方应当承担的条约义务使用了较为强硬的措辞，如规定缔约方应当确保（shall ensure）不以各种方式放弃或损抑其环境法以吸引外资，而 2004 年范本使用的是"应当努力确保"（shall strive to ensure）的表述。这反映了"新一代"投资政策寻求在国家和国际层面解决与可持续发展有关的具体问题的努力，表明可持续发展在国际投资领域日益成为共识。

目前世界公认的可持续发展概念是 1987 年世界环境与发展委员会的《我们共同的未来》报告中所作定义，即"可持续发展是指既满足当代人的需求，又不对后代人满足其自身需求的能力构成危害的发展"④。1992 年，联合国在里约热内卢召开的环境与发展大会上通过了《关于环境与发展的里约宣言》和《21 世纪议程》，

---

① 汤婧：《"竞争中立"规则：国有企业的新挑战》，《国际经济合作》2014 年第3 期。

② 王婷：《竞争中立：国际贸易与投资规则的新焦点》，《国际经济合作》2012 年第 9 期。

③ 赵学清、温寒：《欧美竞争中立政策对我国国有企业影响研究》，《河北法学》2013 年第 1 期。

④ 世界环境与发展委员会：《我们共同的未来》，王之佳、柯金良等译，吉林人民出版社 1997 年版，第 52 页。

"可持续发展"被作为未来共同发展的战略得到与会各国的认同。

可持续发展概念的提出是国际社会对片面追求经济增长的单一发展内涵与经济全球化带来的负面影响所作的深刻反思与转变。自20世纪80年代以来，在美国等一些发达国家的推动下，高度自由化的 BIT 得到广泛推广，从而导致 BIT 仅高度重视投资者的私权和经济利益的保护，而漠视受到国际资本消极影响的社会价值和公共利益的重要性，更为重要的是严重桎梏了东道国对环境、公共卫生及其他公共利益的管理。随着全球公民社会兴起和全球民权抵抗运动的推动，催生了对于跨国公司和国际投资提出环境、劳工、人权、健康、文化和发展等诸多社会诉求。① 自20世纪90年代以来，环境、劳工、人权、健康等社会议题开始被纳入国际投资协定，很多国际投资协定包含环境、劳工等广义上的人权内容。2008年金融危机的爆发使新自由主义投资制度进一步受到严重的怀疑与挑战，2012年美国 BIT 范本对环境条款的大幅修改，寻求可持续发展，正是对投资者与东道国利益显失公平的格局的调整与平衡。对于劳工与环境条款的大幅修改，美国国内存在不同意见，美国参议院财政委员会（Senate Finance Committee）主席包克斯（Max Baucus）认为，新的 BIT 范本将有助于美国投资协定的发展，以保护美国的海外企业并提升其向95%的全球消费者出售商品的能力。众议院筹款委员会（House Ways and Means Committee）主席坎普（Dave Camp）则对劳工与环境条款的扩充表示担忧，认为这些规定超出了两党在这些问题上达成的共识，有可能会破坏美国的投资参与。②

从我国已缔结的 BIT 来看，除极少数在序言中对环境有所提及外，普遍缺乏环境保护的规定，存在利益失衡以及权利与义务不平

---

① 王彦志：《经济全球化、可持续发展与国际投资法第三波》，载陈安主编《国际经济法学刊》第13卷第3期，北京大学出版社2006年版，第180页。
② 《美国政府宣布修订双边投资协定范本（英文版）》，2012年5月11日，香港贸发局网站（http：//economists-pick-research.hktdc.com/business-news/vp-article/sc/1/1X07WMOI.htm）。

衡的问题。① 因此，已有学者建议中国需要及时改进投资条约的谈判和缔约策略，对于大量对华输出资本而中国对其投资较少或双方资本输出均有大量发生的谈判对象，可以在投资条约中强化人本化因素，不仅可以将环保人权等问题纳入条约序言，还可以在实体法条款和程序性争端解决条款之中予以规定。② 虽然，2012 年美国 BIT 范本强化了环境与劳工保护，但是对于这些创新规定能否更好地平衡东道国和投资者之间的权利和义务、是否足以充分应对实践中的挑战各利益攸关方仍存在意见分歧，但可以肯定的是这些内容反映了国际法的人本化趋势，将是未来 BIT 内容的革新方向。

此外，由前述可知 2012 年美国 BIT 范本将投资与环境条款排除在可以提交国际投资仲裁的规定之外，因此从我国"走出去"企业视角来看，我国赴美投资的企业对环境义务的遵守将主要受美国国内法规制。虽然 2012 年 BIT 范本以脚注方式将第 12 条中的环境法义务限制为美国国会通过的法律或依照美国国会的法律而颁布的由联邦政府机构执行的法规。但美国以《1969 年国家环境政策法》为核心的包括《清洁空气法》、《联邦水污染控制法》、《综合环境反应、赔偿和责任法》、《有毒物质控制法》、《露天煤矿控制和复原法》等联邦环境法规体系也非常庞大，因此这需要我国赴美投资的企业在进行与环境有关的商务活动时予以特别关注。

综上分析，2012 美国 BIT 范本所反映的美国对外投资政策的变动，极其可能会对我国"走出去"企业带来的影响与冲击，需引起我国政府高度重视，特别是应在中美投资协定谈判中予以认真对待。

---

① 据学者考证，在中国已缔结的 BIT 中，仅有中国—阿尔巴尼亚 BIT 和中国—圭亚那 BIT 在序言中提及"环境"议题，规定："同意此类目标不能通过放松普遍适用的健康、安全和环境措施取得"。此外，在中国已经缔结的几个自由贸易协定中，仅有中国—新西兰 FTA 中涉及环境条款。参见韩秀丽《中国海外投资地环境保护——母国规制方法》，载陈安主编《国际经济法学刊》第 17 卷第 3 期，北京大学出版社 2010 年版，第 153 页。

② 刘笋：《国际法的人本化趋势与国际投资法的革新》，《法学研究》2011 年第 4 期。

第五章

中美 BIT 谈判与美国
国家安全审查制度

一 美国国家安全审查制度的挑战

随着中国企业"走出去"步伐加快，尤其是中国对美国直接投资规模的急速扩大，中国各界越来越关注影响对外直接投资（ODI）成败的因素，其中就包括美国外国投资委员会（CFIUS）的国家安全审查制度。

中国企业抱怨在美国投资频频受阻。中海油 2005 年收购优尼科（Unocal）所遭遇的种种阻力和反弹至今仍然为中美经济合作蒙上了阴影。在此之后，中国在美国的众多投资项目也遭受了各种阻碍，例如：2009 年华为联合贝恩资本收购美国通信设备商 3Com 公司；2009 年西北有色收购美国金矿公司尤金（First Gold）；唐山曹妃甸投资公司与美国光导纤维制造业企业 Emcore 建立合资企业；华为从已经破产的加州企业 3Leaf 手中收购部分资产等。在这些交易中，由于受到 CFIUS 的直接或间接反对，中国企业均未能实现投资。而 2012 年，美国总统奥巴马更是签发总统令，以涉嫌威胁美国国家安全为由，中止了三一集团关联公司及其美方合作者 Ralls 公司在俄勒冈州的风场发电项目。重重阻力下，华为无奈暂缓开拓美国市场，而三一愤而起诉美国总统奥巴马和 CFIUS。

即便是那些最终实现了在美投资的中国企业背后的挫折也一言难尽。联想在 2005 年收购 IBM 的 PC 业务时，美国国会议员就以威胁国家安全为由加以阻挠。最后是双方的高管组建的交涉团队花了

1 个多月的时间，拜访和说服了 13 个美国政府部门，交易才得以完成。而鞍钢和美国钢发展公司合作在密西西比州建立螺纹钢企业的努力也遇到美国利益集团、国防部门和国会的不断阻挠。

如今，只要爆出中国企业有在美投资意向，媒体的第一反应就是猜测投资被华盛顿否决的可能性有多大。这些事件逐渐在中国形成一种印象，即美国并不欢迎中方的投资。然而，美国官方多次表示欢迎国外的直接投资，但已经发生的上述案例让中国怀疑美国对来自中国的直接投资，尤其是对中国的国有企业采取了高于一般标准的严格审查标准。在 CFIUS 国家安全审查制度下，中国多项对美投资交易受阻的事实给予了进一步的佐证。2012 年与 2013 年中国连续两年成为第一大申报 CFIUS 安全审查的国家①，而在 2008 年之前，中国还在前八之外（见表 5—1）。虽然即使是在 2011 年，中国涉及 CFIUS 安全审查的投资项目大约为 10 例，但已经占到总审查项目数的 9%，远远高于中国在美直接投资不到 1% 的比重。同时，受到 CFIUS 安全审查制度所带来的不确定性和不利于中国投资者的投资和舆论环境的影响，较多的潜在中国投资者不得不将目光转移到欧洲等地。

表 5—1　　　　　　　　CFIUS 安全审查前八位国家　　　　　单位：例

排序＼年份	2005	2006	2007	2008	2009	2010	2011	2012	2013
1	英国（24）	英国（25）	英国（33）	英国（48）	英国（17）	英国（26）	英国（25）	中国（23）	中国（21）
2	法国（9）	法国（9）	加拿大（21）	法国（12）	加拿大（9）	加拿大（9）	法国（14）	英国（17）	日本（18）
3	加拿大（6）	以色列（9）	澳大利亚（9）	以色列（12）	法国（7）	日本（7）	中国（10）	加拿大（13）	加拿大（12）

---

① 2005 年以来英国一直是向 CFIUS 申报"受管辖交易"案例数最多的国家，其次是法国和加拿大，这三个国家约占各个年度"受管辖交易"案例总量的一半以上。

续表

年份 排序	2005	2006	2007	2008	2009	2010	2011	2012	2013
4	日本 (3)	加拿大 (8)	阿拉伯 联合酋 长国 (7)	澳大 利亚 (11)	以色列 (5)	以色列 (7)	加拿大 (9)	日本 (9)	英国 (7)
5	澳大 利亚 (2)	澳大 利亚 (7)	荷兰 (7)	俄罗斯 (8)	荷兰 (5)	中国 (6)	荷兰 (7)	法国 (8)	法国 (7)
6	德国 (2)	日本 (6)	法国 (7)	日本 (8)	中国 (4)	法国 (6)	日本 (7)	新西兰 (6)	德国 (4)
7	印度 (2)	荷兰 (4)	以色列 (6)	中国 (6)	日本 (4)	瑞典 (5)	瑞典 (6)	瑞士 (5)	瑞士 (3)
8	新加坡 (2)	巴西 (4)	德国 (6)	加拿大 (6)	瑞典 (3)	俄罗斯 (4)	以色列 (6)	德国 (4)	新加坡 (3)
总数	64	111	138	155	65	93	111	85	75

注：数值相同国家排名不分先后。对于数值相同而超过八名之外的国家采取随机选取纳入八名的方式。

资料来源：CFIUS 年报。

那么，CFIUS 是一个怎样的机构？其所进行的国家安全审查具有哪些特点？近来发展趋势如何？在中美 BIT 谈判框架下应如何应对 CFIUS 带来的挑战？下文将给予详细的分析。

二　美国外国投资委员会国家安全审查的特点与发展趋势

CFIUS 是一个跨部门的机构，主席是美国的财政部部长，员工层面协调负责人是财政部投资安全办公室①。从机构构成来看，其成员分为三类，第一类是常规成员，包括九个部门和办公室：财政

————————

① 其主要职责是负责接收、处理、协调 CFIUS 收到的并购申报。

部、司法部、国土安全部、商务部、国防部、国务院、能源部、美国贸易代表办公室、科学技术政策办公室；第二类是在适当的情况下参与 CFIUS 活动的部门，具体包括：管理和预算办公室、经济顾问委员会、国家安全委员会、国民经济委员会、国土安全委员会；第三类是没有投票权，职责由相关法规确定的成员，包括国家情报局主管和劳工部部长。

　　CFIUS 的职能是审查可能控制美国企业的外籍人士所进行的交易（即受管辖交易，covered transactions）是否威胁美国的国家安全。

（一）CFIUS 的审查范围

　　依照《2007 年外国投资与国家安全法》（FINSA）的规定，目前 CFIUS 审查和调查的案件范围，即"受管辖交易"系指任何外国人于 1988 年 8 月 23 日之后提出或待定的可能导致任何在美国从事州际贸易的企业或自然人为外资控制的兼并、收购和接管。

　　2008 年的《外国人合并、并购、接管条例：最终规定》（以下简称《规定》）将对"受管辖交易"的定义更新为：受管辖交易系指任何外国人于 1988 年 8 月 23 日之后提出或待定的可能导致外国人控制美国企业的任何交易。根据 2008 年的规定，受管辖交易包括但不限于以下四种情况：一是任何导致或可能导致外国人控制美国企业的并购交易；二是某外国人将其对一家美国公司的控制权转让给另外一个外国人的并购交易；三是并购交易导致或可能导致构成美国企业的实体或资产被外国人控制；四是在合同或其他类似安排基础上组成合资企业，包括通过协定建立一个新的实体，合资中一方或多方投入合资企业内的资产构成一个美国企业（constitute a US business），外国人通过这个合资企业控制该美国企业。以下五种情况则明确不被列为受管辖交易：一是不改变企业控制权的股票拆分或按比例股票分红；二是交易使得外国人控制一家美国企业不大于 10% 的投票权，并限于此交易仅为消极投资的情况下；三是并购某实体或资产的任何部分，这部分不能构成一个美国企业；四是在日常商业运营过程或证券承销过程中，证券承销商收购公司股票；五是在企业日常商业运营过程中，承保人与其订立合同，根据保险合同中诚信、担保、损坏合约条件而发生的并购。

与 2007 年的定义相比，2008 年的定义有四个方面的变化，这些变化体现了 CFIUS 关注重点的转变：一是对外国人的界定；二是对"控制"的界定；三是对"美国企业"的定义，即被收购企业的特点；四是以"交易"取代之前的"兼并、收购和接管"。

1. 外国人

《规定》对"外国人"的界定是任何外国国民、外国政府或外国实体；或者由外国国民、外国政府或外国实体控制的任何实体。这个概念的关键是确定并购者的身份是否为美国企业，并购者身份有四种可能：既不是外国人也不是美国企业；仅仅是外国人；同时是外国人也是美国企业①；仅仅是美国企业。

在确定并购者是否为"外国人"时，CFIUS 强调的是企业的"控制权"在谁手中，特别是在股权分散、部分股权属外国实体情况下。另外，当实体的控制者为外国政府时，则成为 FINSA 中规定必须调查的交易，很明显 CFIUS 加强了对政府背景的企业和资本的审查。

2. 控制与重要事项

2008 年《规定》对"控制"界定为依照对一个实体的"重要事项"的影响力而定，但影响力并不自动意味着"控制"。例如占有董事会席位、行使与所有权成比例的投票权并不意味着具有控制权，而是指收购者就《规定》中所示九类"重要事项"②能够做出决定、指导、采用、达到或引起影响企业的重要事项的权力。并且，《规定》指出即使收购者能够确定、指导、采用、达到或引起

① 例如母公司为外国人，在美国成立从事跨州贸易的子公司或分支机构，那么子公司既为外国人也是美国企业。

② 重要事项包括如下：（1）销售、租赁、抵押或转移实体的主要资产（有形的和无形的），无论这个行为是否为运营中的正常行为；（2）重新组织、合并、解散实体；（3）关闭、重新配置或者对实体的生产、运营、研发设备的重大改变；（4）主要花费、投资、发行股票或债券、实体的红利发放，或者批准实体的运营预算；（5）选择实体将从事的新的生产线和经营项目；（6）实体可签订、终止或不能实现重要的合同；（7）处理实体非公开的技术性、金融性或其他相关信息机构的政策或步骤；（8）委任或者解雇高级职员或资深经理人；（9）委任或者解雇可以接触到敏感技术、紧密美国政府信息的职员。就上述 1—9 类事项修订实体的公司条例、构成协定或其他的机构文件。

"重要事项"中的一项，也不一定意味着具有控制权①，CFIUS 在判定时更多会综合考虑。由此可知，《规定》并没有明确给出所有权临界值，或者给出 CFIUS 无论在何种情况下都可以判定存在"控制"的其他清晰界限。② CFIUS 对于判断"控制"没有量化的标准加大了 CFIUS 判定的主观性，增加了并购者面对的不确定性。加之九类重要事项范围过宽，对并购者较为不利。

3. 美国企业

《规定》对"美国企业"的定义需要同时满足两个条件：即是在美国进行跨州商业活动的实体（无论控制人国籍为何）。其中实体包括：任何分支机构、合伙关系、集团或次集团、联合会、产业、信托、公司或公司分支、组织以及由上述主体在特定地点或为提供特定产品、服务而经营的资产（即使这些资产在法律上不是独立的实体）和政府机构。

可以看出，CFIUS 虽然用"美国企业"这个名词，但并不强调被收购方的美国国籍，而强调在美国从事跨州商业活动③。这个定义强调了"仅限于这个企业在美国的跨州商业活动"，这意味着理论上 CFIUS 将不监管外国企业收购美国企业在其他国家的资产。例

---

① 以华为收购 3Com 为例，这次收购华为与贝恩资本（美国企业）合组公司进行，根据收购要约华为承诺只持有 3Com 16.5%的股份，将来可增持 5%。这并不符合 CFIUS 对"控制"的定义，尤其在 2008 年 3 月华为重新提交的收购申请中，华为放弃增持 5%股权权力。对于华为在新董事会中是否有席位，华为先是拒绝透露相关信息，接着也明确表态没有 3Com 的管理运营权。但这些表态并没有消除 CFIUS 的疑虑，其观点包括由于 3Com 与华为曾有的密切关系，所以仅以持股权不能完全衡量华为对 3Com 的实际影响力。这个案例最终失败还涉及敏感技术、华为公司的透明度、华为在美国的公共策略等多方面的原因。这个案例说明，如果相信 CFIUS 会以"持股权"作为衡量"控制"的唯一指标，则过于简单。

② 规定列举了判定"控制"的一些例外情况：例如，规定小股东为保护自身利益而具有的六项权利不能被视为对企业的"控制权"，但在判断保护小股东的其他权利是否构成"控制"CFIUS 将采用"一案一议"（case by case）的方法。再如，类似于私募股权基金的"有限合伙"形式下所有权和控制权分离的情况，CFIUS 会集中关注基金的治理结构。对可能面对 CFIUS 审查的企业来说，需要认真研究这些例外情况并加以合理利用。

③ 以中海油收购尼克森为例，尼克森是一家加拿大公司，在纽约上市，且有不到 1/10 的能源资产位于美国境内，包括墨西哥湾的一些石油平台，这次收购受到 CFIUS 的关注的主要原因是尼克森一些平台靠近美国的军事资产。

如，根据《规定》，2009 年中国石化集团国际石油勘探开发有限公司收购美国马拉松石油公司持有的安哥拉的石油区块 20% 的权益就不属于 CFIUS 监管范围，而是要交由美国其他部门进行监管。

4. 交易

《规定》对交易的定义有如下几个特点：

（1）交易的概念包括并购、收购和接管，不包括创业投资、绿地投资①，但包括某种形式的合资企业和一部分长期租赁，即承租人对被租主体商业运营有很大影响，以及"似乎是所有者"的情形下。

（2）CFIUS 有追溯权。从时间上看，此定义包括在 1988 年 8 月 23 日之后被提出或待定的交易，包括提出以及已完成的交易。这意味着一笔收购即使通过了 CFIUS 的审查也不是一劳永逸的②。这一点其实在《伯德修正案》中已经存在，即如果 CFIUS 认为公司"未能实质性地遵照"协定的条款，CFIUS 有权重新审查或推翻之前的批准。

（3）CFIUS 给出了判定是否为"受管辖交易"的时序规则。在判断是否为受管辖交易，要不要考虑"可转换投票工具（convertible voting instrument）转换实现后，收购方获得的权利"问题上，CFIUS 给出了判断标准。一般来说，在并购发生时收购方不能当即获得的权利、不能确定的权利、不受收购方控制的权利并不在 CFIUS 考量的范围之内。

（二）CFIUS 的审查标准

CFIUS 的审查主要是考虑一项交易对美国"国家安全"的影响。但 CFIUS 的立法依据和各项法规一直对"国家安全"进行间接

---

① 2010 年中国鞍山钢铁集团投资参股美国密西西比新建钢铁项目是一个典型的绿地投资，但在遭受较大政治阻力后，最终撤销了对 CFIUS 的申请。然而，根据《规定》，绿地投资并不在 CFIUS 的审查之列。

② 例如，三一公司的美国关联公司罗尔斯已经在 2012 年 3 月完成对四个俄勒冈风电场的收购，但收购并没有预先向 CFIUS 申报。在同年 7 月 CFIUS 裁定后，交易已经达成的条款全部失效，罗尔斯停止了对被收购风电场的建设和运营，且未经许可不得将这些风电场出让给第三方。

的界定，并没有给出直接定义。FINSA 列出了对"国家安全"的十一项考虑因素①。另外，CFIUS 在 2012 年年报中给出了对"国家安全"的十二项考虑因素②。

不给出"国家安全"的清晰定义体现着美国国会的意愿，即希望对"国家安全"进行宽泛解释，不局限于特定行业；国会也希望CFIUS 各成员在审查或调查时，按照符合各机构特定法律职权的方式来解读"国家安全"概念③。对 CFIUS 来说没有明确的"国家安全"定义会加大其自由裁量权，对投资者来说概念不明晰则增加了

① 这十一项考虑因素包括：（1）预期的国防要求所需要的国内生产。（2）国内产业满足国防需求的能力，包括人力资源、产品、技术、材料以及其他供应和服务的提供。（3）外国公民对国内产业和商业活动的控制及其对美国满足国家安全需求能力形成的影响。（4）并购交易对支持恐怖主义或扩散导弹技术或生化武器的国家出售军事物资、设备、技术的潜在影响。（5）并购交易潜在地对美国国家安全领域里的技术领先地位的影响。（6）并购交易对包括主要能源资产在内的美国关键基础设施有关国家安全的潜在影响。（7）并购交易对美国关键技术有关国家安全的潜在影响。（8）并购交易是否为外国政府所控制。（9）酌情对一些方面加以审查（特别对外国政府控制的并购交易）：A 交易方政府对防止扩散控制制度（包括条约及多边供应准则）的遵守情况；B 交易方政府与美国政府的关系，特别是双方在反恐方面的合作记录；C 有关军事技术转移的潜在可能，包括对其国家出口管制法律及规则的分析。（10）对美国所需能源资源及其他国际性资源和原材料的长期预测。（11）总统或者 CFIUS 认为合适的其他因素。

② 这十二项因素包括外国对美国企业形成控制的 9 项因素和外国人对美国企业形成控制的 3 项因素。外国对美国企业形成控制的 9 项因素包括：（1）为美国政府、州或肩负国家安全职责的地方机构提供产品/服务的企业。（2）美国企业提供的产品/服务可能造成国家安全隐患，包括潜在网络安全隐患，容易遭受破坏活动或间谍活动的隐患，包括受管辖交易是否增加了如下风险：利用了特定美国企业在供应链中的位置。（3）美国企业的业务，及生产/提供的产品/服务的安全性可能对美国国家安全有影响，例如从事基础设施（可能构成关键性基础设施）的企业；与能源生产相关的企业，包括能源的采掘、生产、运输、分配等方面；影响国家运输体系的企业；能显著并直接影响美国金融体系的企业。（4）可以接触到机密信息或敏感政府合同信息（包括对雇员信息）的美国企业。（5）为国防、安全、国家安全相关法律执行部门的企业。（6）从事与武器、军用品生产、航空、卫星、雷达系统相关活动的企业。（7）生产某种类型的先进技术，此技术有利于保护或有可能被用来损害美国国家安全，企业类型可能包括：设计与生产半导体企业，其他可用以商业和军事用途的设备或部件的生产企业，设计、生产和提供与网络和数据安全相关产品服务的企业。（8）受到美国出口管制的技术、物品、软件、服务的研发、生产或销售企业。（9）接近某种类型的美国政府设施的企业。外国人获得控制权的 3 项因素包括：（1）受外国政府控制者；（2）在防止核武器扩散和其他国家安全相关等事项方面有记录的；（3）以往有记录或有意向损害美国国家安全者。

③ Senate Armed Service Committee, Briefing on the Dubai Ports World Ports Deal, Feb. 23, 2006.

投资中的不确定性。"国家安全"定义不明确和考虑因素的不断增加将是 CFIUS 审查的长期特征。

CFIUS 的审查标准中主要涉及以下四个关键概念的界定与认定：

1. 国防安全与经济安全

国家安全包含国防安全和经济安全①两个方面的内容。作为经济安全的执行机构之一，CFIUS 的审查在哪些方面体现了美国现有的国家安全战略？

第一，CFIUS 对经济安全的重视程度不断上升。根据 2010 年美国《国家安全战略报告》，美国国内的经济安全战略措施包括：保证美国企业的竞争力，确保美国始终站在科技和创新的最前沿，保证稀缺商品和资源的供应，发展并保持与其他国家的经济互利关系，等等。因此，CFIUS 会更加关注由于某项并购而带来的经济效应，例如对美国就业的影响、对市场竞争状况的影响、是否可能存在市场操控以及垄断、是否带来不公平竞争，以及中国在类似行业是否存在对等开放等。例如中航通飞成功收购美国西锐，这个收购案具有多方面的不利因素：中航通飞是中国航空工业集团公司的全资子公司（国资背景）；西锐公司是全球第二大通用飞机制造企业，活塞类通用飞机全球最大的制造企业（航天类敏感产业）；收购西锐公司 100% 的股权（绝对控制权）；明尼苏达州共和党众议员克雷沃克（Chip Cravaack）致信美国财政部部长、外国投资委员会（CFIUS）主席盖特纳，对这项收购计划表示了强烈的反对，要求盖特纳在处理这项竞标时使用"极端的谨慎"（政治化的可能性加大）等。但交易最终得以成功，其原因在于：中航通飞的投资发生在西锐遭遇财务困难之际，它帮助保留了明尼苏达州杜鲁斯的 500 个就业机会，使得公司能够保持甚至扩大在美国的经营，并持续发

---

① 21 世纪以来，经济安全在国家安全中的重要性不断上升。美国的经济安全战略不是独立的战略，而是包含在整个国家安全战略里，主要通过每年的《国家安全战略报告》体现，执行机构包括美国国家安全委员会、其他政府部门（如财政部、国务院、商务部、经济顾问委员会、农业部、能源部、联邦储备委员会、国际开发署、国家贸易委员会、出口银行、管理和预算局、劳工部、中央情报局和联邦调查局）以及 CFIUS。

展其制造能力。换言之，并购成功带来的经济收益大过潜在的成本，是这次收购成功的关键。

第二，CFIUS 需要保持吸引国外直接投资和经济安全之间的平衡。即有效利用外国资本，不过分打击外商的投资积极性，同时对经济安全保持警惕。在未来审查标准的趋势上，可以预见美方将对绝大部分的并购案按标准流程处理；对少数涉及敏感产业、技术和区域的大型并购案（以金额或影响力衡量）和极敏感小规模案例实施更为严格甚至苛刻的审查标准。

第三，重视经济安全并不意味着国防安全的重要性有所下降。不影响国防安全是一项并购首先需要满足的前提，如果这个条件不成立，并购成功的概率是非常低的。另外，即使是经济安全问题，在 CFIUS 的审查过程中也可能出现政治化的倾向。经济安全政治化可能是由于多方面原因导致的：收购的对手希望获得有利地位或重新启动收购；或是被收购的美国公司想增加收购方的成本；或者政治家希望表明对华立场、获得选票等。在中海油并购优尼科案例中，并购政治化的现象非常明显。

2. 关键性基础设施

FINSA 将国家安全概念进行了扩展，加入了与"国土安全"相关事宜，包括"关键性基础设施"① 和"关键技术"。对于"关键性基础设施"有几点需说明：

---

① 依照《2001 年美国爱国者法案》（USA Patriot Act）中的规定，"关键性基础设施"即公共或私人控制的资源，这些资源对经济和政府的最基本运转至关重要。这个法案的其他条款扩展了"关键性基础设施"的定义，特别给出了国会认为是关键性基础设施的行业，包括电信、能源、金融服务、水务、运输部门，以及对于保持国家安全、政府可持续性、经济繁荣在美国的生活质量密切相关的网络和物理基础设施服务。在 2002 年的《国土安全法》中，国会将确认什么是"关键性基础设施"的责任转到国土安全部（DHS）。DHS 通过一系列指令确认了 17 个行业为关键性基础设施，包括：（1）农业和食品；（2）国防工业基础；（3）能源；（4）公共健康和保健；（5）国家纪念碑和图标；（6）银行与金融；（7）饮用水和污水处理系统；（8）化学品；（9）商业设施；（10）水坝；（11）应急服务；（12）商业核反应堆、材料和废品；（13）信息技术；（14）电信；（15）邮政和运输；（16）运输系统；（17）政府设施。2008 年 DHS 增加了"关键制造业"作为第 18 个"关键性基础设施"行业。此外，DHS 将监管不同部门的责任分派到不同的联邦部门和机构，即特定行业的机构（Sector-Specific Agencies）。

　　首先，这一概念包含的行业非常广泛。几乎涵盖了美国绝大多数行业。为了解决这个问题，CFIUS 补充说明并不关注相关行业的所有并购案件，只考虑"特定"的交易。其次，CFIUS 没有明确如何衡量并购与"美国国防工业"的相关程度，这使得 CFIUS 判定存在较大的主观性。最后，一笔并购被界定为"关键性基础设施"后将在多大程度上影响 CFIUS 的裁定也是不确定的，CFIUS 采用的依然是"一案一议"的方式。

　　从"受管辖交易"的实际情况来看，"制造业"与"金融、信息和服务业"占所有产业的比重是最大的。如图 5—1 所示，2005—2011 年的数据表明，在这六年中 CFIUS"受管辖交易"中制造业的比重为 43.8%，其次是金融、信息和服务业，比重为34.2%。这两者相加占"受管辖交易"总数量的 78%。除此之外，"采矿、公用事业和建筑业"与"批发、零售和交通"分别占到13.7%和 8.1%。

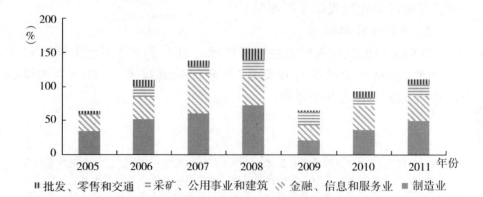

图 5—1　"受管辖交易"的行业分布

资料来源：CFIUS。

3. 关键技术

CFIUS 对"关键技术"的定义非常清晰，FINSA 的定义是：与国防密切相关的关键技术、关键元件、关键技术项目。这一概念具有如下特点：

（1）分部门管理，实行双重保护。

CFIUS 年报显示其主要依照四个方面的法规①对"关键技术"进行界定，而对于被并购企业是否属于"关键技术公司"的问题，将由不同政府部门来判定不同种类的"关键技术"。例如美国国务院判定被并购企业是否与《国际武器贩运条例》（ITAR）界定的军用品相关；美国商务部主要判定并购是否涉及《出口管理条例》（EAR）中所定义的商业控制清单和药剂与毒素相关产品；如果并购企业涉及原子能，则需要向美国能源部注册。

CFIUS 的并购审查和其他政府部门的政策②形成对"关键技术"的双重保护。CFIUS 没有权利就受限商品颁发出口许可证，一般只判断被并购公司拥有（或控制）出口受限关键技术的敏感程度。即使某一项收购通过了 CFIUS 的并购审查，美国其他负责出口限制职责的部门（例如商务部、国防部、国务院、能源部）也可能不准许相关技术（或产品）出口。反之，如果其他政府部门准许某项关键技术的出口，CFIUS 可能阻止外国企业并购相关技术企业。

（2）"不良记录"是影响并购成功与否的重要因素。

CFIUS 认为，如果一家企业曾经违反美国出口管制，那么在并购美国拥有关键技术的企业后，将有很大的嫌疑再次违反出口管制法规。部分中国企业对美并购中因"关键技术"受阻的一个重要原因是该企业曾经违反美国的出口限制，或受到其他制裁。其中典型案例是 1990 年中国航空技术进出口总公司收购 MAMCO。中航技曾在 1984 年购买两个 CFM56-2 引擎，被认为有违反技术转让协议的

---

①　四个方面的法规分别是：（1）根据国际武器贩运条例（International Traffic in Arms Regulation，简称 ITAR）说明，美国军品清单（United States Munitions List，简称 USML）中包括的国防物品或国防服务。（2）出口管理条例（Export Administration Regulations，EAR）中，依照多边机制（如国家安全原因，化学和生物武器扩散，防止核扩散，或导弹技术）等原因进行控制，给出的商业控制清单（Commerce Control List，简称 CCL）中明确的项目。（3）协助国外原子能活动条例（Assistance to Foreign Energy Activities Regulation）中特别指定的核能装备、部件、材料、软件和技术；原子能装备与材料进出口条例（Export and Import of Nuclear Equipment and Materials Regulations）中明确的核能设备、装备、材料。（4）专门药剂和毒素条例（Select Agents and Toxins Regulations）中明确的药剂和毒素。

②　例如出口限制政策。

"前科"，CFIUS 分析二者间可能产生未经授权的技术转让的可能性后，向总统建议禁止该收购。出口管制方面的"不良记录"会影响本企业的并购，甚至可能对整个行业的对外投资产生负面影响。值得注意的是，在涉及关键技术问题时，并购企业的性质、并购动机、治理结构等同时也是 CFIUS 综合考虑的因素。

（3）强调考虑收购行为与政府之间的关联度。

CFIUS 年报中特别强调考察并购企业和政府之间是否存在"协调战略"（coordinated strategy）。协调战略是指外国政府为并购拥有关键技术的美国企业和一个（或多个）外国公司采取实施的行动计划。论证协调战略的证据包括三个方面：一是外国实体试图（或真正）实施对美国企业的并购；二是有证据说明外国政府（或政府控制的企业）命令并购拥有关键技术的美国企业；三是外国政府（或政府控制的企业）对于并购美国企业提供有目标的、通常是过分慷慨的激励，例如赠款、优惠贷款以及税收优惠等。与此对应，如果不在特定的政府指引之下，单个企业追求进入美国市场、增加市场份额、增加销量、获得新技术以及从成熟产业转向多元化经营等商业目标而实施的努力就不是协调战略。

2012 年 CFIUS 年报第一次"谨慎自信"地承认，为了收购美国从事研发、生产关键技术的企业，外国政府和企业间"可能存在"协调战略。这与历年年报中"不可能存在"协调战略的表态相较，是一个巨大的转变。这意味着从趋势上看，未来涉及"协调战略"的并购案几乎一定会受到异常严格的审查，而中国企业的特殊性质使其很可能成为这个条款的重点打击对象，在未来投资中需要特别注意和防范。

4. 国有企业和国有资本

CFIUS 一直强调对外国国有企业和国有资本的审查。1992 年的《伯德修正案》中有条款规定，"提出收购方受外国政府控制，或代表外国政府"时 CFIUS 即可以展开调查。FINSA 给出了涉及外国国有企业收购的具体考察因素，即上文所述该外国政府与美国的外交一致性，在多边反恐、防止和扩散以及出口限制方面的一致性，具体来说，就是以国家作为划分国家安全风险的依据，例如中国、中东等国因与美国外交不一致更容易被纳入风险较大国家。因此从趋势上来看，这样的划分方法对于中国来说加大了泛政治化的可能性①。

除了"关键性基础设施"和"关键技术"，并购交易所在地点是否为敏感地点也是 CFIUS 审查的标准之一。敏感地点在 CFIUS 年报中被定义为"邻近某种类型的美国政府设施的区域"。中国企业由于这个原因而失败的典型案例包括西色国际收购尤金公司案例②及三一重工收购风电场案例。

（三）CFIUS 的审查程序

图 5—2 给出了 CFIUS 审查的程序和步骤，我们认为其中有几个步骤特别值得重视，具体如下：

1. 非正规申请

根据 FINSA，在企业接受正式的 CFIUS 审查前，可以通过非正规申请向 CFIUS 进行咨询。非正式申请阶段对 CFIUS 和申请企业都有好处：对 CFIUS 的好处是可以在正式的审查开始前，有足够长的时间识别可能的风险。③ 对于申请企业而言，通过非正规申请可以有更多的时间和每个 CFIUS 成员打交道，对他们关心的问题进行回应和准备。更重要的是，由于 CFIUS 认定某个企业损害美国国家安全，甚至仅仅是调查行为本身就可能导致负面的公众效应，如企业

---

① CFIUS 特别关注中国并购案中的国家安全因素有以下几个方面的原因：首先，中国虽然是美国第二大贸易伙伴，但却不是美国的战略盟友或政治盟友。与美国其他的最大贸易伙伴相比，中国不像加拿大、德国、法国、意大利等国是北大西洋公约组织成员，也没有和美国建立类似日本、韩国的紧密安全关系，并且中国在某种程度上与前苏联类似，是美国事实上的"对手"，这样的定位是中国在 CFIUS 审查中被"另眼相待"的重要原因。除此之外，美国方面还因为其他原因特别注意中国并购案中的国家安全问题，包括中国大量的企业直接或间接属国家所有，中国曾经违反美国的出口控制法律，中国政府对企业进行补贴影响了美国企业的竞争环境，中国可能通过并购在美国进行间谍活动，获取受美国出口控制的资源（或技术），通过并购来提高中国的军事能力等一系列原因。

② 西色国际与尤金公司达成的收购协议涉及项目位于内华达州拉夫洛克附近瑞利夫山谷矿场，在距离该金矿约 80 公里处是法伦海军航空站及其他军事基地，因此美国财政部认为"有国家安全隐患的担忧"。

③ James K. Jackson，"The Committee on Foreign Investment in the US"，*Congressional Research Paper*，2012.

股票价格下跌，因此，通过非正规申请，企业能在一定程度上避免此类情况的发生。

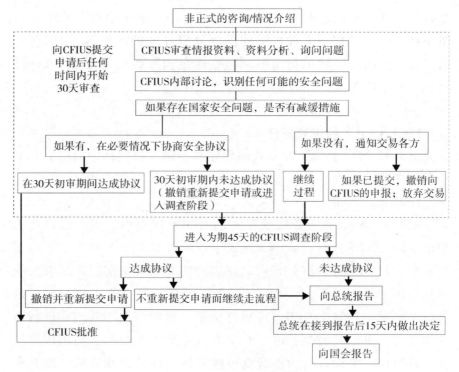

图 5—2　CFIUS 审查过程

资料来源："US National Security and Foreign Direct Investment", IIE, 2006。

2. 自愿申报

根据 FINSA，交易各方自愿向 CFIUS 提交申报。CFIUS 收到申报后，成员主席（财政部的投资安全办公室主管）将确定申报是否完整，以及是否满足法规中各项要求。如果申报完整，成员主席将申报转给 CFIUS 各成员，从第二日开始计算，进入 30 天的审查期（review period）。

如图 5—3 所示，1996 年以来，各国向 CFIUS 自愿申报的数量大体上与全球的并购数量以及非美国企业收购美国企业数量保持了一致的趋势。这说明各国企业向 CFIUS 提交自愿申报的意愿没有发生大的改变。在过去的 16 年间，每发生 100 笔对美并购，平均约有 8 笔并购案交易方会自愿向 CFIUS 提出申报。

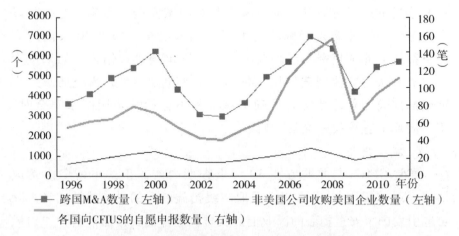

　　图 5—3　跨国并购数量、非美国公司收购
美国企业数和自愿申报数量

资料来源：UNCTAD，Mergers & Acquisitions，CFIUS。

　　2006 年布什政府改变 CFIUS 的审查方式后，CFIUS 可以随时改变早先的"批准"结论，并再次展开对交易的"审查"。在之前的程序下，企业更倾向于自愿通知 CFIUS 并获得最终裁决。一旦 CFIUS 的裁决不是最终的，企业自愿申报的意愿会降低。鉴于此，CFIUS 认为企业的自愿申报体现了交易方愿意合作的态度，在随后的审查与判定中，CFIUS 会考虑到这个因素。企业不进行自愿申报可能授予 CFIUS "不愿合作" 的把柄。[①]

　　由于美国国会并不确定是否有足够大比重的并购向 CFIUS 进行自愿申报，未来可能呼吁 CFIUS 各成员以本部门法规为依据，对并购案进行更全面的监测，各成员将各自注意到的案例提请 CFIUS 注意。这意味着从发展趋势来看，涉及"国家安全"的交易侥幸逃过

――――――――

　　① 中国多个案例中，如华为收购 3Leaf、三一重工收购美国风电厂等案例，未向 CFIUS 自愿申报都成为 CFIUS 介入后的一项"罪状"。

CFIUS 监测的概率将大大降低。

3. 30 天审查

CFIUS 进行 30 天审查的主要目的是：根据国会授权的十二项因素衡量投资的影响，并确定一项收购对国家安全的影响。这一阶段主要考虑一项并购是否威胁到美国的国家安全。如果 30 天内所有成员都认为此项投资不会影响国家安全则审查过程结束。如果至少一位成员认为威胁到美国国家安全，则将进入 45 天调查期。但当财政部部长和其他特定官员确定该交易不会损害美国国家安全时，将不需要审查该投资交易。

4. 减缓措施

通常 CFIUS 与并购方在 30 天审查期内或非正式申请期内达成协议采取减缓措施。① CFIUS 采取减缓措施的目的是：减缓或者消除可能引发国家安全担心的商业上的安排。这样的安排通常基于"以风险为基础的分析"（risk-based analysis），即针对交易带来的风险采取减缓措施。但对 CFIUS 来说，采取减缓措施的方法也会带来一些问题，例如减缓措施通常是非正式的安排，因此法律基础不确定。另外 CFIUS 需要衡量签订减缓协议的企业会在多大程度上遵守协议条件，减缓协议可能占用 CFIUS 其他案件所需资源，增加其负担。

5. 撤销

交易参与方可以在审查或者调查阶段的任何时间要求撤回申报，这样的要求必须经过 CFIUS 批准，并附加针对交易各方的条

---

① 以 2011 年为例，CFIUS 年报显示，当年签订和采取的减缓措施要求企业采取一系列特定、可证实的行为。减缓措施具体包括：（1）组建公司安全委员会、安全专员和其他机制，确保遵守所有被要求采取的行动，包括年报和独立审计。（2）保证遵守已确定的准则和条款，以处理现有或未来的美国政府合同与美国政府消费者信息。（3）保证只有美国人处理特定产品和服务，保证特定行为和产品只位于美国境内。（4）如果外国国民参观美国公司，事先通知美国政府相关方。（5）如果发生重要的产品或服务的引入、改变或中断，或可能存在隐患或安全事故，通知美国政府相关方。（6）确保给定期限内为美国政府相关方继续生产特定产品。（7）要求代理实体为美国企业行使某项职能。CFIUS 采取了以下方式来监督和强制执行：企业对美国政府部门定期汇报；美国政府部门现场就遵守情况进行审查；根据减缓措施实行第三方审查；发现或怀疑出现异常或违规时，进行调查采取补救行动。另外 CFIUS 各委员所在的部门也采取了一系列措施来监督并强制公司遵守减缓措施。

件，例如随时告知 CFIUS 交易的状况，或者交易方将在随后某个时间重新向 CFIUS 提交申报。CFIUS 也将在重新提交申请之前，采取一些过渡性的保护措施，来应对针对"国家安全"的担心，也将跟踪撤销后的交易等。据统计，2005—2011 年各国向 CFIUS 申报的 737 个案例中，其中 7.5%（55 例）在审查期间撤回，3.9%（29 例）在调查期间撤回。

6. 45 天调查

FINSA 规定，在以下三个条件下，美国总统将通过 CFIUS 进入 45 天调查期，进行国家安全调查，并采取"必要"措施：（1）通过对某项交易的审查，CFIUS 认为此项交易威胁美国国家安全，此威胁在审查前或审查中没能得到减缓。（2）外国人受到外国政府的控制。（3）交易会导致外国人控制美国关键性基础设施，交易会威胁国家安全，此威胁未能得到减缓。

在 45 天调查期结束时，委员会将选择不给出建议，或者建议总统暂缓或禁止此项交易。按照法律，总统没有必要遵照委员会的建议。

以 2008 年危机为界，申报 CFIUS 的案例进入调查阶段的概率大大提升了，我们认为这个趋势将持续存在。如表 5—2 所示，2005—2011 年 CFIUS 收到的申报中，有约 18.6%（137 例）进入调查阶段。相比 2005 年之前，甚至 2008 年前，这个比例在 2008 年后出现了明显的上升。1998—2004 年只有约 1.5% 的案例进入到调查阶段，2005—2007 这个值年均为 4.1%，而 2009—2011 年这个值大幅上升至 37.4%。

表 5—2　　　　　　　　　　审查各阶段案例数量　　　　　　　　单位：例

年度	1 自愿申报数量	2 审查期间撤回数量	3 调查数量	4 调查期间撤回数量	5 总统裁决	(3/1)×100	{[1-(2+3+4+5)]/1}×100
2005	64	1	1	1	0	1.6	95.31
2006	111	14	7	5	2	6.3	74.77
2007	138	10	6	5	0	4.3	84.78

续表

年度	1 自愿申报数量	2 审查期间撤回数量	3 调查数量	4 调查期间撤回数量	5 总统裁决	(3/1) ×100	｛[1-（2+3+4+5）]／1｝×100
2008	155	18	23	5	0	14.8	70.32
2009	65	5	25	2	0	38.5	50.77
2010	93	6	35	6	0	37.6	49.46
2011	111	1	40	5	0	36.0	58.56
总计	737	55	137	29	2	18.6	69.74

资料来源：CFIUS。

三　中美 BIT 框架下应对美国国家安全审查制度的对策建议

通过前述对 CFIUS 审查范围、审查标准及审查过程的分析，可以发现 CFIUS 是一个运作和审查过程都缺乏透明度的机构，其保密特性使得相关信息公开程度非常有限。所谓的"关键基础设施"、"关键技术"、"关键地点"在多大程度上会影响 CFIUS 的裁决并不确定，其依然是"一案一议"。在很多情况下，"国家安全"的理由背后实际上是商业利益在作祟，是商业竞争政治化的表现。在2005 年中海油收购美国优尼科石油公司时，来自加州的众议员理查德·庞博（Richard Pombo）提交法案要对所有中国对美石油公司收购案都至少拖延 120 天，但仔细研究此人可以发现，中海油竞标对手雪佛龙（Chevron）公司的总部就在他的选区。华为在美国投资的种种受阻背后也有美国电信企业阻挠华为进入美国市场的动作。2008 年华为联合贝恩收购美国通信设备商 3Com 时，为了使交易获得批准，消除美国当局对"国家安全"的忧虑，贝恩向美国政府做出了多项让步，包括对 3Com 公司中主要开发国防安全软件的 Tipping Point 部门进行分拆，保证华为不会获得敏感的美国技术或美国政府订单，也不具有该公司的运营控制权和最终决策权。但即便如此，交易依然没能完成。同样是电信业务，华为顺利进入欧洲市场则与美国的遭遇形成强烈反差。

中美 BIT 谈判启动后，各方对通过中美 BIT 谈判解决中国企业赴美投资受阻问题寄予了厚望。美国 2012 年 BIT 范本第 18 条规定：本协定任何内容不得被解释为：（一）要求缔约一方提供或者允许使用任何其认为披露将违背其根本安全利益的信息；或（二）阻止缔约一方为履行其所承担的维持和恢复国际和平与安全的义务，或者为保护本国根本安全利益，采取其认为必需的措施。从此条规定可知，缔约国可以"为履行其所承担的维持和恢复国际和平与安全的义务"，或者"为保护本国根本安全利益"而采取"其认为"必需的措施，从而加强对国家主权的维护。根本安全例外条款对于东道国而言是 BIT 中的"安全阀"条款之一。2001 年年底至 2002 年初阿根廷为应对经济危机而采取了一系列经济措施，导致一些外国投资者利益受到了损害，因此这些投资者提起了国际投资仲裁。在仲裁庭抗辩中，阿根廷多次援引根本安全例外条款作为免责的理由。由此可知，根本安全例外条款对于 BIT 缔约国双方而言都是重要的安全阀，其保护作用并非单向的，因此，中美 BIT 谈判中，通过对此条款的谈判实现约束美国的国家安全审查制度并不具可行性。

那么，在中美 BIT 框架下，可以从哪些方面有效应对美国国家安全审查制度？对此，笔者认为主要可以从两个方面着手：一方面，在中美 BIT 中增加关于 CFIUS 透明度的特殊约定。2014 年 7 月 15 日，备受关注的"三一重工诉奥巴马"一案有了重大进展。哥伦比亚特区联邦法院裁定，奥巴马政府禁止三一集团在美关联公司——罗尔斯公司在俄勒冈州的风电项目的行为，违反程序正义，剥夺了罗尔斯受宪法保护的财产权。美国政府需要向罗尔斯提供相应的程序正义，包括 CFIUS/总统做出相关决定所依赖的非保密信息和在了解相关信息后回应的机会。彼得森国际经济研究所在一份研究报告中指出，中美双边投资协定不太可能推动美国政府采取进一步措施，为中国投资者赴美投资通过美国外国投资委员会的审查大开方便之门。但报告同时指出虽然中美双边投资协定不可能改变美国外国投资委员会的审查程序，但它可以促进美国更多地披露美国外国投资委员会审议时考虑的非机密证据、论点和主张。① 因此，中国应以中美 BIT 谈判为契机，在 BIT 中增加 CFIUS 透明度的明确规定，从程序上确保 CFIUS 对中国赴美投资者审查的公平性。

另一方面，在中美 BIT 达成前，中国应健全与完善中国的外资安全审查制度。当前中国已初步形成以《中华人民共和国反垄断法》、《关于外国投资者并购境内企业的规定》和《关于建立外国投资者并购境内企业安全审查制度的通知》等法律法规为主要内容的外资准入国家安全审查制度体系。但与美国 CFIUS 的国家安全审查制度相较，当前中国的国家安全审查制度还有待于完善。

首先，应扩大国家安全审查范围，细化审查程序。从美国、德国等国的法律规定来看，一般对国家安全予以模糊与宽泛的界定以确保政府享有广泛的审查权力。中国对外国投资者并购境内企业安全审查的范围与行业相联系，导致实践中国家安全审查机制管辖范围受到限制。中国应该借鉴发达国家立法经验，在不对国家安全予以具体明确定义并采取宽泛的解释的同时，细化审查程序与审查标准的规定，从而广泛覆盖有可能威胁国家安全的行业领域。在 BIT 负面清单制定中，难点之一即是对未来可能出现的新产业与新技术部门保留问题。如果这些新出现的产业与部门未列入负面清单中，其出现后将自动开放。一国如果发现这些新产业与新技术部门并不适于开放，要重新纳入负面清单，则需要符合协定中的限制性规定并与 BIT 缔约另一方重新谈判，这一过程不仅会颇费周章，而且必然引发新的利益博弈。但是如果一国建立完善的外资准入国家安全审查制度，对国家安全予以宽泛且模糊的定义，则可以将其作为国家调控政策的兜底措施抵御新产业与部门出现可能对一国国家安全带来的风险。

其次，应设立独立的外资准入国家安全审查机构。目前中国在外资并购安全审查工作方面，尚未有独立的常设机构，只是设有部际联席会议制度，具体承担并购安全审查工作。联席会议在国务院

---

① Gary Clyde Hufbauer, Sean Miner and Theodore Moran, "Committee on Foreign Investment in the United States and the US-China Bilateral Investment Treaty: Challenges in Meeting China's Demands", *PIIE Briefing* 15-1, February 2015.

领导下，由发展改革委、商务部牵头，根据外资并购所涉及的行业和领域，会同相关部门开展并购安全审查。为提高工作效率与国家安全审查工作的独立性，可以仿照美国设立外国投资委员会的模式，专门设立一个独立的、常设性的外国投资者准入安全审查机构。通过改革与完善外资准入国家安全审查制度体系，既可以提高中国外资准入的风险防控能力，也可以与欧美等国国家安全审查制度相抗衡，还可以为未来多边谈判打下良好的基础。

综上分析，美国 CFIUS 的国家安全审查制度已成为当前中国投资者赴美投资的重要壁垒，中国需要以中美 BIT 谈判为契机，积极与美方交流并寻求解决这一问题的具有约束力的可行办法。中国应寻求在中美 BIT 文本中对 CFIUS 的国家安全审查的公平性做出程序性约束，与此同时，积极健全与完善中国现有的外资国家安全审查制度。

附件：历次法规变革①

CFIUS 的法规经历了三次大的变化过程：第一次是以《埃克森—弗罗里奥修正案》为界，确立了以 CFIUS 为中心的国家安全审查制度；第二次是 1992 年的《伯德修正案》的通过，加强了对有外国政府背景的收购案的重视；第三次通过了《2007 年外国投资与国家安全法》和 2008 年《外国人合并、并购、接管条例：最终规定》。下文简要介绍历次法规变革的原因、主要内容、影响、遗留问题等。

1. 1975 年 CFIUS 建立

背景：当时国会非常担心石油出口国家（OPEC）对美组合资产（国债、公司股票和债券）投资的快速增长，认为这些投资可能是出于政治的而不是经济的动机，CFIUS 建立的主要目的是安抚国会。

内容：福特总统通过行政命令建立了 CFIUS，并确立了 CFIUS

---

① 这一部分基本参照 James K. Jackson，"The Committee on Foreign Investment in the US"，*Congressional Research Paper*，2012 一文翻译而来。

的基本结构、主席、职能、保密性等方面的内容。

遗留问题：（1）CFIUS 是否有权收集这个法令相关的数据？福特在 1976 年签署了国际投资调查法令，授权总统具有"收集'国际投资'信息的权力"和"收集和使用与外国政府或个人直接或间接拥有或控制的直接投资相关的信息，向国会、执行机构和大众提供这些信息"；（2）CFIUS 能否独立地履行其职权？怀疑原因是1975—1980 年这个委员会只碰头十余次，而且看起来 CFIUS 似乎无法确定应该关注对美直接投资的政治影响还是经济影响。1980—1987 年 CFIUS 主要是应国防部的要求而进行调查，例如调查日本企业对美国特殊钢铁生产商的收购，这似乎都证明了 CFIUS 过于关注并购的政治性而忽略了其对美国经济的影响。

2. 1988 年《埃克森—弗罗里奥修正案》

背景：20 世纪 80 年代中后期日本对美直接投资和并购达到了一个高潮，特别是对特定产业（半导体、特殊材料等）的收购使得美国国会更加担心国家安全问题。

核心内容：（1）授权总统有权阻止可能影响美国国家安全的"合并、并购和收购"，但总统必须同时证明其他法律不足以保证国家安全，且具有"可信的证据"表明此项投资会影响国家安全；（2）给出了总统在判定并购影响国家安全时应该考虑的五个因素。

动机：国会此举目的之一是加强总统在执行国际投资政策中的作用，因为除非总统宣布国家紧急状态或监管者引用联邦反垄断、环境、证券法，无法阻止国外对美国部分企业的收购行为；二是将国会的作用限于强调收购的商业性质，并区分收购的商业性与政治性；三是平衡公众对 FDI 的警戒心态和国家对投资开放立场之间的矛盾。总的来说，国会不想改变投资环境开放兼容的传统立场。

影响：这个阶段 CFIUS 无法在外国投资交易审查中采取独立的态度，而是受制于总统的权力，主要依总统的态度和政策行事。在修正案通过之前外国人无法进入的行业——主要是国防相关行业——仍然拒绝外国收购者的进入。

12661 执行令中里根授权 CFIUS 实施修正案的权力，至此 CFI-US 职权增加，具有进行审查、调查、对总统提出建议、建议阻止部分交易的权力。CFIUS 成功由一个职权（审查和分析 FDI 数据）有限的行政部门转化成一个具有广泛职权和权威的机构。

3. 1992 年《伯德修正案》——加强重视有外国政府背景的收购案

背景：国有企业对美并购数量上升，例如中国技术航空进出口总公司对 MAMCO 的收购，引发了 CFIUS 对政府背景企业的关注。

内容：CFIUS 在满足以下两个标准的情况下可以展开调查：（1）提出收购方受外国政府控制，或代表外国政府；（2）收购导致对个人的控制，而这个人从事的跨州贸易能够影响到美国国家安全。

影响：给政府背景的企业形成了新的障碍。

4. 《2007 年外国投资与国家安全法》与 2008 年《外国人合并、并购、接管条例：最终规定》

背景：迪拜世界收购美国六个港口事件再次引发了国会对 CFIUS 运作方式的担心。一些国会议员认为 2001 年 "9·11" 事件后美国的经济安全和国家安全的重点已经发生了重大变化。除了国防安全，美国更加重视经济安全在国家安全中的地位。

变革：（1）2006 年布什政府改变了 CFIUS 的审查方式，允许 CFIUS 随时改变早先的 "批准" 结论，并再次展开对交易的 "审查"。（2）为了改变 CFIUS 审查过程不透明的状况，2007 年安全法明确了安全审查范围；改变了 CFIUS 的运作程序；增强国会对 CFIUS 的监督，依据法令 CFIUS 需要更多地汇报其决策；另外扩展了国家安全的定义，要求 CFIUS 增加对特定类型的外国直接投资的监视。

遗留问题：仍没有明确一些重要的概念，CFIUS 拥有较大的自由裁量权，加上审查方式的改变，这些都增加了并购中需要面对的不确定性。

第六章

中美 BIT 谈判对中国投资
环境的影响研究

2013 年 7 月举行的第五轮中美战略与经济对话成果之一即是中方同意以"准入前国民待遇加负面清单模式"为基础开展中美双边投资协定（BIT）实质性谈判。2013 年 9 月 29 日正式挂牌的中国（上海）自由贸易试验区（以下简称"上海自贸区"）肩负的重要使命之一即是"要探索建立投资准入前国民待遇和负面清单管理模式"。上述新举措对现行的中国外商投资管理体制具有深远影响，继而将对中国的投资环境产生深刻影响。

一　中国投资环境现状述评

投资环境是一个综合性的概念。广义而言，主要包括三个范畴：一是宏观的或国家层面的因素，例如财政、货币、汇率政策和政治的稳定性；二是政府机构和制度层面的因素，例如政府体系、金融和法律制度等；三是基础设施层面的因素，例如通信、交通和电力供应等。① 投资环境是影响企业效益的重要因素，在投资环境较好的地区，外商投资企业会实现更高的利润水平。② 因此，一国投资环境的好坏与其对外资的吸引力高度相关。对于中国投资环境

---

① Stern Nicholas，"A Strat egy for Development"，*World Bank Working Papers*，2002，http：//siteresources. worldbank. org/INTABCDEWASHINGTON2001/Resources/stern1. pdf.

② 白重恩、路江涌、陶志刚：《投资环境对外资企业效益的影响——来自企业层面的证据》，《经济研究》2004 年第 9 期。

的现状，从宏观方面看，当前中国吸收外资的走势相对平稳，中国投资环境仍得到国际投资者的认可。据 UNCTAD 发布的《全球投资趋势监测报告》统计，中国 2014 年吸收外资规模达 1196 亿美元（不含银行、证券、保险领域），同比增长 1.7%，外资流入量首次成为全球第一，中国首次超过美国成为全球最大的 FDI 流入国。此外，近年来中国政府的外资审批和核准范围不断缩小，从 2005 年至 2012 年，我国商务部的审批数量已由 3000 多件减少到 100 余件，审批量减少 95%。随着当前行政审批制度改革的进一步推进，国务院又决定出台严格控制新设行政许可的措施，防止审批事项边减边增、明减暗增，从而有利于营造公正发展的投资环境。上述数据充分说明当前中国投资环境的很多方面正日益改善与优化。

虽然前述数据表明，中国投资环境正日益优化，但与此同时，近年来，"中国投资环境恶化论"一直不绝于耳。自 2009 年力拓商业间谍案引发"中国投资环境恶化论"的论调以来，2010 年初的谷歌事件以及其后英国《金融时报》、美国《华尔街日报》等媒体对在华外商投资企业高管对中国投资环境抱怨的报道一度使"中国投资环境恶化论"甚嚣尘上。2011—2012 年，一些跨国公司关掉中国门店与工厂的事例时见报端。2013 年 4 月，中国美国商会发布了《2013 年度商务环境调查报告》[①]，该报告称受访美资企业中认为中国投资环境正在改善的企业比例显著下降。2013 年 5 月，中国欧盟商会发布了《中国欧盟商会商业信心调查 2013》[②]，该调查显示随着中国失去经济增长的部分驱动力及其市场的日渐成熟，在华欧洲企业开始感到巨大压力。此外，2013 年在华外商投资企业被陆续爆出苹果售后门事件、葛兰素史克行贿丑闻事件、恒天然毒奶粉

---

① 中国美国商会《2013 年度商务环境调查报告》的调查结果基于对 325 个受访美资企业于 2012 年 11 月至 12 月开展的调查。下文所引此报告，皆为同一出处，不再专门标注。中国美国商会：《2013 年度商务环境调查报告》，http://www.amchamchina.org/businessclimate2013。

② 中国欧盟商会《中国欧盟商会商业信心调查 2013》的调查结果基于对 526 家受访欧盟企业于 2013 年 3 月开展的调查。下文所引此报告，皆为同一出处，不再专门标注。中国欧盟商会：《中国欧盟商会商业信心调查 2013》，http://www.europeanchamber.com.cn。

事件等，而在每次事件发生后一些外媒的报道，往往从事件外寻找原因，特别是对中国的投资环境提出质疑，例如"跨国药企在华感受凉意"、"外企遭遇'中国麻烦'"、"在华外国企业的压力增大"等醒目但喧宾夺主的标题，为客观评价现时的中国投资环境，有必要对近年来外商投资企业对中国投资环境的主要"抱怨"予以梳理与分析。

（一）劳动力成本攀升

近年来，随着我国经济的快速发展，劳动力成本不断攀升，而这导致了一些对劳动力成本高度敏感的劳动密集型产业的外资撤出中国。例如，2012 年 10 月阿迪达斯关闭了其在华唯一的直属工厂；金融危机后，耐克在广东的一家代工厂的工人从 13000 多人缩减至 4000 多人，五年缩减七成。[①] 劳动力成本的增加，在 2013 年度更是跃然被一些外商投资企业视为在华运营的最重大的风险与挑战。

（二）未完全享有"国民待遇"

国民待遇是衡量一国一地投资环境的核心评价标准。[②] 近来，一些在华商会发布的调查报告认为外商投资企业在华未与中资企业享受同等的待遇，政府的一些政策歧视外商投资企业。例如，中国美国商会《2013 年度商务环境调查报告》指出，35% 的受访者认为自己的企业因为向国有企业倾斜的产业政策而遭受不利影响。而在为中国政府提供产品和服务的受访者中，49% 的受访者认为中国的政策有利于国有企业的发展。

（三）法律的制定与实施缺乏透明度

拥有 400 多家会员企业的荷比卢中国商会对比利时企业就中国投资环境做的一项问卷调查显示，尚未赴华投资的企业多数对中国

---

① 李溯婉：《耐克一代工厂工人五年缩减七成》，《第一财经日报》2013 年 2 月 26 日第 B01 版。

② 单文华：《外资国民待遇与陕西的外资政策研究》，《西安交通大学学报》（社会科学版）2013 年第 2 期。

的投资环境表示悲观，特别是对中国的法律环境感到担忧。① 外商
投资企业对于未能参与到与其利益相关的法律、法规与规章的制定
过程以及外商投资法律规定相互冲突、法律解释相互矛盾以及执法
力度不平衡等问题多有指责。法律环境不完善问题已经连续多年被
一些外商投资企业列为在中国运营面临的主要挑战的前三名（见表
6—1）。

表 6—1　　　2009—2013 年美资企业在华面临的主要运营挑战

年份 序数	2009	2010	2011	2012	2013
1	管理层人才匮乏	法律解释相互矛盾、法律不明确	官僚主义	管理层人才匮乏	劳动力成本
2	法律解释相互矛盾、法律不明确	管理层人才匮乏	管理层人才匮乏	法律解释相互矛盾、法律不明确	法律解释相互矛盾、法律不明确
3	官僚主义	取得许可证困难	法律解释相互矛盾、法律不明确	非管理层人才匮乏	缺乏合格的员工
4	取得许可证困难	官僚主义	知识产权侵权行为	取得许可证困难	腐败
5	国家保护主义	国家保护主义	腐败	腐败	管理层人才匮乏
6	知识产权侵权行为	腐败	取得许可证困难	官僚主义	取得许可证困难

资料来源：中国美国商会《2013 年度商务环境调查报告》。

（四）知识产权保护执法不力

知识产权保护问题是多年来外商投资企业抱怨的老问题。近年
来外商投资企业对知识产权保护的抱怨主要集中于"侵权现象严

---

① 《欧洲对中国投资环境抱有偏见》，中国网（http：//news. china. com. cn/live/
2013-03/10/content_ 18989293. htm）。

重"、"维权救济不及时"、"执法不力"等问题。2013 年 5 月发布的《2012 年知识产权保护社会满意度调查报告》显示，就知识产权侵权现象严重程度而言，54% 的受访权利人认为侵权现象严重；从状况改善的角度来看，仅 24% 的受访权利人认为侵权现象正在逐步减少；就侵权损害赔偿的及时性和足额性而言，48% 的受访权利人认为侵权损害赔偿不够及时和足额。① 该调查的受访权利人包括三资企业。

（五）市场准入壁垒

外商投资企业对于在华取得许可证等市场准入方面存在的诸如审批层级过多、时限含糊不清、环节复杂等现象颇有微词。2013 年 1 月，在中国欧盟商会《中国对欧盟境外投资报告》的发布会上，商会主席库斯诺（Davide Cucino）更是公开表示，市场准入已经在极大程度上限制了欧盟企业在华经营的领域。另据 2012 年 11 月 OECD 发布的关于对 FDI 的监管限制指数显示，中国监管限制指数高居 55 个国家之首，包括所有 OECD 国家与 G20 国家。

（六）网络审查阻碍业务运营

网络安全问题是中国美国商会《商务环境调查报告》近两年来新增内容，2013 年度的调查结果显示，受访企业中认为互联网审查对其企业在华运营能力构成负面影响的比例增长了一倍多，从 7% 上升至 16%。并且，50% 以上的受访企业认为互联网审查在一定程度上阻碍了企业运营，超过 40% 的受访企业认为数据受到破坏的风险呈增加态势。

（七）在华经营压力增大

在华经营压力增大也是新近外商投资企业对华投资环境频发的

---

① 《2012 年知识产权保护社会满意度调查报告》由中国专利保护协会、中国商标协会、中国版权协会与北京美兰德信息公司共同发布，该调查基于 2012 年 7 月至 10 月，在全国 4 个直辖市、27 个省会城市（自治区政府）开展的广泛调查，共回收有效样本 16292 个。

抱怨之一。例如 2013 年的苹果售后门事件。2013 年 3 月，中央电视台"3·15 晚会"曝光了苹果客户服务政策存在中外有别、回避保修期等问题。4 月《人民日报》报道了一些网站与应用程序商店因在中国提供色情内容而遭查处，苹果公司名列其中。由此引发了《华尔街日报》就苹果公司事件的一系列报道，如"中国政府为何要啃苹果"、"在华外国企业的压力增大"等。

此外，中国自主创新产品的认定、中国政府采购政策的实施等也是近年来外商投资企业对华投资环境抱怨的重要内容。但这些抱怨随着中国政府相关政策法规的及时调整而有所缓解。

那么，外企的抱怨缘何而来？上述"抱怨"的产生，主要可归结为以下几个方面的原因：

第一，"超国民待遇"到"国民待遇"的落差。改革开放初期，中国为吸引外商投资，解决国内经济发展的"资金"、"技术"与管理经验等问题，给予外商投资企业在税收、用地等方面的特殊优惠。但随着外商投资企业在华享受超国民待遇的经济基础的不复存在，如经过 30 年的经济发展，中国的外汇资金不断积累，中国对外资的需求的迫切性显著降低；另一方面，随着外商投资企业长期享受"超国民待遇"的负面效应越来越突出，如外商投资企业控制或垄断某些领域、"假外资现象"等，严重抑制了国内企业的发展，破坏了市场环境。因此，自 2006 年进入"十一五"（2006—2010年）期间以来，中国的外商投资环境开始调整。2008 年，新的《企业所得税法》与《反垄断法》陆续正式施行，标志着中国引资政策的实质性调整，即逐步为内资和外资构建一个公平竞争的政策平台。以企业所得税为例，此前中国国企的实际税率是 30%、民营企业是 22%、外资企业是 12%，而从 2008 年开始，对国企、民企和外企统一征收 25% 的所得税率；并且从 2010 年 12 月 1 日起，国务院 1985 年颁布的《城市维护建设税暂行条例》和 1986 年颁布的《征收教育费附加的暂行规定》正式对外商投资企业适用。至此，我国内外资企业所有的税种全部实现统一，也标志着外商投资企业在华享受"超国民待遇"的黄金岁月正式终结。这对于一些长期享受"超国民待遇"的外商投资企业，特别是那些习惯依靠优惠政策获得竞争优势的外资企业而言，必然有所不适并感到较大的生存发展压力，继而发出中国投资环境恶化的感慨。

但我们也要看到，一些外商投资企业能够理性看待这一政策调整，深知对境内所有企业征收统一税种是国际惯例，其对中国投资环境调整的担心并不是由于"超国民待遇"的取消，其发出"抱怨"之声的真正原因是担忧"超国民待遇"被剥去之后其能否在中国市场上与国内企业一样享有完全的"国民待遇"。

第二，"来者不拒"到"择优选资"的转变。经过改革开放30多年的发展，中国积累了良好的产业配套基础、优质的劳动力资源和比较完善的基础设施。在新的经济发展背景下，自2007年的《外商投资产业指导目录》开始，国家开始强调优化利用外资结构，鼓励外商投资新能源和环保技术，限制外商投资高物耗、高能耗、高污染项目和稀缺矿产资源，引导外资逐渐向附加值高的产业转移。2010年4月6日，国务院印发的《关于进一步做好外资工作的若干意见》文件，明确提出鼓励外资投向高端制造业、高新技术产业、现代服务业、新能源和节能环保产业，严格限制"两高一资"和低水平、过剩产能扩张类项目。2011年3月通过的《中华人民共和国国民经济和社会发展第十二个五年规划纲要》（以下简称"十二五"规划）也提出"提高利用外资水平，优化结构，引导外资更多投向现代农业、高新技术、先进制造、节能环保、新能源、现代服务业等领域，鼓励投向中西部地区"。中国政府坚持择优选资为导向，注重提高利用外资质量和水平这一调整，对一些高耗能、高污染的企业的发展带来了巨大挑战。因此，受到影响的这些外商投资企业无疑会认为对其发展而言中国投资环境在恶化。

第三，市场扩大与市场占有比例减少的反差。市场扩张能力主要受人口规模与经济长期增长能力这两个重要因素的影响。中国庞大的人口规模与一直高速增长的GDP，表明中国市场存在巨大的扩张潜力。并且，"十二五"规划提出了要"构建扩大内需长效机制"，要求把扩大消费需求作为扩大内需的战略重点，增强居民消费能力，改善居民消费预期，促进消费结构升级，进一步释放城乡居民消费潜力，逐步使我国国内市场总体规模位居世界前列。这为外商投资企业在华发展提供了巨大的市场机遇，而外商投资企业也十分看重中国不断扩大的市场。但是，部分外商投资企业认为现有的政府采购、市场准入等方面的监管壁垒使其市场份额并未与市场扩大同步发展，并且在有些行业其市场占有份额还有所下降。例如，有调查数据显示，在欧资企业擅长的保险领域，外资保险公司发展最好的年份是 2007 年、2008 年，占据中国市场份额的 8%，2010 年开始持续走低，2010 年仅占 4%，2011 年仍然处于下降状态，仅占中国市场份额的 3.5%。① 这也导致了一些外商投资企业对我国监管环境的抱怨。

第四，法律的不完善与相对滞后。目前中国有关外商投资企业的法律虽然已经形成以《中外合资经营企业法》、《中外合作经营企业法》、《外资企业法》为核心，由围绕这三部法律制定的行政法规、部门规章和通知等多层次规范构成的比较健全的法律体系。但由于三部外资法制定于改革开放初期，虽经过修订，在立法指导思想、立法内容、立法技术方面仍然不能适应现今处在社会转型时期的我国国内与国际经济形势发展的需要，法律反应明显滞后于现实需要。此外，三部外资法中的一些规定与近年修订的《公司法》、《合伙企业法》等法律法规也存在冲突之处，而在实践中对于如何处理外商投资法律与《公司法》等法律适用冲突问题又面临许多现实困难。加之地方政府为比拼政绩，在招商引资中也存在一些不规范行为，地方保护主义和公权私用等腐败现象也时有出现，导致有些外商投资企业的合法权益不能得到及时救济与保护。虽然这不是普遍现象，但无疑会给外商投资企业造成"困扰"，使其对中国投资环境发出质疑。

第五，国有企业和民营企业竞争力的提升与外商投资企业竞争力的下降。改革开放 30 多年的发展，无论是国有企业还是民营企业其国际竞争力都得到了极大的提升。2014 年《财富》世界 500 强排行榜公布，100 家中国公司上榜。中国欧盟商会《中国欧盟商

---

① 中国社会科学院欧洲研究所课题组：《2011 年欧盟在华投资企业商业景气调研报告》，《欧洲研究》2012 年第 2 期。

会商业信心调查 2013》指出，来自本土企业的竞争，正日益影响着欧洲企业的业绩和前景。《金融时报》报道也指出，中国企业正在日益壮大，尽管能建立国际消费者品牌的公司寥寥无几，但许多中国公司在一些市场上（比如电力设备、机床、机车）赢得全球性成功。[①]

　　中国企业竞争力的增强，必然对外企在华的经营带来挑战，给其带来竞争压力。与此同时，随着中国市场的日益完善，市场竞争也日益加剧。一些外商投资企业由于自身经营不善而导致企业的竞争力下降，市场份额不断萎缩。例如，美国学者甘思德的研究显示，通过对比 2003 年与 2013 年在工商总局登记的公司的注册资本的变化，可以发现 10 年来中国的私营行业正在壮大，从绝对数字和相对比例而言都是如此。国企占总注册资本的比例从 62.3% 降至 46.6%，私企所占比重则从 14.9% 升至 30.8%。包括规模较小的个体企业，私营经济目前占总注册资本的 40% 以上，略低于国企。同时，跨国公司所占比重已从 21% 降至 13%。就平均值而言，跨国公司的规模远远高于私企，甚至超过国企，但它们在总注册资本中所占的比例正在下降（见图 6—1）。因此其认为，国企的数量虽呈下降趋势，但平均规模正在上升。跨国公司的平均规模很大，但在经济中的相对重要性正在降低。

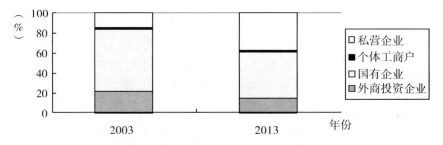

图 6—1　在工商总局登记的公司的注册资本的变化

资料来源：国家工商总局网站。

　　第六，炒作与游说。全球金融危机爆发以来，一些发达国家采

---

① 肖新：《中国外资环境恶化了吗?》，《国际商报》2010 年 7 月 23 日第 6988 期。

取了"再工业化"的经济战略调整。例如美国联邦政府出台了《鼓励制造业和就业机会回国策略》，制定土地和税收优惠政策，以期重振本国制造业，维护本国经济长期发展。中国是全球第一制造业大国，因此，不排除一些发达国家通过炒作"中国投资环境恶化"的言论，以期实现羊群效应，促成本国制造业的回流。另外，也不排除某些外商投资企业蓄意通过媒体夸大与扭曲中国投资环境的变化，对政府施压与"游说"，希望能继续享有一些"政策红利"或获得其他优惠待遇。例如我国政府有关部门于 2009 年发布《关于开展 2009 年国家自主创新产品认定工作的通知》后，由于在附件中对国家自主创新产品的认定条件做出了规定，被一些外商投资企业认为有损其利益，将其产品排除在"自主创新产品"之外。因此，在 2009 年至 2010 年的一段时间中，这一规定成为众矢之的，抱怨之言充斥媒体，直至这一规定在 2010 年被修改后才有所平息。

综上可知，前述外商投资企业对华投资环境的抱怨涉及投资环境的方方面面，既包括对市场方面因素的担忧，也包括对监管环境的批评。这些"抱怨"有些具有客观性，如对法律环境方面的批评；有些则是外商投资企业在任何国家的投资都需要承受的商业风险，如劳动力成本攀升的挑战；还有的则是无端的指责，如对网络安全的抱怨，因为外商投资企业在一国经营首先须遵守该国的相关法律规定；还有的则是无端的猜测，例如苹果售后门事件发生后，有些外媒报道猜测中国政府对苹果公司的报道与批评是试图损坏或削弱苹果的形象，以便为国内手机厂商的发展铺平道路。① 由此可见，将外商投资企业对华投资环境的任何"抱怨"都归结为"中国投资环境恶化"，其客观性、准确性与公平性均值得商榷。

但与此同时，中国政府也应看到外商投资企业具有合理性的"抱怨"，并积极给予回应与解决。某些出于对中国投资市场长期发展考虑而提出的"抱怨"，一定意义上可以说是外商投资企业给予的善意的提醒。因为，改善投资环境不仅可以实现吸引外资的短期

---

① Craig Stephen：《中国政府为何要啃"苹果"？》，美国《华尔街日报》2013 年 4 月 1 日（http：//cn. wsj. com/gb/20130401/col142924. asp）。

效果，而且可以通过提高外资收益水平达到促使外商进行后续投资的长期效果，从而有助于实现经济持续、稳定发展的目的。① 并且，对于政府而言，"中国投资恶化论"这一论调背后真正值得关注与思考的问题是中国的外资环境相对于其他国家，尤其是与中国产品存在竞争且本国市场规模较大的新兴经济体相比，是否存在比较优势以及这种优势的可持续性。② 因此，对于过去由于中国经济的快速发展而导致中国投资环境中存在的一些不容忽视的问题应妥善解决与处理，从而确保随着中国对经济结构进行调整、中国经济增长预期逐渐放缓后，中国投资环境仍然具有吸引外商投资的比较优势并使之具有可持续性。

二　中美 BIT 谈判对中国投资环境的影响

（一）中国外资管理体制现状与特点

改革开放 30 多年来，中国对外商投资管理体制进行了多次改革，目前已形成分级管理、逐一审批以及部门监督的外商投资管理体制。③ 为吸引与规范外商投资，以 1979 年《中外合资经营企业法》的颁布为肇端，中国至今已经颁布 200 余部效力等级不一的涉外投资法律、行政法规与规章，形成以《中外合资经营企业法》、《中外合作经营企业法》和《外资企业法》为三部基本法，以其他国务院条例和部门规章为主要内容的自成体系的外商投资法律体系。

在外商投资产业管理方面，中国于 1995 年开始制定《外商投资产业指导目录》，通过将外商投资项目分为鼓励、限制和禁止类

---

① 白重恩、路江涌、陶志刚：《投资环境对外资企业效益的影响——来自企业层面的证据》，《经济研究》2004 年第 9 期。

② 冯维江：《中国外商投资环境仍具优势——以国际比较的视角分析中国当前的投资环境》，《中国经贸》2010 年第 9 期。

③ 郝洁：《我国外商投资体制沿革及未来改革目标》，《中国经贸导刊》2013 年 5 月下，第 30 页。

别以引导外资的市场准入。根据中国经济形势的变化,《外商投资产业指导目录》已于 2002 年、2004 年、2007 年和 2011 年进行四次修订。通过产业目录的多次修订,中国适时调整了外资产业政策,从而积极利用外资为中国经济结构调整优化和经济发展方式转变服务。

整体而言,当前中国外商投资管理体制具有两个突出特点。一是双轨制。多年来,中国对外商投资管理形成了基于投资者身份是否为外国人而区别对待的管理与法律体系。中国对外国投资者的投资关系的管理适用有别于国内投资者投资关系的自成体系的一套法律与管理制度。这一管理模式确立于改革开放初期,能够适应当时中国经济实力较弱的国情。随着中国经济的不断发展与经济体制改革的日益深化,双轨制立法模式的缺陷日益凸显,其不仅有悖于市场主体平等竞争的原则,而且导致中国的外商投资法律体系多年来一直处于比较零散、纷乱的局面,缺乏足够的透明度。外商投资企业对于中国外商投资法律规定相互冲突、法律解释相互矛盾以及执法力度不平衡等问题多有疑义。二是以外资准入审批为核心的监管模式。对于外资准入,中国一直实行逐案审批制。考虑各行各业的具体情况不同,为控制引资质量,中国采取了分行业由主管部门制定部门规章管理的方式。总体而言,外资准入逐案审批制可以因应 20 世纪 90 年代以来中国提高引资质量与维护国家经济安全之需。虽然对于外资准入实行适当监管具有必要性与合理性,可是现行的外资准入逐案审批制,存在外资准入审批环节多、行政成本和营商成本高、容易滋生权力寻租等问题。近年来,中国一直在逐步简化外资审批程序,但与外贸体制改革相较,外资管理体制改革相对滞后,亟待改革,以适应当前中国的外商直接投资平均投资规模不断扩大且外资进入方式日趋多样化的经济形势,充分实现有效管理外商投资的目标。

(二)"准入前国民待遇加负面清单模式"对中国外资管理体制的影响

国际投资领域的国民待遇意味着外国投资者可以在同等的条件

下与东道国本国的投资者竞争。"准入前国民待遇加负面清单模式"要求一国政府给予外国投资者在设立、并购、扩大阶段的待遇，在同等条件下不低于其给予国内投资者的待遇。而中国当前的双轨制外资立法与外资准入的管理规定与其相冲突，客观上要求现行的投资管理体制进行深入改革，减少行政审批，放宽外资准入，赋予各类企业公平参与市场竞争的机会，提高外资管理体制的透明度。由此可知，"准入前国民待遇加负面清单模式"的提出无疑对中国外资管理体制影响深远，以此作为中国外资管理体制改革的方向，将有利于推动中国现行的外商投资管理体制改革，突破现行外商投资管理体制深化改革的"瓶颈"问题。

与此同时，"准入前国民待遇加负面清单模式"对中国当前外资监管与风险防控能力提出了严峻的挑战。长期以来，中国对于准入前国民待遇持否定态度的主要原因是认为中国是处在经济转型的特殊时期的发展中国家，国民待遇在投资领域的全面实施可能在一定程度上不利于保护民族工业的发展，进而影响整体经济发展和产业布局。同意准入前国民待遇并不表明中国会在投资领域全面实施国民待遇，设置负面清单即为降低准入前国民待遇这一高标准的承诺，问题的关键在于如何设置高水平的"负面清单"以降低高水平投资自由化带来的监管风险。此外，目前《外商投资产业目录》与《中西部地区外商投资优势产业目录》主要采取正面列举鼓励、限制和禁止外资进入领域的方式，不仅在方式上与负面清单模式完全不同，而且具有负面清单所不具备的鼓励外资投向中国产业优化升级所需要的领域、优化利用外资的产业结构以及引导外资向中西部地区转移等效用。此外，由于中国外资管理体制具有"重事前审批，轻事后监管"的倾向，事后监管的法律法规处于滞后发展状态。因此，如果采用负面清单管理模式，亟待政府在宏观层面给出新的创新制度设计，弥合因为现行政策法律修改与废除造成的监管空白与风险。成熟和完备的国内法制将最终决定缔约国能否既通过准入阶段的国民待遇帮助本国投资者击破他国的投资准入壁垒，又同时通过高水平的负面清单制定为本国的外资政策发展预留足够空间。

三　中国外商投资管理体制的改革与完善

"准入前国民待遇加负面清单模式"对 BIT 缔约国而言，则有可能会压缩东道国对外国直接投资实行管制的政策空间，"锁定"一国外资监管现状。一国在准备其负面清单时，首先需要审视其国内的法律政策框架，研究现行法律法规与政策中哪些规定与双方可以提出不符措施的条约义务规定不一致，进而考虑应将其废除抑或通过谈判放入负面清单中。有鉴于此，中国需要在缔结中美 BIT 之前先行改革与完善国内外资管理体制，通过探索"准入前国民待遇加负面清单模式"的外资管理体制改革，降低由于进一步开放带来的监管风险，并为中国政府保留根据国内经济发展形势变化适时调整外资政策的灵活性。

当前为探索外商投资准入前国民待遇加负面清单管理新模式，国家已经选择在上海进行试验。从目前公布的上海自贸区的各项管理办法来看，与切实发挥试验区的作用，为中美 BIT 谈判中的"负面清单"积累实践经验的初衷还有一定的距离。甚至，有的学者认为上海自贸区公布的负面清单流于形式，无实质突破。[1]虽然上海自贸区兼具"开放"与"促改革"的双重政策含义，不应把对负面清单的关注点仅集中于新的开放领域的圈划，但按照目前的负面清单推进改革，很容易导致自贸区又落入"优惠政策"的窠臼，无法实现制度创新与寻求可复制的改革经验这一创设自贸区的主要目标。当前在进一步推动上海自贸区各项工作的基础上，应从以下方面着手改革与完善国内现行外资管理体制：

首先，统一内外资法律法规，制定专门的外商投资管理法。双轨制立法模式的弊端日益显露，对其改革业已提上日程。2013 年11 月 12 日通过的《中共中央关于全面深化改革若干重大问题的决

---

[1]　马宇：《上海自贸区负面清单凸现根本缺陷》，《中国经营报》2013 年 10 月 14日第 D07 版。

定》在构建开放型经济新体制，放宽投资准入部分指出，"统一内外资法律法规，保持外资政策稳定、透明、可预期"。外资三法修改项目已列入全国人大常委会于 2013 年 10 月 30 日公布的《十二届全国人大常委会立法规划》中。目前存在的主要争议在于《公司法》与《外资企业法》之间的一般法与特别法的关系究竟是继续维系，还是实现内外资企业立法完全并轨。外商投资企业与内资企业，作为社会主义市场经济主体，仅存在企业形态差别，应该对其经营行为适用统一的法律。因此，废止《外资企业法》，实现内外资企业法统一并轨当为此次内外资法律法规修订之旨归。与此同时，针对外商投资的特殊性，应制定一部专门规范外资准入、外资产业政策、外资管理与法律责任的外商投资管理法，该法在性质上应为具有浓厚的公法色彩的经济法中的促成型服务型法律①，以承载负面清单所不具有的引导外资投向、优化利用外资的产业结构等功能。

其次，构建事前监管体系，完善外资准入国家安全审查制度。美国推行投资自由化，除与其经济发达程度相适应外，还在于其国内外资立法与管理体系的配套。美国的外资安全审查制度与相关立法，既能鼓励外资进入，又能通过国家调控有效维护国家的政治、经济利益。中国应通过扩大"国家安全"审查范围，细化审查程序，设立独立的外资准入国家安全审查机构等措施进一步完善中国现有的外资准入国家安全审查制度。②

再次，加强事后监管，把反垄断审查工作规范化与制度化。长期以来，中国外商投资管理中存在"重审批、轻管理"的问题。一些外资企业在经营过程中，违法违规经营、国内国外实行双重标准的事例时有发生，既损害了消费者的合法权益，也破坏了中国投资环境。中国政府现已开始对外商投资企业的违法行为依据《反垄断法》予以规制，例如 2013 年国家发展和改革委员会对合生元、美赞臣、恒天然、多美滋、雅培与富仕兰六家乳粉生产企业违反《反

---

① 刘俊海：《关于统一内、外资企业立法的思考与建议》，《江汉论坛》2014 年第 1 期，第 78 页。

② 详细论述参见本书第五章。

垄断法》的价格垄断行为开出了 6.7 亿元人民币的巨额罚单。但是在具体执法过程中由于经验不足与执法依据的不明确仍引发了社会的广泛争议。中国的反垄断审查工作，有待于反垄断执法机构在严格执法、透明执法、公正执法与依法执法的基础上将工作常态化，即国家应在外国投资进入后运用法律手段并辅之以必要的行政手段对其予以规范化和制度化的监管。

最后，加强外商投资企业进入后的日常管理。在负面清单管理模式下，政府可以通过运用税收制度、严格执行劳工与环境立法、完善外商投资企业的投资报告与年检制度等措施加强对外商投资企业运营的监督，确保国内市场的有序运行。与此同时，政府还可以通过发挥税收、融资、基础设施、签证等制度的杠杆作用，有效引导外资投向，积极利用外资为中国经济发展服务。

综上所述，应对"准入前国民待遇加负面清单模式"对中国外商投资管理体制的影响，需要牢记市场经济是法治经济。通过新一轮简政放权改革与完善中国外资管理体制的同时，应切实维护中国的国家安全与公平有序的投资环境，而这最终有赖于"顶层设计"与地方实践的密切结合。

第七章

如何应对中美双边投资
协定的实质性谈判

2013 年 7 月 12 日，中国外交部发布了前一日刚刚结束的第五轮中美战略与经济对话成果，在其中的经济对话联合成果情况说明中指出，"经过九轮技术性讨论，中国同意与美国进行投资协定的实质性谈判。该投资协定将对包括准入前环节的投资的各个阶段提供国民待遇，并以'负面清单'模式为谈判基础"。中方的承诺表明，关于中国是否应该接受"准入前国民待遇加负面清单模式"的讨论可以告一段落了，下一步更应该讨论如何进行实质性谈判。为了顺利达成协定，为了在谈判中获得更有利于中国的条款，最需要的是了解美国在中美双边投资协定中所要实现的战略利益和具体的核心利益诉求。下文通过考察这场国际规则重构活动的性质和特点来分析美国在中美双边投资协定中所要实现的战略利益，通过考察美国 2012 年双边投资协定模板、中美战略与经济对话以及美中贸易全国委员会发布的《中国商业环境调查结果》来分析美国的具体利益诉求，并在此基础上，提出中国在中美双边投资协定实质性谈判中的应对策略。

一　国际投资新规则的性质

对于当前全球经济治理和国际经济规则的调整，一种常见的认识是：新兴经济体的崛起要求改变现有全球经济治理结构和调整全球经济规则。这种认识来源于两个非常有说服力的事实：一是新兴和发展中经济体按购买力平价计算的 GDP 将在 2013 年超过发达经济体。这是世界经济格局的一种根本性的变化。"经济基础"的改变，要求全球经济治理结构与经济规则这些"上层建筑"进行改变。二战以来建立在布雷顿森林体系之上的全球经济规则和全球化过程，都是美国主导的，也主要是为美国及发达经济体服务的。现在则应该建立一套更多反映新兴经济体利益的全球经济规则。二是 G7 和 G8 作为全球经济治理和全球经济政策协调平台的功能已经弱化，包含了十一个新兴工业国家的 G20 正在成为新的全球经济治理平台，新兴经济体已经在实质性上参与全球经济政策的协调和全球治理的讨论，尤其是中国及其他金砖国家在全球事务中正在发挥越来越重要的作用。

然而，上述认识是一种广泛存在的误解。当前全球经济治理和全球经济规则主要不是在新兴经济体的要求下进行调整的，调整的目的也主要不是为了更好地反映新兴经济体的利益。当前的国际经济规则调整中，美国仍然是主导者。G20 虽然在协调全球经济政策和讨论全球经济治理，但是至今没有在全球经济规则的调整上取得任何有重大意义的成果。目前主要有三个场合正在就新的全球经济规则进行讨论和谈判，分别是：TISA 谈判、TPP 谈判和 TTIP 谈判。这三个谈判，都是美国发起和主导的。美国在上述三场谈判中，推出了一系列新的国际贸易与投资规则，并有将这些小范围或者区域性的规则推广成为全球规则的意图。

这一轮新的国际规则的调整是美国主导的，显然也是为了美国的利益，而不是为了新兴经济体的利益服务的。美国调整国际经济规则的动机，是为了在这个变化了的世界格局中通过设立新的国际规则更好地获得全球利益，而不是为了设立一个更加中性的、降低美国主导权和美国获利能力的国际经济规则。

美国本来就是现有国际经济规则的主导者和受益者，为什么又要调整现有规则和设立新的规则呢？第一，新兴经济体的崛起和世界经济格局的变动削弱了美国在当前全球经济治理和国际经济事务中的主导能力。美国要么放弃自己的主导能力以适应新兴经济体的崛起，要么重新设立规则以保护自己的主导能力。显然，美国更愿意选择后者。第二，在现有国际经济规则中，新兴经济体尤其是中国似乎成了最大的受益者。中国在过去的全球化过程和全球体系下，获得了快速的发展，以至于经济总量直追美国，并且在可预见的时间内，将超过美国成为世界上经济规模最大的国家。第三，在现有的国际经济规则中，美国没有什么有效的办法应对中国的快速发展。20世纪80年代美国对日本的汇率政策、货币政策以及贸易政策所施加的压力难以复制到中国来。尤其是当中美发生经济利益冲突时，美国并不能在现有国际经济规则内找到有效应对中国的办法。反而是中国总是能够在现有国际经济规则下找到有效应对美国的办法。第四，美国发现现有经济规则还不能充分发挥美国在国际竞争中的优势，尤其是服务业和创新上的优势。为此，美国需要一套新的规则来更好地发挥自己的优势，提高自己的国际竞争力，同时也有意用新规则来限制潜在竞争对手特别是以中国为代表的新兴经济体的竞争优势。

为了达到上述目标，美国所推动的规则调整主要包括以下内容：其一，服务业的开放，尤其金融和信息服务业的开放。这是美国最有优势、最有国际竞争力的行业。其二，知识产权保护，包括打击商业窃密、造假和盗版等。这是为了充分发挥美国在创新方面的优势，保护其创新利益，削弱模仿和跟随者的竞争力。其三，环境保护标准和劳动保护标准。新兴经济体的环境保护和劳动保护程度低，环境保护成本和劳动成本低，通过提高这两个标准，可以提高新兴经济体的环保成本和劳动成本，削弱其竞争力。其四，公平竞争或者竞争中性原则，即让不同所有制的企业处于公平的竞争环境中，主要是为了消除对国有企业的优惠和对外资企业的歧视。其五，透明度原则。即要求对规章制度及国有资本经营信息进行充分的信息披露。其六，准入前国民待遇加负面清单模式。

总结起来，这一轮全球经济规则的调整有三个主要特点：第一，这是美国发起、美国主导的全球经济规则调整，而不是新兴经济体发起和主导的调整；第二，这不是为了更好地反映新兴经济体的利益而进行的调整，而是美国在新兴经济体快速增长这一事实基础上，为了更好地获得全球化利益而进行的调整；第三，调整的主要方式，主要是通过推动服务业开放和知识产权保护来更好地发挥美国等发达经济体的竞争优势。同时，通过更全面的国民待遇原则、公平竞争或者竞争中性原则、环保和劳工等高标准来削弱新兴经济体的竞争优势。

在双边投资协定中，包含上述所有美国试图推出的新规则和推出新规则的战略意图。事实上，国际投资新规则是这一轮全球经济规则调整的核心内容。在美国发起的服务贸易谈判和区域贸易谈判中，与投资相关的协定或者条款都是必不可少的。服务贸易的实施，需要跨国投资的参与。中国同意与美国进行双边投资协定的实质性谈判之后，美国也就接受了中国参与服务贸易谈判。同时，美国在制造业上的优势，主要是通过跨国生产来实现的，而不是通过商品出口来实现的。美国试图施加于中国的主要国际经济新规则，均将体现在中美双边投资协定的谈判中。中美签订高标准双边投资协定以后，将消除双方经济合作的许多重要障碍。中美自由贸易区、亚太自由贸易区乃至新的全球贸易体系和全球投资体系的建立，都将变得更加可行了。

二　美国的主要利益诉求

2013 年 10 月 8 日，即在中美第十轮双边投资协定谈判的前两周，美中贸易全国委员会发布了《2013 年中国商业环境调查结果》。其调查结果显示，美国企业在中国面临的前十大挑战分别是：成本上升、与中国企业的竞争、行政许可、人才招聘与留用、知识产权保护、不公正执法、国民待遇、透明度、标准与合格评定、对外国投资的限制。其中成本上升和人才招聘与留用这两大挑战主要源于中国的宏观经济环境以及发展阶段的变化，且这两大挑战的原因都是因为中国的工资上涨过快，双边投资协定并不能帮助美国企业应对这两大挑战。另外八大挑战则都与中国政府的行为有关，即都是可以通过双边投资协定来约束政府行为、改善美国企业投资环境的，因而都可以看作是美国显示出来的对中国的利益诉求。实际上，在中美战略与经济对话以及美国公布的 2012 年双边投资协定模板中，也能看出美国对中国有很多明确的利益诉求。表 7—1 总结了美国通过上述三个渠道显示出来的对中国的 15 项主要利益诉求。

表 7—1 美国对中国主要经济利益诉求

序号	利益诉求	2012 年美国 BIT 模板	中美战略与经济对话	美中贸易全国委员会
1	国民待遇	√	√	√
2	最惠国待遇	√		
3	国有企业	√	√	√
4	投资保护	√		
5	资本自由转移	√		
6	行为要求	√		√
7	知识产权	√	√	√
8	透明度	√		
9	制定标准	√	√	√
10	环保	√	√	
11	劳工	√		√
12	争端解决	√		
13	市场准入	√	√	√
14	行政许可与审批	√		√
15	法治环境		√	√

资料来源：2012 年美国双边投资协定模板，中国外交部《第五轮中美战略与经济对话框架下经济对话联合成果情况说明》，美中贸易委员会《2013 年中国商业环境调查结果》。

其他外资公司存在竞争关系。也就是说，从调查结果看，在华美国企业最主要的竞争对手并不是中国的国有企业或者民营企业，而是外资企业。但为什么美国企业把与中国企业的竞争列为第二号的挑战，而不是把与外资企业之间的竞争列为重大挑战呢？这是因为美国企业认为中国企业从中国政府获得了各种优惠。该调查显示，34%的美国公司受访者确定地认为与其竞争的中国国有企业从中国政府获得了外资企业无法获得的实际利益（tangible benefits）；64%的美国公司受访者怀疑中国国有企业从中国政府获得了实际利益；只有2%的美国公司受访者认为与其竞争的国有企业从中国政府没有获得什么实际利益。另外，22%的美国公司受访者确定地认为与其竞争的中国非国有企业从中国政府获得了外资企业无法获得的实际利益；51%的美国公司受访者怀疑中国非国有企业获得了实际利益；27%的美国公司受访者认为与其竞争的非国有企业没有获得什么实际利益。可见，美国企业普遍认为在其与中国企业的竞争过程处于不利地位。

　　那么，美国企业到底认为中国企业获得了哪些政府支持呢？图7—1显示，70%的美国公司受访者认为中国国有企业从政府获得了融资方面的好处，51%的美国公司受访者认为国有企业在行政许可与审批方面处于有利地位，另外几个国有企业获得优惠待遇的领域包括：税收优惠、优先获得政府购买的合同、土地成本方面的优势、其他金融补贴以及更低的公共事业成本。这些认识都是主观判断，关于国有企业获得了税收优惠和土地优惠在很大程度上是一种怀疑。但是，这一结果说明美国有通过各种渠道减少国有企业所获优惠的强烈动机。比如在第五轮中美战略与经济对话中，美国已经对中国提出了提高国有企业利润上缴比例的要求，这一要求显然是为了减少国有企业在"政府融资"方面获得的所谓优惠待遇。由此，也可以看出，在中美双边投资协定中，关于国有企业行为的条款是必然要出现的。当然，美国也有将公平竞争原则适用到不同所有制类型企业的趋势，即强调国有企业、非国有企业和外资企业都处于公平竞争的环境中。

　　另外，关于最惠国待遇、投资保护和争端解决等利益诉求都是对双方有利的，不会引起太大争议，也算不上美国对中国的核心利益诉求。而关于环保和劳工标准，虽然已经写入双边投资协议模板中，但是在中美战略与经济对话中，以及在美中贸易全国委员会的调查中，这两个议题并不是被反复强调的。可见，这两个在全球治理和全球经济新规则中被广泛讨论的内容，并不完全符合美国的核心利益。可以预计，在中美双边投资协议谈判中，美国在这两个议题上也不会设置太高的标准。关于"行为要求"，即作为批准投资或享受当地优惠政策的条件而对美国公司提出的一些要求，例如向中国公司转让技术或使用美国技术，则是美国在双边投资协定中试图要彻底免除掉的义务。

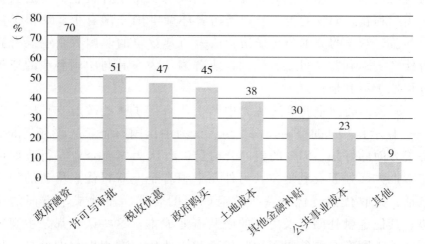

图 7—1　在华美资企业认为中国国有企业获得优惠待遇的领域

资料来源：USCBC，"USCBC 2013 China Business Environment Survey Result"。

三　中国如何应对

面对美国试图通过双边投资协定来提高自身竞争优势、削弱中国企业竞争优势的战略意图和具体措施，中国该如何应对？

首先，中国如何应对美国提出的市场准入要求？从中美战略与经济对话以及美中贸易全国委员会的调查来看，美国最希望推动的市场准入包括金融服务、债券市场、保险、云计算、数据中心服务、电子商务、医院、炼油、石化、音像及传媒业等。中国加入WTO 的经验表明，弱势行业的开放，并不一定会使中国彻底丧失在这些行业的竞争力。中国企业在中国市场上与美国企业同台竞技，才能够快速获得国际竞争力，才能在国际舞台上与美国企业同台竞技，才能将更多的企业开到美国去，开到其他国家去，才能逐步成为全球顶尖企业。同时，在中国市场上，中国企业能够获得一些固有的优势，比如语言文化、人力资源等方面的优势。中国企业还可以通过渐进开放获得一定的过渡期来提高竞争力。因而中国其实不需要太担心这些领域的开放。可见，中国不需要以负面清单的形式对美方的准入要求完全拒绝。中国在多大程度上接受美国的市场准入要求，取决于中国对各行业的过渡期安排和美国提供的利益交换，比如看美国给中国提供的市场准入（如能源、金融、电信等领域）和是否对中国开放高技术领域等。

其次，中国如何应对美国提出的关于公平竞争、提高透明度、加强知识产权保护、允许外资参与标准制定等新规则？应该说，这些似乎在削弱中国企业竞争力、提高美国企业竞争力的地方，其实也是中国需要改革的地方。给各类企业提供公平竞争的环境，对美国企业有利，但是可能获益最大的是中国的民营企业；提高政府和法律法规的透明度，有助于提高行政效率，减少腐败；加强知识产权保护，有助于中国建立创新型经济发展模式，这也是正处于发展模式转变过程中的中国所需要的；允许外资参与国内标准制定，并不一定意味着标准由外资企业来制定，掌握标准制定权的还是中国的机构。另外，更为重要的是，这些对自己进行约束的规则，实际上也对美国的约束。比如，中国可以在双边投资协定中，同样要求美国对各类所有制企业以非歧视性原则提供公平竞争的环境，包括对中国的国有企业和主权财富基金实行非歧视性原则。

由此可见，中国并不需要担心市场准入，而是可以用国内开放换取美国市场的开放；中国也不需要太担心公平竞争、知识产权保护、透明度、标准制定、环保、劳工、投资保护、行为要求以及争端解决机制等新规则，中国可以用对自己的约束来换取对美国的约束。

中国真正应该担心的，是两个可能被忽视的、容易引起长期风险的因素：第一个是国内政策国际化；第二个是资本账户过度过快自由化。

"准入前国民待遇加负面清单模式"意味着除了负面清单所列

示的领域之外，不能对外资企业施加额外的准入限制。负面清单是要和美国谈判的，清单上的每一条都需要美国的同意。而过去制定外商投资指导目录时，中国可以独立自主地决定。未来清单的变化，也需要通过和美国谈判来决定。另外，关于知识产权保护、政府行为的透明度、行政许可和审批制度的变化、环保标准的调整、劳工标准的调整等国内政策的调整都将受到双边投资条约的约束。为了应对这一国内政策国际化可能造成的风险，需要建立一些高于国际规则的国内规则，甚至建立一套能使国际政策国内化的制度。前者包括完善反不正当竞争法和国家安全审查机制，后者包括在某些特定的行业，建立一些对各种所有制类型都有效的准入条件，防止外资企业在那些已经开放的行业造成过大的风险。

双边投资协定隐含资本账户自由化的倾向，是很少被人注意到的。资本账户管理不仅包括汇兑管理，还包括跨国资本流动和国际金融交易的各个方面，如利率、汇率、交易数量、交易方式、交易的货币类型、交易程序、准入条件等。通常所说的资本账户可兑换仅仅是汇兑环节的自由化，不包括资本账户所有环节的自由化。比如，允许外国货币可以自由兑换成为人民币，这可视为实现了人民币可自由兑换；但如果在外资兑换成人民币以后，只允许其进行消费或持有现金和存入银行，而不允许进行投资，则还不能认为是实现了资本项目自由化。在美国2012年双边投资协定模板中，资本自由转移条款中明确规定，资本、资本收益和资本利得等必须被允许自由地转移出境。同时使用了很宽泛的资本定义，规定资本除了包括企业之外，还包括股份、债券，甚至期权和期货等金融衍生品。在协议模板的金融服务条款中，还规定协议一方不能以货币和信贷政策、汇率政策以及宏观审慎管理的理由阻止资本自由转移。这也就意味着，出于防止金融危机的目的而对资本项目实施临时管理措施的这最后一道防火墙，在双边投资协定中被取消了。

为了防止在双边投资协定中施加过度资本项目自由化的义务，需要在资本的定义中协调中国的金融开放、资本账户自由化与投资协定之间的关系。同时，需要在资本转移或者金融服务条款中保留临时资本管制的手段。

第八章

中美双边投资协定范本
比较、分析与对策

一 中美双边投资协定范本全文分析与比较

自 2008 年 6 月中美两国正式启动双边投资协定（BIT）谈判以来，由于美国对 2004 年 BIT 范本的修订而导致谈判一度搁置。2012 年美国 BIT 范本公布后，双方于同年 5 月第四轮中美战略与经济对话重启 BIT 谈判。截至 2016 年 3 月，中美双方已进行 24 轮谈判。那么，中美投资协定谈判主要涉及哪些内容、存在哪些重大分歧以及如何应对？本章拟通过对中美两国的 BIT 范本条款进行简要的分析予以揭示，同时尝试提出谈判对策。2012 年 5 月，美国公布了新修订的 BIT 范本（2012 年美国 BIT 范本）；目前，中国尚未公布正式的 BIT 范本。为方便比较研究，本文参考了中国商务部 2010 年 4 月草拟的《中华人民共和国政府和＿＿＿政府关于促进和保护投资的协定》范本草案（2010 年中国 BIT 范本），其文本内容基本被 2011 年中国与乌兹别克斯坦 BIT 悉数纳入，据此可以确知其基本代表近年来中国对外商签 BIT 的主要政策导向。此外，中国与加拿大于 2012 年 9 月 9 日签署了《中华人民共和国政府和加拿大政府关于促进和相互保护投资的协定》，这是目前中国最近对外商签的 BIT。虽然因加拿大至今尚未批准此 BIT，目前仍未生效，但其所反映的中国对外商签 BIT 的新动向，亦是本文考量的内容。

2012 年美国双边投资协定范本①
美利坚合众国政府与××国政府关于促进和相互保护投资协定

　　美利坚合众国政府与××国政府（以下称"缔约双方"）；

　　愿促进缔约一方的国民和企业于缔约另一方领土内在投资方面的更好的经济合作；

　　认识到就投资待遇达成协议，将激励缔约双方私人资本的流动与经济发展；

　　一致认为一个稳定的投资框架将最大限度地有效利用经济资源和提高生活水平；

　　认识到依照国内法以及通过国际仲裁提供的有效方式在投资方面提出权利请求与执行权利的重要性；

　　愿以与保护健康、安全和环境以及提升国际公认的劳工权利相一致的方式实现这些目标；

　　双方决定缔结关于鼓励和相互保护投资的协定；

　　达成协议如下：

　　【评析】此部分为序言，主要阐明缔约双方签订 BIT 的目的与动机。BIT 的序言不仅仅是口号式的规定。依照《维也纳条约法公约》第 31 条规定，序言和附件也构成解释协定条款的重要因素。近年来，国际投资仲裁庭在对 BIT 条款规定不明确或者未做出规定进行解释时，会采取目的解释方法将序言作为对 BIT 条款做出解释的指导准则。

　　与美国 BIT 范本相较，中国已缔结的 BIT 在序言部分强调"在平等互利原则的基础上相互鼓励、促进和保护投资"，要求双方彼此"尊重经济主权"。晚近中国新缔结的 BIT 中，则增加了"促进经济健康稳定和可持续发展，增加缔约双方人民的

---

① 本文所引 2010 年 BIT 范本草案内容，皆引自商务部温先涛先生分别发表于《国际经济法学刊》第 18 卷第 4 期，第 19 卷第 1、2 期的《〈中国投资保护协定范本〉（草案）论稿（一）》、《〈中国投资保护协定范本〉（草案）论稿（二）》与《〈中国投资保护协定范本〉（草案）论稿（三）》三篇文章。本文所译 2012 年美国 BIT 范本，英文原文可见美国国务院网站（http：//www. state. gov/documents/organization/188371. pdf）。

福祉"的规定。如 2011 年中国—乌兹别克斯坦 BIT，即有上述约定。这与美国 BIT 范本序言中强调保护健康、安全和环境具有一致性。但与美方明确提及的健康、安全和环境以及劳工权利相比较，中国 2010 年范本草案序言中的"经济健康稳定和可持续发展"其侧重点有所不同，且更为概括。在国际投资仲裁机构经常扩大管辖权的情况下，投资协定中清晰明确的表述应成为缔结双边投资协定时需要特别注意的事项。

第一章

第 1 条　定义

本协定中：

"中央政府"系指：

（a）对于美国，系指联邦一级政府；以及

（b）对于××国，系指＿＿＿政府。

"中心"系指依照《解决国家与他国国民间投资争端公约》设立的解决投资争端国际中心（ICSID）。

"申请人"系指缔约一方与缔约另一方有投资争端的投资者。

"合格投资"，对于缔约一方而言，系指缔约另一方投资者在本协定生效之日起存在于该缔约方领土内的投资，或者此后设立、获得或扩大的在该缔约方领土内的投资。

"争端双方"系指申请人和被申请人。

"争端一方"系指申请人或被申请人。

"企业"系指按照所适用的法律组建或组织的任何实体，不论其是否以营利为目的，也不论其是由私人或政府所有或控制，包括公司、信托、合伙、个人独资企业、合资企业、社团或类似组织以及企业的分支机构。

"缔约一方的企业"系指按照缔约一方的法律组建或组织的企业和位于缔约一方领土内从事经济活动的分支机构。

"存在"系指在本协定生效之日时有效。

"可自由使用货币"系指国际货币基金组织根据其协定条

款确定的"可自由使用货币"。

"GATS"系指"世界贸易组织协定"附件 1B 中的《服务贸易总协定》。

"政府采购"系指政府出于政府的目的取得商品或服务的使用或获取商品或服务以及二者兼有的过程。政府采购不以商业销售或转售为目的，或者不为商业销售或转售而在生产中使用、提供商品或服务。

"ICSID 附加便利规则"系指解决投资争端国际中心秘书处关于程序管理的附加便利规则。

"ICSID 公约"系指 1965 年 3 月 18 日在华盛顿签署的《解决国家与他国国民间投资争端公约》。

"美洲国家公约"系指 1975 年 1 月 30 日在巴拿马签署的《美洲国家国际商事仲裁公约》。

"投资"系指投资者直接或间接拥有或控制的具有投资特征的任何资产，其中投资特征包括资本或其他资源的投入、收益或利润的预期或风险的承担。投资的形式包括：

（a）企业；

（b）企业的股份、股票或其他形式的参股；

（c）债券、信用债券或其他债权文件和贷款；【注 1】

（d）期货、期权和其他衍生品；

（e）交钥匙、建设、管理、生产、特许、收益分享以及其他类似的合同；

（f）知识产权；

（g）执照、授权、许可和其他根据国内法所授予的类似权利；【注 2、注 3】以及

（h）其他有形或无形财产、动产或不动产，以及相关的财产权利，如租赁、抵押、留置权和质押。

"投资协议"系指，由缔约一方的国家机构【注 4】与缔约另一方的合格投资或投资者之间授予合格投资或投资者权利的书面协议【注 5】。合格投资或投资者据此协议设立或获得投资协议本身以外的合格投资。投资协议授予合格投资或者投资者

以下权利:

（a）在国家机构控制的自然资源方面，如开发、开采、冶炼、运输、分销或销售;

（b）代表缔约方为公众提供服务，如发电或配电，水的处理或分配，或电信;或

（c）承接基础设施项目，例如不是政府独家或主要使用和受益的公路、桥梁、运河、堤坝或管道的建设。

"投资授权"【注6】系指缔约一方的外国投资管理机构给予缔约另一方合格投资或投资者的投资授权。

"非缔约方投资者"，对于缔约一方，系指试图、正在或已经在缔约一方领土内投资的、非任何缔约一方的投资者。

"缔约一方投资者"系指试图、正在或已经在缔约另一方领土内投资的缔约一方或缔约一方的国有企业、国民或企业。但是，双重国籍自然人应仅被视为其主要和有效国籍国家的国民。

"措施"包括任何法律、法规、程序、要求或惯例。

"国民"系指:

（a）对于美国，美国移民和国籍法第三章规定的属于美国国民的自然人;和

（b）对于××国，＿＿＿＿＿。

"纽约公约"系指1958年6月10日在纽约签署的《联合国关于承认与执行外国仲裁裁决公约》。

"非争端缔约方"系指非投资争端当事人的缔约一方。

"人"系指自然人或企业。

"缔约一方的人"系指缔约一方的国民或企业。

"受保护信息"系指商业机密信息、特权信息或依照缔约一方的法律属于保密或其他受保护而免于披露的信息。

"地方一级政府"系指:

（a）在美国方面，美国的州、哥伦比亚特区或波多黎各;以及

（b）在××国方面，＿＿＿＿＿。

"被申请人"系指作为投资争端一方的缔约方。

"秘书长"系指解决投资争端国际中心秘书长。

"国有企业"系指缔约一方所有或通过所有者权益控制的企业。

"领土"系指：

（a）在美国方面：

（ⅰ）美国的关税地区，包括 50 个州，哥伦比亚特区和波多黎各；

（ⅱ）位于美国和波多黎各的对外贸易区。

（b）在××国方面，_____。

（c）对于每一缔约方，领海以及根据《联合国海洋法公约》所反映的国际习惯法可以行使主权或管辖权的领海以外的任何区域。

"与贸易有关的知识产权协定"系指"世界贸易组织协定"附件 1C 所包含的《与贸易有关的知识产权协定》。【注 7】

"联合国国际贸易法委员会仲裁规则"系指联合国国际贸易法委员会制定的仲裁规则。

"WTO 协定"系指 1994 年 4 月 15 日签署的《建立世界贸易组织的马拉喀什协定》。

【注 1】一些形式的债，例如债券、公司债券以及长期票据更具有投资的特征，但其他形式的债，如源于货物或服务销售的即期支付请求，则不太具有此种特征。

【注 2】特定类型的执照、授权、许可或类似的书面文件（包括在一定程度上具有这类文件性质的特许）是否具有投资特征取决于持证人依照该缔约方的法律享有的权利的性质和范围。依照国内法不创设任何受保护权利的执照、授权、许可或类似的书面文件不具有投资特征。为进一步明确，上述规定不影响与执照、授权、许可或类似的书面文件相联系的任何资产是否具有投资特征。

【注 3】"投资"一词不包括通过司法或行政程序做出的命令或裁决。

【注4】本定义中，国家机构系指（a）在美国方面，中央层级的政府机构；（b）在××国方面，_____。

【注5】"书面协议"系指由缔约双方执行的书面协议，无论其是单一文件或是包括多个文件。其能产生权利与义务交换，依照第30条第（2）项"准据法"可适用的法律对缔约双方均具有约束力。为进一步明确，（a）行政或司法机构单方行为，如缔约一方根据其管理权限独自颁发的许可、执照或授权，或者独立的指令、命令或判决；以及（b）一项行政或司法的同意法令或命令，不应视为书面协议。

【注6】为进一步明确，本定义不包括缔约一方为执行普遍适用的法律所采取的行为，如竞争法。

【注7】为进一步明确，"与贸易有关的知识产权协定"包括按照WTO协定授予世贸组织成员的，在各缔约方之间有效的关于《与贸易有关的知识产权协定》的任何条款的弃权。

【评析】本条对协定中的主要概念进行了定义。投资的定义是BIT的基础与核心内容之一，决定BIT的适用对象，直接关系到哪些投资者和投资应当受协定保护。BIT达成的实体与程序性规则，均指向投资并围绕其展开。

国际投资协定中对投资的定义，一般包括基于资产的定义和基于企业的定义两种方式。其中，基于资产的定义方式是国际投资协定采用的较为传统的方式，并为多数国家所采用。其一般概括性规定投资包括投入的各种资产，然后辅之以"包括但不限于"的列举资产种类的方式进一步解释投资的含义。基于企业的定义方式是把投资定义为企业，规定投资是由一国的实体企业在另一个国家建立的实体企业基于收益目的投入的财产。基于资产的定义法与基于企业的定义方法相较，前者更为开放与宽泛。随着国际投资实践的发展，近来投资的定义有不断扩大的趋势，涵盖的内容日趋宽泛。有学者认为，晚近国际投资协定实践中，投资的定义日益扩大，几乎囊括了国际投资实践的所有财产类型，这充分表明，国际投资协定关于投资定义方面的实践是与国际投资法充分保护外国投资者利益的价值取向一脉相承的。① 对此，笔者认为从投资者的角度看，"投资"定义的扩大有利于其在东道国利益的保护；而对于东道国而言，则意味着其需要承担更重的责任，其管制跨国投资的权力会受到一定的限制。

中国与美国在投资定义和方法上均采用基于资产的定义方式。中国已缔结的多数 BIT 中，一般会先规定投资包括各种类型的资产，然后通过"包括但不限于"的列举方式进一步界定，所涵盖的资产类型包括动产、不动产及抵押、质押等传统的物权与债权，还包括股份、金钱请求权、知识产权、债券等间接投资以及特许权等，并规定投资形式的变化与再投资也涵盖在 BIT 保护范围之中，但同时规定须"依照东道国的法律和法规"。

美国 BIT 范本对投资的定义也是基于资产的定义方式，但是为了 BIT 能够覆盖新出现的投资类型以更好地适应投资实践的发展，对基于资产的定义方式进行了一定的修正，将投资定义为包括"资本或其他资源的投入、对收益或利润的期待、对风险的承担"这三个投资特征的资产。中国 2010 年 BIT 范本草案借鉴了美式范本的经验，将投资定义为包括上述三项特征的资产，并于 2011 年达成的中国—乌兹别克斯坦 BIT 予以践行，区别之处在于中国同时保留了"依照东道国的法律和法规"这一规定。

此外，美国 BIT 范本将投资扩展至包括根据法律颁发的许可证及类似的权利，以及依照法律或由合同产生的权利。

第 2 条 范围

1. 本协定适用于缔约一方采取和维持的有关下列事项的措施：

（a）缔约另一方的投资者；

---

① 张庆麟：《论国际投资协定中"投资"的性质与扩大化的意义》，《法学家》2011 年第 6 期。

（b）合格投资；以及

（c）对于第 8 条"履行要求"、第 12 条"投资与环境"和第 13 条"投资与劳工"而言，在该缔约方领土内的所有投资。

2. 缔约一方在第一章项下的义务应适用于：

（a）经缔约一方授权行使管理、行政或其他政府职权的国有企业、企业或自然人；【注 8】以及

（b）该缔约方的政治分支机构。

3. 为进一步明确，本协定不约束在本协定生效之日前发生的任一缔约方的任何行为或事实，或任何终止存在的情况。

【注 8】为进一步明确，被授予政府职权包括以立法授予、政府命令、指令或其他措施将政府职权转交给国有企业或其他企业或者个人或者授权国有企业或者其他企业或者个人行使政府职权。

【评析】本条规定协定的适用范围。中国已缔结的 BIT 中一般仅规定涵盖的投资范围和适用的时间范围，未规定协定涵盖的措施范围。美国 BIT 范本明确规定对经缔约一方授权行使管理、行政或其他政府职权的国有企业具有约束力。在 2012 年 BIT 范本中，新增何为"国有企业被授予政府职权"的界定。此前的美国 BIT 范本对于何谓"国有企业被授予政府职权"未作明确定义。因其含义模糊，实践中易引起对国有企业的哪些被授予政府职权的行为应受 BIT 规制的争议。新范本则以脚注方式澄清了判定缔约方授予国有企业或任何其他企业政府职权的标准。这一修改意义深远，反映美国政府通过 BIT 范本表明了"一国有可能会因其国有企业行使政府授权行为而依照 BIT 中的实体条款规定被追究法律责任"的立场，即使该授权是以非正式方式授予的。例如在 ICSID 处理的"马菲基尼诉西班牙案"中，仲裁庭就通过西班牙与阿根廷 BIT 中的最惠国待遇条款，认定西班牙一家企业为国有企业（依据控股和功能标准），它与阿根廷投资者的合资纠纷属于 ICSID 仲裁管辖范围，而不是西班牙主张的是两家商业公司的合资纠纷而由西班

牙国内法院管辖。① 因此，若将本条联系下文中的金融服务条款规定，以及本协定中第二章规定的投资者与东道国争端解决机制，则有可能出现中国国有金融机构与外资企业的纠纷，被外资企业直接提交到国际投资仲裁机构仲裁的情况出现，从而严重损害中国的司法主权。因此，对于美国新增"国有企业"注释不能忽视。

目前世界各国对于何谓"国有企业"具有不同的认定标准，尚未形成统一的看法。世界银行将国有企业定义为"政府拥有或控制，以服务或商品的销售为主要收益的事业"。这一定义无疑过于宽泛、模糊。就具体国家而言，一些国家对于国有企业采取广义说，例如澳大利亚，其认为所有等级的政府成立的企业，只要其通过销售服务或商品获利，或与民营企业具有竞争关系，则无论其组织形态，均属于国有企业的范围。而另一些国家则采取狭义说，即认为仅有以商业组织形态（如公司）设立的事业，方属于国有企业，它甚至排除政府持股低于50%的公司。② 在 TPP 谈判之初，各方也并未就国有企业达成一致意见，美国强调国有企业条款约束中央政府一级的国有企业，而不涉及省级国有企业，这是因为美国的国有企业基本属于州立，这样的认定标准有利于美国、澳大利亚等联邦制国家州政府层面的国有企业躲避管制，获取利益。相较而言，马来西亚、越南、新加坡、新西兰等国国有企业却主要集中于中央层面，因此该条款直接指向这些国家的国有企业。③ 由于认定标准不同，导致该条款对各国的冲击与影响也不同，这也令谈判各方对国有企业条款存有较大争议。国有企业的认定标准决定着近年来美国力推的"竞争中立"政策的适用范围。因此，

① 龚柏华：《中美双边投资协定谈判中的金融服务条款》，《法学》2013 年第10 期。
② 汤婧：《"竞争中立"规则：国有企业的新挑战》，《国际经济合作》2014 年第3 期。
③ 李晓玉：《"竞争中立"规则的新发展及对中国的影响》，《国际问题研究》2014年第 2 期。

我国在中美 BIT 谈判中应尽量要求限缩国有企业的定义, 缩小目前受到国际投资协定约束的国有企业的范围, 从而降低竞争中立等政策对我国国有企业带来的冲击。中国可以考虑通过国内法对国有企业给予符合中国国情的界定, 并在 BIT "不符措施" 条款中将相关国内法规定作为例外安排在负面清单中予以保留。

第3条 国民待遇

1. 缔约一方给予缔约另一方投资者在其领土内设立、取得、扩大、管理、经营、运营、出售或其他投资处置方面的待遇, 不得低于在相同情势下给予本国投资者的待遇。

2. 缔约一方给予合格投资在其领土内设立、取得、扩大、管理、经营、运营、出售或其他投资处置方面的待遇, 不得低于在相同情势下给予本国投资者的投资的待遇。

3. 对于地方政府而言, 缔约一方依照前两款规定所给予的待遇系指, 不得低于在相同情势下该地方政府给予居住在该缔约方其他地方政府所在地区的自然人, 或依照该缔约方其他地方政府所在地的法律所组建的企业, 以及上述自然人及企业的投资的待遇。

【评析】国民待遇条款是国际投资协定中的核心条款之一。作为一种相对待遇标准, 国民待遇一般以东道国投资者享受的待遇为参照对象, 要求东道国政府在相似情况下给予外国投资者的待遇不低于其给予本国投资者的待遇, 其主要针对东道国政府的法律、法规和其他措施。早期 BIT 中的国民待遇条款着重于对投资的保护, 东道国一般会承诺给予准入后的外国投资国民待遇, 即外资运营阶段的国民待遇, 以确保东道国对其征收行为的全额赔偿。随着经济全球化的推进, 晚近以来国际投资协定中的国民待遇条款不仅是投资保护条款, 而且渐成促进投资自由化的核心规则。一些国际投资协定将国民待遇义务延伸至准入前阶段, 即外资准入阶段的国民待遇, 具体而言就是在外资投资领域、设立过程以及相关的实体和程序条件要求等方面实现内外国民平等对待。①

　　对于准入阶段的国民待遇，即使承诺给予外资国民待遇的一些国家，也保留了诸多限制和例外。以美国为例，虽规定了准入阶段的国民待遇，但是其 BIT 范本中第 14 条专门规定了"不符措施"条款，以及国家安全例外、金融服务例外等条款。

　　在 2013 年 7 月举行的第五轮中美战略与经济对话前，国民待遇是中美双方在 BIT 条款内容上存在的最为核心与困难的议题之一。中美双方的主要分歧在于国民待遇适用的投资阶段是否扩展至准入前阶段，即投资的设立、扩大阶段。美国 2012 年 BIT 范本中明确规定国民待遇条款适用于投资的准入阶段与运营阶段，而中国已缔结的约 130 个 BIT 中，均未接受准入阶段的国民待遇义务。在中国已签订的 BIT 中，国民待遇条款的具体表述措辞不一、适用范围参差不齐。中国在 20 世纪 80 年代初期缔结的 BIT 中，多未承诺给予国民待遇。1988 年中国与日本签订的 BIT 中首次明确规定了运营阶段的国民待遇原则，但在协定的附件中进行了实质性的限制。② 1992 年中国与韩国签订的 BIT 中规定的运营阶段的国民待遇则未作任何限制规定。③ 但此后，中国签订的中外 BIT 中多又重新对运营阶段的国民待遇作了限制。2012 年中国与加拿大历时 18 年谈判签订的中国—加拿大 BIT 中，在这方面也未有实质性突破，虽然加方在谈判中也提出给予其投资者的国民待遇覆盖准入前与准入

---

　　① 单文华：《外资国民待遇与陕西的外资政策研究》，《西安交通大学学报》（社会科学版）2013 年第 2 期，第 82 页。
　　② 《中华人民共和国和日本国关于鼓励和相互保护投资协定》附件中第 3 条规定：关于协定第 3 条第 2 款的规定，缔约任何一方，根据有关法律和法规，为了公共秩序、国家安全或国民经济的正常发展，在实际需要时，给予缔约另一方国民和公司的差别待遇，不应视为低于该缔约一方国民和公司所享受的待遇。第 4 条规定：协定第 3 条第 2 款的规定，不应妨碍缔约任何一方规定关于外国人及外国公司在其境内活动的特别手续。但是，该手续不应在实质上损害该条第 2 款规定的权利。
　　③ 《中华人民共和国政府和大韩民国政府关于鼓励和相互保护投资协定》第 3 条第 2 款规定：任何一方国家的投资者，在另一国领土内，在有关投资、收益和与投资有关的业务活动方面，应保证得到不低于后者一方国家投资者的待遇。

后阶段的要求。① 由此可知，中国对于国民待遇一直持谨慎态度，对于运营阶段的国民待遇实行差别政策，对于准入阶段的国民待遇义务则一直未接受。

第五轮中美战略与经济对话达成的成果之一，即中方同意以"准入前国民待遇加负面清单模式"为基础开展中美 BIT 实质性谈判，为中美 BIT 的最终达成释放了积极信号。"准入前国民待遇加负面清单模式"对现行的中国外商投资管理体制具有深远影响，既有利于突破现有外商投资管理体制改革的瓶颈问题，又意味着中国的外资监管与风险防控能力将面临非常严峻的挑战。为避免中国外资管理政策被国际投资协定"锁定"，中国需要在缔结中美 BIT 之前先行改革与完善外资管理体制，并通过统一内外资法律、完善外资准入国家安全审查制度、规范化与制度化反垄断审查工作等对策应对外资监管将面临的严峻挑战。②

第4条 最惠国待遇

1. 缔约一方就其领土内的投资的设立、取得、扩大、管理、经营、运营、出售或其他处置所给予缔约另一方的投资者的待遇，不得低于在相同情势下给予任何非缔约方投资者待遇。

2. 缔约一方就投资的设立、取得、扩大、管理、经营、运营、出售或投资的其他处置所给予合格投资的待遇，不得低于在相同情势下给予任何非缔约方投资者在其领土内的投资的待遇。

【评析】最惠国待遇条款是 BIT 中至为重要的条款。一般与国民待遇条款结合使用。最惠国待遇要求缔约国给予对方投资者的待遇，不得低于其给予任何第三国投资者的待遇，其实

---

① 中国—加拿大 BIT 第 6 条中规定国民待遇适用于投资的"扩大"，但该条第 3 款又对"扩大"限制为无须审批的部门的扩大投资。

② 详见本书第六章的论述。

质是要求缔约国将给予第三国投资者的优惠待遇无条件地给予缔约另一国的投资者和投资。正是基于最惠国待遇条款所具有的传递性，中美 BIT 谈判才被称为"二次入世"。最惠国待遇条款的目的旨在为不同国籍的投资者创造公平的竞争环境。

最惠国待遇条款适用于实体性事项已广为接受。对于该条款能否适用于争端解决等程序性事项，以及在何种情况下适用则存有激烈的争议，迄今为止还未有统一的观点。2000 年"马菲基尼诉西班牙案"首先引发了各界对最惠国待遇条款适用范围是否扩展到程序性事项的讨论，中国政府首次成为 ICSID 被告的"马来西亚伊佳兰公司诉中国案"也涉及最惠国待遇条款的适用范围问题。最惠国待遇条款的适用范围的扩张，导致其日益发展成为投资者"挑选条约"的工具，以致投资者对双边投资协定中某些具体条款的滥用。

美国为避免重蹈"马菲基尼诉西班牙案"的覆辙，自其 2004 年 BIT 范本开始，将最惠国待遇条款的适用范围限制在与"投资的设立、取得、扩大、管理、经营、运营、出售或其他处置"的待遇上，且在第 14 条"不符措施"条款中进一步详细规定了最惠国待遇条款的例外。

从中国 2010 年 BIT 范本草案来看，与美国 BIT 范本的主要区别在于中国最惠国待遇条款中直接规定了该条款的适用例外，即在建立自由贸易区、关税同盟、经济联盟、货币联盟或类似组织、机制的协定、与税收（含关税）有关的国际协定或国际安排以及便利边境地区任何边境贸易安排等方面做出了例外规定。由于中国对外签订的 BIT 中有关争端解决条款的规定各不相同，在 ICSID 仲裁管辖问题上，1998 年以前中国对外签订的 BIT 中绝大多数不接受 ICSID 仲裁管辖（89 个 BIT 中，不接受的有 76 个、接受的有 13 个），仲裁范围也都限定在征收补偿数额方面。1998 年以后中国签订的 BIT 中大多接受了 IC-SID 仲裁管辖权，仲裁事项明显扩展，不少中外 BIT 已将可提交仲裁的事项扩大至与投资有关的任何法律争议，而且投资者可以选择争端解决方法，即发生争端协商不成可以向争端一方有管辖权的法院起诉，或者向 ICSID 等仲裁机构提起仲裁。这在实践中易引发投资者能否通过 BIT 中最惠国待遇条款，要求适用中国与第三方缔结 BIT 中的较优惠的争端解决条款的问题。为降低最惠国待遇条款在实践中的不确定性，中国在 2008 年与新西兰签订的 FTA 中就规定，最惠国待遇并不要求缔约国给予另一缔约国投资者不同于该协定规定的争端解决程序的权利。在 2010 年 BIT 范本草案中，也明确规定，尽管有第 1 款规定，投资者不得援引其他协定中规定的争端解决程序。中国在今后签订投资协定中，也应明确规定最惠国待遇条款不适用于争端解决程序，以及该条款的效力不溯及既往的原则。

第 5 条　最低待遇标准【注 9】

1. 每一缔约方应根据习惯国际法给予合格投资待遇，包括公正与公平待遇与充分的保护与保障。

2. 为进一步明确，第 1 款规定的给予合格投资的最低待遇标准即习惯国际法上关于外国人的最低待遇标准。"公正与公平待遇" 与 "充分保护与保障" 的概念不要求超出最低待遇标准或额外的待遇，也不创设额外的实体权利。第 1 款所规定的义务要求提供的：

（a）"公正与公平待遇" 包括按照世界主要法律制度所体现的正当程序原则，在刑事、民事或行政裁决程序中，不得拒绝司法的义务；以及

（b）"充分的保护和保障" 要求每一缔约方提供习惯国际法所要求的治安保护水平。

3. 违反本协定其他条款或者其他单项的国际协定的裁定不构成对本条款的违反。

4. 尽管有第 14 条 "不符措施"（5）（b）项 "补贴和拨款" 的规定，在由于武装冲突或内乱引致其境内的投资遭受损失而采取或维持补偿措施方面，每一缔约方应给予缔约另一方投资者及合格投资非歧视待遇。

5. 尽管有第 4 款规定，如果缔约一方的投资者在第 4 款规

定的情况下，在缔约另一方领土内遭受损失是由于：

（a）缔约另一方的军队或政府当局征用其合格投资或其中的部分；或

（b）在非必要情况下，缔约另一方的军队或政府当局破坏其合格投资或其中的部分。

缔约另一方应对此损失给予投资者恢复原状、赔偿或在适当情况下同时提供恢复原状与赔偿。任何赔偿，依照第6条"征收与赔偿"第2款至第4款的规定（加以必要的变更）均应及时、充分与有效。

6. 第4款的规定不适用于有关补贴与拨款的现行措施，如果没有第14条"不符措施"（5）（b）"补贴和拨款"的规定，这些补贴与拨款的规定将与本协定第3条"国民待遇"规定不一致。

【注9】第5条"最低待遇标准"应依照附件A解释。

【评析】美国冠以最低待遇标准的约文，在中国对外签订的BIT中则称为公正与公平待遇标准。与前述国民待遇和最惠国待遇条款依据东道国给予本国和第三国投资者的待遇决定的"相对"待遇标准不同，本条款的含义不是参照其他待遇来确定的，而是参照所适用的具体情况确定的，被认为是"绝对的"、"无条件的"待遇标准。

近年来相关国际投资仲裁实践表明，仲裁庭在对公正与公平待遇标准的解释和适用时，倾向于采取比传统国际最低标准更为宽泛的解释。基于此，在仲裁庭的演绎下，与国际最低待遇标准存在历史渊源的公正与公平待遇标准已不再仅仅局限于国际最低标准所提供的保护程度，而是在其基础上逐渐演变为一种较国际最低标准更高的绝对待遇标准，进而使投资者向东道国索赔的门槛更低，而且赋予了国际仲裁庭更大的自由裁量空间。这对于投资者保护来说当然是更为强化，但对于东道国，其合理性有待商榷。

向来倡导投资自由化的美国，也未能幸免。在2000年前后，美国成为多起依照《北美自由贸易协定》中公正与公平待遇规定提起投资争端仲裁案件的被申请人。面对诉累，美国在 2004 年 BIT 范本修订中，及时对该标准的内涵做出较为明确的规定，指出"公平与公正待遇"和"充分的保护与安全"这两个概念并不要求给予国际最低待遇标准之外的或额外的待遇，也不创设额外的实体权利，并且将该标准的适用范围限定于程序规则方面。上述规定与解释，在一定程度上提高了该项待遇标准适用的门槛，从而有利于东道国避免正当外资管辖权受到挑战以及潜在的赔偿风险。

中国现已对外签订的 BIT 中，一般含有公正与公平待遇标准。但对公正与公平待遇标准一般采用概括式规定，即"缔约一方的投资者在缔约另一方境内的投资应始终享受公平与公正的待遇"。对于国际投资仲裁庭扩张解释公正与公平待遇标准的现实，中国在 2007 年与法国重新签订的 BIT 中也给予了限制，规定"任一缔约方应当根据普遍接受的国际法原则给予缔约另一方的投资者在其境内或海域内所作的投资公平与公正待遇"。中国 2010 年 BIT 范本草案中，也对"公正与公平待遇"和"充分的保护与安全"做出了明确的界定。

中国在这一待遇标准上的主要考虑是，中国是发展中国家，不愿将公正与公平待遇与国际最低待遇标准相联系。长期以来，国际最低待遇标准被视为殖民时代的产物，第三世界国家认为这一标准会使其在外国人待遇问题上承担不确定的国际义务，易引起发达国家滥用外交保护，进而干涉其内政。

鉴于现今美国 BIT 范本已对国际最低待遇标准的适用范围做出明确限制并有效缓解了美国一度面对的"仲裁危机"，考虑到中国兼具资本输入国和资本输出国的双重身份，为避免诉累，可以考虑接纳国际最低待遇标准，审慎而积极地应对国际投资争端仲裁庭扩张解释公正与公平待遇标准的现实，更好地服务于对外开放和积极实施"走出去"战略的双重目标。

第 6 条　征收和补偿【注 10】

1. 缔约方不得直接地或通过等同于征收或国有化的措施间

接地对合格投资实施征收或国有化，但以下情况除外：

（a）为了公共目的；

（b）以非歧视的方式；

（c）及时、充分和有效地支付补偿；以及

（d）依照正当法律程序与第 5 条最低待遇标准第 1 款至第 3 款的规定。

2. 第 1 款（c）项所指补偿应当：

（a）不迟延地支付；

（b）等同于被征收投资在征收发生前即刻（"征收之日"）的公平市场价值；

（c）不反映由于预期发生的征收被提前所知晓而发生的价值变化；以及

（d）完全可兑现和自由转移。

3. 如果公平市场价值以可自由使用货币计算，第 1 款（c）项规定的补偿应当不低于征收之日的公平市场价值加上以该货币计算的从征收之日起至付款之日止的按合理商业利率计算的利息。

4. 如果公平市场价值以不可自由使用货币计算，第 1 款（c）项规定的补偿——按照付款之日通行的市场汇率兑换为支付货币——应当不低于：

（a）按征收之日市场汇率兑换为可自由使用货币计算的公平市场价值；加上

（b）从征收之日至付款之日期间对可自由使用的货币按合理商业利率计算的利息。

5. 本条规定不适用于根据《与贸易有关的知识产权协定》颁发的有关知识产权的强制许可，也不适用于知识产权的撤销、限制和创设，只要这种知识产权的撤销、限制和创设符合《与贸易有关的知识产权协定》。

【注 10】第 6 条中的"征收"应依照附件 A 与附件 B 解释。

【评析】征收或国有化问题是国际投资协定谈判的最重要议题之一。征收或国有化是指东道国政府基于公共利益的需要对外国投资者在东道国的部分或全部资产实行剥夺的行为。其中征收包括直接征收与间接征收两种形式。直接征收通常由东道国政府颁布有关法令等方式加以实施。20 世纪 90 年代以来，随着经济全球化的发展和投资自由化趋势不断加强，东道国实施直接征收的情形近乎绝迹，代之以间接征收方式。

一般认为，间接征收的基本含义系指虽未直接转移或剥夺投资者的财产权，但其效果等同于直接征收，或者可以称为与征收"类似的任何其他措施"、"效果相同的其他措施"。间接征收的典型性法律表现形式主要包括强制转让财产、完全禁止转让或支配财产、实质干预企业的管理控制权、过度或任意征税、取消许可或批准、违法驱逐外国投资者、骚扰行为等。实践中，出现上述法律表现形式未必一定构成间接征收，还需结合具体案例"逐案"考察分析。

自 2000 年以来，随着中国政府出台一系列鼓励海外投资的政策和措施，中国的海外投资迅速增长。间接征收是中国投资者在海外投资中容易遭受的一种政治风险。特别是作为一个发展中的海外投资大国，中国投资者的许多海外投资出于资源获取、产业转移等方面的考虑，主要投向投资数额大、期限长、政治风险高的自然资源开发和基础设施建设等项目，并较多地集中于发展中国家。发展中国家的经济、政治和社会等各项制度发生调整或转型的风险较高，发生间接征收风险的概率也较大。

中国已缔结的 BIT 对于间接征收的规范并不一致。从中国 2010 年 BIT 范本草案来看，中国对间接征收的规定近似于 2012 年美国 BIT 范本，但更为谨慎，除对间接征收予以明确定义以外，还通过引入比例原则，使其认定标准更具有可操作性。

对于征收的补偿问题，美国一直奉行充分、及时、有效的赫尔原则，但中国已签订的 BIT 中一般主张给予"适当"的补偿而非"充分"的补偿。中国 2010 年 BIT 范本草案中规定"补偿的支付不应不合理地迟延，并应可以有效实现和自由转移"，这里的表述也未认可"充分"这一标准。在 2012 年中国—加拿大 BIT 中，中国坚持了这一立场，也排除了 2004 年加拿大 BIT 范本中所主张的"充分"的补偿标准。

第 7 条　转移

1. 每一缔约方应允许与合格投资有关的所有转移自由地并不迟延地汇入或汇出其领土。这些转移包括：

（a）资本投入；

（b）利润、股息、资本收益以及出售全部或部分合格投资或清算全部或部分合格投资所得收益；

（c）利息、特许权使用费、管理费、技术援助费以及其他费用；

（d）根据合同所支付的款项，包括贷款协议；

（e）根据第 5 条"最低待遇标准"第（4）项和第（5）项以及第 6 条"征收和补偿"所支付的款项；以及

（f）由争端产生的款项。

2. 每一缔约方应允许与合格投资有关的转移按照转移时通行的市场汇率以可自由使用的货币进行。

3. 每一缔约方应允许与合格投资有关的实物收益，依照缔约一方与缔约另一方的合格投资或投资者之间的书面协议所授权或规定的方式进行。

4. 尽管有本条第 1 款、第 2 款和第 3 款的规定，缔约一方可以通过公正、非歧视和善意地适用有关下列事项的法律阻止转移：

（a）破产、无力偿还或保护债权人权利；

（b）有价证券、期货、期权或衍生品的发行、买卖或交易；

（c）犯罪或刑事违法行为；

（d）当有必要协助执法或金融监管当局时，对转移进行财务报告或保存记录；或

（e）确保遵守司法或行政程序做出的命令或判决。

【评析】资金转移条款是双边投资协定中最重要的条款之一，也是中美 BIT 谈判中较为困难的条款之一。通过转移条款

的规定，外国投资者投资的经济利益才能得以自由转移或汇回本国。转移条款与外国投资者的利益直接相关，是东道国给予外国投资者及其投资具体待遇标准的一个重要内容。对东道国而言，既要通过资金转移条款达到吸引投资的目的，同时又要防止因放松外汇管制而可能给国内经济带来的不利影响。

中美 BIT 范本有关转移条款规定的结构与内容较为接近，区别主要在于中国 2010 年 BIT 范本中规定转移需要"按照其法律和法规"的规定。这就会涉及中国的外汇管制政策。依照《中华人民共和国外汇管理条例》第三章"资本项目外汇管理"规定可知，当前中国对资本项目并未开放，仍保留审核权。国外学者的研究表明，资本项目开放带来的好处需要一个经济体的经济发展程度、金融市场发展程度、政府能力等指标达到了一定的门槛之后才会表现出来，否则会带来负面效果。作为发展中国家的墨西哥加入《北美自由贸易协定》后，取消了外汇管制，致使 1994 年爆发的金融危机已为发展中国家提供了前车之鉴。因此，当前中国仍有必要对"转移"条款的适用限定在"中国法律和法规"规定的范围中。

中国 BIT 范本中还规定了国际收支平衡危机例外，即规定"在国际收支遇到严重问题或受到严重威胁的时候，缔约一方可以参照国际标准实施有关措施，暂时限制转移"。美国 BIT 范本则未给东道国在面临国际收支困难时采取临时性管制措施限制资金转移留出余地。

第 8 条　业绩要求

1. 缔约方对于在其领土内的缔约另一方或非缔约方的投资者的投资的设立、取得、扩大、管理、经营、运营、出售或其他处置方面，不得强加或执行以下任何要求或强制执行以下任何承诺或保证【注 11】：

（a）出口特定水平或比例的货物或服务；

（b）达到特定水平或比例的国内含量；

（c）购买、使用其境内生产的货物或对其境内生产的货物给予优惠，或从其境内的企业或自然人处购买货物；

（d）以任何方式将进口的数量或价值与出口的数量或价值或与此投资有关的外汇流入额相联系；

（e）限制此投资生产的货物或提供的服务在其领土内的销售，通过将此销售以任何方式与其出口数量或价值或者外汇收入相联系；

（f）向其领土内的企业或自然人转让特殊技术、生产工艺或其他专有知识；

（g）向特定区域市场或世界市场提供仅从该缔约方领土内投资生产的货物或提供的服务；或

（h）（ⅰ）在其领土内购买、使用或优先考虑该缔约方或该缔约方的企业或自然人的技术；【注 12】或

（ⅱ）在其领土内阻止购买、使用或优先考虑特定技术，

从而基于国籍为本国投资者或者投资或者缔约方的技术或者缔约方企业或自然人的技术提供保护。

2．缔约方在有关其领土内的缔约一方或非缔约方的投资者的投资的设立、取得、扩大、管理、经营、运营、出售或其他处置方面，不得以遵守下列要求作为获得或持续获得优势的条件：

（a）达到特定水平或比例的国内含量；

（b）购买、使用其领土内生产的货物或优先考虑其领土内生产的货物，或从其境内的企业或自然人处购买货物；

（c）以任何方式将进口的数量或价值与或出口的数量或价值或与此投资有关的外汇流入额相联系；

（d）限制此投资生产的货物或提供的服务在其领土内的销售，通过将此销售以任何方式与其出口数量或价值或者外汇收入相联系。

3．（a）第 2 款不得被解释为阻止缔约一方在其领土内以遵守生产地点、提供服务、培训或雇佣员工、建设或扩大特定设施或进行研究与发展等方面的要求作为缔约一方或非缔约方投资者在其领土内的投资获得或持续获得优惠的条件。

（b）第 1 款（f）和（h）项规定不适用于：

（ⅰ）缔约一方根据《与贸易有关的知识产权协定》第 31 条规定授权使用一项知识产权，或者将其用于《与贸易有关的知识产权协定》第 39 条范围内且符合第 39 条规定的要求披露私人信息的措施；或是

（ⅱ）法院、行政法庭或者竞争机构苛加的要求或强制执行的承诺或保证，为救济依照该缔约方的竞争法经司法或行政程序认定的反竞争行为。【注 13】

（c）如果这些措施并未以任意或不合理的方式适用，并且如果这些措施不构成对国际贸易或投资的变相限制，第 1 款（b）、（c）、（f）项与（h）项以及第 2 款（a）项与（b）项规定不得被解释为阻止缔约一方采取或维持以下措施，包括环境措施：

（ⅰ）为确保遵守与本协定不一致的法律法规所必要；

（ⅱ）为保护人类、动物或植物的生命或健康所必要；或

（ⅲ）与保护生物或非生物的可用竭自然资源有关。

（d）第 1 款（a）、（b）项和（c）项与第 2 款（a）项和（b）项规定不适用于促进出口和外国援助项目的相关货物或服务的资格要求。

（e）第 1 款（b）、（c）、（f）、（g）项和（h）项与第 2 款（a）项和（b）项规定不适用于政府采购。

（f）第 2 款（a）项和（b）项规定不适用于进口方为有资格获得优惠关税或配额优惠所必需而施加的关于货物成分的要求。

4．为进一步明确，第 1 款和第 2 款规定不适用于上述条款列出的规定以外的承诺、义务或要求。

5．如果缔约方未强加或要求承诺、保证或要求，本条规定不阻止私人之间达成的承诺、保证或要求的强制执行。

【注 11】为进一步明确，第 2 款中所指的获得或持续获得优惠条件并不构成第 1 款中的"承诺或保证"。

【注 12】本条中，"缔约一方或缔约一方的自然人或企业的

技术"包括该缔约方所有或该缔约方的自然人或企业所有的技术，以及该缔约方或该缔约方自然人或企业拥有排他许可权的技术。

【注13】缔约双方认识到专利并不必然获得市场势力。

【评析】业绩要求，也被称为履行要求，是东道国政府管理外资的一种措施，包括外国投资获准进入东道国，或在东道国经营，或取得特定优惠的前提条件，以及东道国政府为实现利用外资效益最大化而采取的具体规制措施。业绩要求在发达国家与发展中国家都存在，但发展中国家更为常见。WTO《与贸易相关的投资措施协议》明确禁止WTO成员方实施与贸易有关的当地成分、外汇平衡、贸易平衡等履行要求。随着全球经济一体化和区域经济一体化的迅速发展，国际投资协定中履行要求数量减少也已成为国际投资法的重要发展趋势。

业绩要求禁止条款是彰显美国BIT"高度自由化"的重要特征之一。从美国BIT范本可以看出，其对业绩要求的禁止是全方位的，范围要比《与贸易相关的投资措施协议》更为广泛，不仅在外资的进入即"设立"、"扩大"等阶段，而且在外资进入后的"管理、经营、运营、出售或其他处置"等方面都被禁止实施履行要求。并且，不仅强制性要求，与投资激励相联系的要求也在禁止的范围之内。

2012年美国BIT范本修订中，又在第1款第（h）项增加了缔约方的采购政策不得与本国技术含量要求挂钩的规定。此条第3款第（e）项同时规定，这一新增条款并不适用于政府采购。但这一修改也表明，如果一东道国政府接受美国BIT范本中这一新增规定，就不能再以贸易保护主义行为在与投资相关的技术方面首选本国技术，但政府采购除外。

中国2010年BIT范本草案中未规定业绩要求禁止的内容。从中国对外签订的BIT来看，也都未对此做出规定。减少业绩要求固然有利于改善一国的投资环境，但发展中国家国内投资者与发达国家的跨国投资者相较，竞争力仍有待培育，而且对于需要进行产业结构调整、经济体制改革的发展中国家而言，仍然需要对某些领域的外资予以适当引导。因此，现阶段全面废除业绩要求，达到发达国家的高度投资自由化水平并不具有现实可行性。正如南北国家经济差距一样，业绩要求的废除也不能一蹴而就，只能循序渐进。根据美国 BIT 范本第 14 条"不符措施"的规定，协定的谈判方可以针对本条规定做出背离协定义务的保留。中国可以将其认为目前不宜废除的业绩要求方面的规定，通过谈判纳入负面清单中，但这一保留并非完全无限制，本文在对第 14 条"不符措施"分析中将对此予以进一步探讨。

第 9 条　高层管理人员与董事会

1. 任何缔约方不得要求缔约一方合格投资的企业任命任何特定国籍的自然人为高层管理人员。

2. 缔约一方可以要求该方合格投资的企业的多数董事会或其委员会成员为特定国籍或在其领土内居住，如果此要求不会实质性损害投资者控制其投资的能力。

【评析】本条主要是规定缔约一方不可以对外资公司的高管施加国籍限制，确保外资公司可以自由确定公司高管。任何投资在揭去层层面纱后，其背后都是由具体的自然人控制与所有。本条规定主要是从保护外资的角度所作设定，即从投资母国的角度所作设定。虽然近年来，美国 BIT 追求的目标趋向多元化，但是自美国最初创设 BIT 以来，保护其海外投资一直是其最重要的目的之一。

中国 2010 年 BIT 范本草案中未纳入"高层管理人员与董事会"的条款，但在 2012 年中国与加拿大签署的 BIT 中则对此予以了规定，与美国 BIT 范本不同，还增加了要求投资东道国应允许外资企业雇用的高管、技术人员进入东道国并短暂停留的规定。随着中国越来越多的企业"走出去"，中国应借鉴美式 BIT 的经验，在对外缔结的 BIT 中增加此类有助于保护中国海外投资利益的条款。

第 10 条　有关投资的法律和决定的公布

1. 每一缔约方应保证其关系到本协定涵盖的任何事项的：

（a）法律、规章、程序与普遍适用的行政裁决；以及

（b）裁决决议。

及时公布或可以通过其他方式公开获得。

2. 为本条的目的，"普遍适用的行政裁决"系指适用于其范围内的所有自然人和企业和事实情形并能创设行为规范的行政裁决或解释，但不包括：

（a）在行政或准司法程序中做出的适用于具体案件中缔约另一方特定的合格投资或者投资者的决定或者裁定；或

（b）对一特定行为或做法的裁决。

【评析】本条关于投资的法律与决定的公布，其实质是强调东道国应为国际投资提供透明的法律环境。东道国的法律制度作为构成东道国投资环境中制度层面的重要因素，是评价一国投资环境好坏的重要风向标。确保东道国与国际投资相关的法律、法规、程序、普遍适用的行政裁决等及时公布并可公开获得，对于投资者利益的保护至关重要。

中国对外缔结的 BIT 一直采用欧式 BIT 的简式缔约方式，对此并未给予专门规定。在本条谈判中，中方需要注意的是，应强调相关法律、法规、程序等的公布，特别是普遍适用的行政裁决、裁决决议的具体公布程序应与一国国内法的规定相衔接并保持一致。

第 11 条　透明度

1. 缔约双方同意就完善本条、第 10 条与第 29 条有关透明度的做法进行定期磋商。

2. 公布

在可能范围内，每一缔约方应：

（a）事先公布第 10 条（1）（a）项中所提及的拟采取的任何措施；以及

（b）为利害关系人与另一缔约方提供对此类拟采取的措施

进行评论的合理机会。

3. 对于依照本条第 2 款（a）项规定公布的中央政府层面普遍适用的涉及本协定涵盖的任何事项的试行法规，每一缔约方：

（a）须在单一的全国发行的官方公报中公布试行法规，并应鼓励通过其他的途径发布；

（b）在大多数情况下，应在公开评论到期日前不少于 60 日公布试行法规；

（c）公布时，应包括试行法规的制定目的与理由的解释说明；

（d）在最终通过法规时，应在官方公报上或政府网站的显著位置发布在评论期收到的重要评论意见并说明对试行法规所作的实质性修改。

4. 对于中央政府层面采用的有关本协定涵盖的任何事项的普遍适用的法规，每一缔约方：

（a）须在单一的全国发行的官方公报中公布法规，并应鼓励通过其他途径发布；

（b）公布时，应包括法规的制定目的与理由的解释说明。

5. 信息提供

（a）应缔约另一方的请求，缔约一方应及时提供信息和答复请求方认为可能会严重影响本协定的实施或其他严重影响其在本协定下的利益的任何现行或拟采取的措施的有关问题；

（b）本款下的任何请求与信息应通过相关的联络点提供给缔约另一方；

（c）根据本款提供的任何信息不得影响该措施与本协定的一致性。

6. 行政程序

为了以一致、公正和合理的方式实施第 10 条（1）（a）项中提到的各项措施，各缔约方应保证在其行政程序中将对特定案件中缔约另一方的特定合格投资或投资者适用此类措施：

（a）在可能情况下，当启动一个诉讼程序时，应依照国内程序向受该诉讼程序直接影响的缔约另一方的合格投资或投资者提供合理的通知，包括诉讼程序性质的描述，启动诉讼程序的法律授权声明以及对任何争端事项的一般性描述；

（b）当时间、诉讼程序的性质和公共利益允许时，在采取任何终审性行政行为前，这些人有合理的机会陈诉事实和理由以支持他们的立场；

（c）这些程序符合国内法。

7．复审与上诉

（a）为了及时复审，并在有正当理由时对有关本协定所涵盖事项的终审性行政行为进行修正，缔约各方应设立或维持司法、准司法或行政法庭或程序，此类法庭应是公正的并独立于授予其行政强制力的任何机关或机构，并且不得与该事项的结果有任何实质性利害关系。

（b）在任何此类法庭或程序中，缔约各方应保证诉讼程序中的当事人具有以下权利：

（i）支持或为其立场辩护的合理机会；

（ii）根据证据和提交的记录，或依照国内法要求，根据行政机关制作的记录做出裁决；

（c）在符合其国内法律上诉或进一步复审的规定的情况下，缔约各方应保证此类裁决由做出行政行为的机构或机关实施，并且裁决对与此行政行为有关的活动具有约束力。

8．标准制定

（a）缔约各方应允许缔约另一方的自然人或企业参与其中央政府机构的技术法规与标准的制定。【注14】每一缔约方应允许缔约另一方的自然人或企业参与这些措施以及中央政府机构的合格评定程序的制定，有关条款规定应不低于缔约方对本国自然人或企业的规定。

（b）缔约各方应建议在其领土的非政府标准化机构允许另一缔约方的自然人或企业参与这些机构的标准的制定。缔约各方应建议在其领土的非政府标准化机构允许另一缔约方的自然人或企业参与这些标准的制定以及这些机构的合格评定程序的制定，有关条款规定应不低于缔约方对本国自然人或企业的规定。

（c）第 8 款第（a）和（b）项不适用于：

（ⅰ）WTO《关于实施动植物卫生检疫措施的协议》附件 A 中规定的动植物卫生检疫措施；或

（ⅱ）政府机构为自身生产或消费而准备的采购说明。

（d）第 8 款第（a）项和第（b）项中，"中央政府机构"、"标准"、"技术法规"以及"合格评定程序"的含义依照 WTO《技术性贸易壁垒协定》附件 1 中的条款解释。与附件 1 相一致，后三个术语不包括与服务提供有关的"标准"、"技术法规"以及"合格评定程序"。

【注 14】缔约方可以这样履行这一义务，例如，为有利害关系的自然人或企业提供对拟采取的措施发表评论的合理机会，并在制定措施中考虑这些评论。

【评析】透明度条款是 2012 年美国 BIT 范本修订的主要内容之一。为解决 NAFTA 仲裁程序缺少透明度而备受指责的问题，2004 年美国 BIT 范本修订时增加了很多关于透明度的安排。但是在 2012 年 BIT 范本的修订中，各利益攸关方仍然提出了进一步提升透明度的要求，以更好地保护海外投资利益。2012 年 BIT 范本第 11 条修改并新增若干款项：一是将 2004 年范本中的"联络点"规定修改为要求各缔约方应定期就影响投资的相关事项的透明度实践进行磋商；二是新增与 BIT 涵盖事项相关的试行条例或法律制定的程序性规定；三是新增技术法规与标准制定的程序性规定。

近年来，一些外商投资企业在华商会对于中国标准的制定实施过程的透明度问题颇有微词，认为在华注册的外商投资企业未能充分参与中国所有商用标准的制定。2012 年美国 BIT 范本中专门新增的这一"技术法规与标准制定的程序性规定"，与美国企业在中国市场中遇到的现实问题具有高度关联性。本条新增规定也是近年来美国力推的竞争中立政策在 BIT 条文内容上的具体体现。

中国在 2012 年与加拿大签署 BIT 之前，中国 BIT 缔约实践一般未涉及透明度条款。在 2010 年 BIT 范本草案中也未有关于透明度的条款。从中加 BIT 透明度条款内容来看，其约文规定的内容比较概括与简约，并且仅是鼓励缔约国提前发布其拟采取的措施并为利害关系人和缔约另一方提供评论这些措施的合理机会。美国 2012 年范本所提出的透明度要求则是更高标准的要求，例如其对与 BIT 涵盖事项相关的试行条例或法律制定的程序性规定、技术法规与标准制定的程序性规定等，已经涉及一国国内立法程序问题。

第 12 条　投资与环境

1. 缔约双方认识到其各自的环境法律与政策以及缔约双方均为成员国的多边环境协定对于保护环境具有重要作用。

2. 缔约双方认识到以削弱或降低国内环境法律提供的保护促进投资是不适当的。因此，缔约各方应确保其不以削弱或降低国内环境法律提供的保护的方式放弃或损抑或表示愿意放弃或损抑其环境法律【注 15】，或者通过持续的或不间断的作为或不作为的过程未有效执行这些法律，作为对在其境内设立、取得、扩大或保留投资的鼓励。

3. 缔约双方认识到缔约各方保留就监管、守法、调查和起诉等方面事项行使自由裁量权的权利，并有权就其他确定的具有优先性的环境事项的执法资源的分配做出决定。因此，缔约双方理解如果缔约一方采取的作为或不作为措施是对这一自由裁量权的合理行使，或是对资源分配的善意的决定，则缔约一方符合第 2 款规定。

4. 本条中，"环境法"系指缔约各方的法律或法规【注 16】或其中的条款规定，其主要目的是为了通过规范在其境内的下列事项以保护环境，或者防止对人类、动物或植物的生命或健康带来危害：

（a）预防、消减或控制污染物或环境污染物的释放、排放或散发；

（b）控制对环境有害或有毒的化学品、物质、材料和废物，以及与之有关的信息的传播；或

（c）保护或保存野生动植物，包括濒危物种、其栖息地以及专门保护自然区。

但不包括任何与劳工的安全或健康直接相关的法律或法规或其中的条款规定。

5. 本协定的任何规定不得被解释为阻止缔约一方采取、维持或执行在其他方面与本协定相符的其认为能确保在其领土内以顾及环境关切的方式进行的任何措施。

6. 缔约一方可以书面要求另一缔约方就本条规定而产生的任何问题进行磋商。另一缔约方应在收到此种磋商请求后30日内做出回复。此后，双方应进行磋商并努力达成双方满意的解决方案。

7. 缔约双方确认，缔约各方可以酌情就本条项下的任何事项为公众参与提供机会。

【注15】第2款不适用于缔约一方依照法律中规定的放弃或损抑条款而放弃或损抑环境法律的情况。

【注16】在美国方面，本条中，"法律或法规"系指美国国会的法案或依照美国国会法案颁布的由中央政府执行的法规。

【评析】近年来，可持续发展日益成为国际投资协定关注的议题之一，其中环境问题尤为突出。环境问题已被越来越多的国际投资协定所吸纳，反映了国际投资协定对投资者与东道国利益显失公平的格局的调整与平衡。

2012年美国BIT范本对环境条款予以大幅修改，把2004年范本中有关投资与环境的规定内容由两款扩充为七款，主要表现为新增缔约方投资者在环境与劳工保护方面的义务。2012年BIT范本将2004年BIT范本中第2款的"尽力确保"修改为"应确保"，使得这一项规定由此前的软性规定转变为缔约方须在保护环境方面承担的硬性义务；对"环境法"予以明确界定；强调公共参与，细化有关环境问题的谘商程序规定；保留缔约方就一些环境事项的自由裁量权。

美国上述新增的环境规定与国内环保组织的大力游说密切相关，但其仍受到环保组织的批评。这主要是由于在美国新近签订的一些 FTA 中已经规定有关环境事项可以提交国际投资仲裁。2012 年 BIT 范本中仍规定不得就环境条款规定提交国际投资仲裁，其也不适用于缔约国间投资争端解决程序，环境事项的争端仍然仅适用于国家间的谘商程序。

从中国已缔结的 BIT 来看，除极少数在序言中对环境有所提及外，普遍缺乏环境保护的规定。值得关注的是，2011 年中国—乌兹别克斯坦 BIT 中，除在序言提及协定要"促进经济健康稳定和可持续发展"外，还在第 6 条征收条款中规定缔约方采取的旨在保护环境的正当公共福利的非歧视的管制措施不构成间接征收的例外规定。与美国已形成的完善细化的投资与环境条款相较，从中国 BIT 缔约实践来看，当前中国就投资促进与环境保护的冲突与协调等问题的立法还处于初步阶段。这不仅会在立法技术、立法理念等方面为中国带来挑战，也亟待中国进一步完善国内的环保立法。此外，对于投资与环境议题的约文在 BIT 中不仅涉及本条规定，还需与"序言"、"征收"、"业绩要求"以及"投资争端解决"等条款结合起来考虑。

第 13 条　投资与劳工

1. 缔约双方重申其作为国际劳工组织成员的各自义务，以及其在《国际劳工组织关于工作中基本原则和权利宣言及后续措施》下的承诺。

2. 缔约双方认识到以削弱或降低国内劳工法律提供的保护促进投资是不适当的。因此，当放弃或减损这些劳工法律与本条第 3 款第（a）项至第（d）项所规定的劳工权利不一致时，缔约各方应确保其不放弃或减损或表示愿意放弃或减损国内劳工法律，或者通过持续的或不间断的作为或不作为的过程未有效执行这些劳工法律，作为对在其境内设立、取得、扩大或保留投资的鼓励。

3. 本条中，"劳工法"系指各缔约方与下列事项直接相关的法律或法规【注 17】，或其中的条款规定：

（a）结社自由；

（b）有效切实承认集体谈判的权利；

（c）消除一切形式的强制劳动；

（d）有效废除童工和禁止最恶劣的童工形式。

4. 缔约一方可以书面请求另一缔约方就本款规定而产生的任何问题进行磋商。缔约另一方应当在收到此种磋商请求后 30 日内做出回复。此后，双方应进行磋商并努力达成双方满意的解决方案。

5. 各缔约方确认，缔约各方可以酌情对就本条项下的任何事项为公众参与提供机会。

【注 17】在美国方面，本条中，"法律或法规"系指美国国会的法案或依照美国国会法案颁布的由中央政府执行的法规。

【评析】劳工保护问题历来是国际社会的重要议题之一。自 20 世纪 70 年代中期以来，在国际劳工组织的推动下，跨国投资活动中的劳工问题受到了国际社会较多的关注。20 世纪 90 年代以来，在经济全球化背景下，投资与劳工议题逐渐纳入 BIT，而美国则开启先河。

对于这一议题，美国 1994 年 BIT 范本，仅在序言部分做了概述性规定；在 2004 年 BIT 范本中，除在序言中作一般性陈述外，首次予以专条规定。2012 年美国 BIT 范本，在前述基础上，进一步扩展了相关规定，主要体现在以下四个方面：一是要求缔约双方重申其作为国际劳工组织成员的各自义务以及其对国际劳工组织《基本工作原则和权利及后续事项宣言》承担的义务；二是新增缔约方投资者在劳工保护方面的义务，2012 年 BIT 范本将 2004 年 BIT 范本中第 2 款"尽力确保"修改为"应确保"，致使这一项规定由此前的软性义务转变为缔约方在保护劳工权利方面的硬性义务；三是界定"劳工法"的含义；四是细化有关劳工问题的谘商程序规定，强调公众参与。

与第 12 条"投资与环境"规定相同，外国投资者也不得就本条规定事项提交国际投资仲裁，并且也被排除在缔约国间投资争端解决程序之外。有关劳工事项的争端仅适用于国家间的谘商程序。

中国在以往对外商签的 BIT 中，一直未在协定的正文中对投资与劳工议题做出规定。2012 年中国新签订的《中日韩三方投资协定》和中国—加拿大 BIT 中也未纳入此议题。因此，中美 BIT 谈判中，投资与劳工议题必然会是双方需要重点谈判的问题之一。目前，在国际劳工组织的 8 项核心公约中，中国尚未签署 1930 年《强迫劳动公约》、1948 年《组织自由和保护组织权公约》、1951 年《组织权利和集体谈判公约》和 1957 年《男女工人同工同酬公约》，因此，目前中国并不承担这方面的国际条约义务。虽然，投资与劳工条款产生的任何争议不适用于投资者与东道国投资仲裁机制，也不适用于缔约国间的争端解决机制，但将投资与劳工议题纳入中美 BIT 中，仍然意味着中国须就范本中规定的与投资有关的劳工问题承担国际义务，美国可以就 BIT 中投资与劳工条款规定而产生的任何问题要求与中国进行磋商。为此，谈判中，中国一方面需要求美方进一步澄清范本中的一些表述的确切含义，如"未有效履行这些劳工法律"的衡量标准是国内法抑或其他标准；另一方面也应明确 BIT 旨在促进与保护投资，而不是关于劳工标准以及相关经济权利的国际协定，不宜舍本逐末。

第 14 条　不符措施

1. 第 3 条"国民待遇"、第 4 条"最惠国待遇"、第 8 条"业绩要求"和第 9 条"高层管理人员与董事会"不适用于：

（a）缔约一方维持的任何现行不符措施：

（ⅰ）中央政府层级，该缔约方在其附件Ⅰ或附件Ⅲ清单中列明的；

（ⅱ）地区政府层级，该缔约方在其附件Ⅰ或附件Ⅲ清单中列明的；

（ⅲ）地方政府。

（b）上文第（a）项中的任何不符措施的延续或及时更新。

（c）对上文第（a）项中的任何不符措施的修正，只要与修正前相较，不减损该措施与第 3 条"国民待遇"、第 4 条

"最惠国待遇"、第8条"业绩要求"和第9条"高层管理人员与董事会"规定的一致性。

2. 第3条"国民待遇"、第4条"最惠国待遇"、第8条"业绩要求"和第9条"高层管理人员与董事会"不适用于缔约一方采取或维持的在其附件Ⅱ清单中列明的部门、子部门或活动的任何相关措施。

3. 缔约方不可以根据本协定生效后所采取的被附件Ⅱ清单所涵盖的任何措施，要求缔约另一方的投资者，基于其国籍的原因，出售或以其他方式处置在措施生效时已存在的投资。

4. 第3条"国民待遇"和第4条"最惠国待遇"不适用于《与贸易有关的知识产权协定》第3条或第4条中关于义务例外或减损的任何措施，这些例外或减损规定在《与贸易有关的知识产权协定》中的第3条、第4条和第5条。

5. 第3条"国民待遇"、第4条"最惠国待遇"和第9条"高层管理人员与董事会"不适用于：

（a）政府采购；或

（b）缔约一方提供的补贴或补助，包括政府支持的贷款、担保和保险。

【评析】在国际投资法领域，对投资协定义务予以保留的方式包括正面清单和负面清单两种模式。负面清单模式下，缔约方同意协定所设定的义务适用于所有的外国投资者及其投资，但与此同时缔约双方经谈判在协定的附件中列出不承担协定义务的特定措施、行业或活动。根据本条的规定，缔约双方经谈判可以将背离 BIT 中国民待遇、最惠国待遇、业绩要求以及高层管理人员与董事会四项义务的"不符措施"列明在协定的附件中，即"负面清单"中。

一般而言，一项措施只有在违反相关 BIT 义务时才需要被列入附件。按照本条规定，经谈判纳入附件的不符措施不包括：一是不违反条约义务的措施，如非歧视性的许可要求、非歧视性的法规；二是可被普遍适用的例外所涵盖的措施，如第14条规定的国民待遇、最惠国待遇、业绩要求、高层管理人员与董事会方面的规定不适用于政府采购、补贴或补助；三是根本安全例外、金融服务或税收有关的例外规定。

在不符措施的附件设置方面，包括列明涵盖国民待遇、最惠国待遇、业绩要求、高层管理人员与董事会四项义务的不符措施的三个附件。第一个附件，用清单方式列出已经实施的法律法规和其他措施当中即现行不符措施以及这些现行不符措施的延续、更新或修订措施有不符合前述四项义务的例外。需要注意的是，附件Ⅰ对现行不符措施进行修订的例外需要受制于"棘轮"机制的规定，即附件Ⅰ不得出现倒退。例如，如果一国政府选择放开一项措施，其不得在后来再次收紧；如果开放一行业，其开放程度不允许降低，不允许倒退。第二个附件，对于将来要求保留采取不符措施权力的部门和领域，也要列出一张清单。第三个附件，专门列出金融部门的不符措施，也分为已实施的不符措施和保留采取不符措施权力的部门和领域两个清单，合起来称为附件3。①

列入负面清单的一项不符措施条目包括例外安排针对哪一部门、所涉义务、政府层级、引用的措施、描述以及任何相关过渡安排。这种规定可以为投资者提供额外的保护，并提升一国投资环境的透明度，但从东道国角度而言，则会压缩东道国政府管制经济的政策空间。

负面清单对于缔约国制定内容翔实的所有要保留的不符措施清单非常实用，并且缔约方可以通过高水平的清单设置降低高标准的义务。但作为一种预设性的保留，例外安排的实效有赖于缔约国国内立法的配合。因此，当前对中国而言，最为重要的是对与第3条"国民待遇"、第4条"最惠国待遇"、第8条"业绩要求"和第9条"高层管理人员与董事会"规定不相符的规定进行清理，然后在此基础上确定哪些需要谈判纳入负面清单。与此同时，也需要对产业部门进行评估，以确定哪些

---

① 参见王新奎《中国（上海）自贸试验区改革的重点：对外商投资准入实施"负面清单"管理》，《上海对外经贸大学学报》2014年第1期。

部门需要纳入负面清单予以保留。

第 15 条　特殊手续与信息要求

1. 第 3 条"国民待遇"不得被解释为阻止缔约一方采取或维持关于合格投资的特殊手续规定的措施，例如要求投资者为缔约方的居民或者要求合格投资依照缔约方的法律或法规合法组建，如果此种手续要求对于缔约一方依照本协定向缔约另一方投资者或合格投资提供的保护不构成实质性损害。

2. 尽管有第 3 条"国民待遇"和第 4 条"最惠国待遇"的规定，仅以信息或统计为目的，缔约一方可以要求缔约另一方的投资者或其合格投资提供关于投资的信息。缔约方应保护任何商业秘密信息以防止该信息的披露而损害投资者或合格投资的竞争地位。本款规定不得被解释为阻止缔约一方有关公平和善意适用其法律而获得或披露信息。

【评析】本条规定是对于国民待遇与最惠国待遇适用相关问题的进一步澄清。中国 2010 年 BIT 范本草案中未专门规定"特殊手续与信息要求"的条款。

依照本条规定只要对投资者与合格投资提供的保护不构成实质性损害，东道国要求投资者与合格投资需符合特殊手续的要求，不构成对国民待遇义务的违反。同时，东道国为了信息与统计目的可以要求投资者提供投资的相关信息，只要避免该信息披露损害投资者的市场竞争地位。此外，东道国为了公平和善意适用法律的需要可以要求投资者提供或披露信息。

对国民待遇与最惠国待遇的适用通过专条做出例外规定，这一方式有助于降低东道国需要承担的国民待遇与最惠国待遇义务的要求，从而为东道国保留更多的政策空间。

第 16 条　不得克减

本协定不得减损下列任何规定赋予缔约一方投资者或合格投资比本协定给予的待遇更优惠的待遇：

1. 缔约一方的法律或法规、行政惯例或程序、行政或司法裁决；

　　2. 缔约一方的国际法律义务；或

　　3. 缔约一方承担的义务，包括投资授权或投资协议中的义务。

　　【评析】按照《布莱克法律词典》对"克减"（derogation）一词的解释，具有三层含义：一是由后来限制法律的范围或削弱法律的效用和效力的行为所导致法律的部分废止或废除；二是轻视、价值的贬值或评价上的降低；三是减损、损害或一项授予或权利的毁灭。1969 年《维也纳条约法公约》第 53 条在规定"国际强行法"的定义时使用"克减"一词，但该公约的中文文本将其译为"损抑"。从现有国际文件看，"克减"一词多是在国际人权文件和一些国家的宪法的"紧急状态"条款中被译为"克减"。"克减"含义的正确界定需要与其所处的语言环境相结合分析。从本条的具体规定可知，在本协定中的克减主要是指对投资者、合格投资的待遇的保护应以最优待遇为准，实质则在于强调对投资者权益的保护。

　　中国 2010 年 BIT 范本草案中未列入"不得克减"的条款。本条规定凸显了美式 BIT 强调投资保护的功能。事实上，在双边投资协定形成之初，其就是资本输出国为保护其跨国投资而设计的精致的法律保护工具。从美国 BIT 发展历程来看，美国在最初启动 BIT 范本计划时主要是关注对已有海外投资利益的保护，维护"赫尔"规则，即及时、充分、有效补偿标准。这与发展中国家往往希望借助 BIT 促进未来的投资有所不同。因此，对于 BIT 的目的以及功能的充分认识，有助于各国在 BIT 谈判中采取正确的谈判策略。

第 17 条　拒绝授惠

　　1. 缔约一方可以拒绝将本协定之利益赋予缔约另一方的企业的投资者及该投资者的投资，如果该企业是由非缔约方的自然人或企业拥有或控制，并且拒绝赋予利益缔约方：

　　（a）与该非缔约方之间没有建立外交关系；或

（b）针对该非缔约方或该非缔约方投资者采取了或维持禁止与该企业交易的措施；或者是如果本协定之利益被赋予该企业或其投资，将导致违反或规避针对该非缔约方或该非缔约方投资者所采取的措施。

2. 缔约一方可以拒绝将本协定之利益赋予另一缔约方的企业的投资者及该投资者的投资，如果该企业在缔约另一方领土内未从事实质性经济活动，并且非缔约方或者拒绝赋予利益缔约方的自然人或企业拥有或控制该企业。

【评析】拒绝授惠条款是 BIT 中投资者保护的例外条款之一。其主要目的是为了排除那些与缔约国没有真实经济联系的投资者获得条约的利益而不承担条约义务。本条款对于缔约国具有潜在的保护性，有利于防止"免费搭车者"。在国际投资仲裁实践中，本条款常被仲裁庭视为投资者提起仲裁的一项前提条件，即仲裁庭将其作为考量对一案是否具有管辖权的先决条件。

从目前国际投资协定中有关"利益拒绝"条款的内容来看，主要分为两种：一是仅针对在缔约国没有实质性经营活动的"壳公司"；二是除针对"壳公司"外，还针对与缔约国不具有正常经济关系或外交关系的投资者控制的公司。

中国 2008 年与墨西哥签订的 BIT 中首次规定此条款。在该协定的第 31 条规定，缔约双方可以共同磋商决定是否将条约的利益授予非缔约国控制的企业及其投资。在 2012 年与加拿大签订的 BIT 中，进一步完善了本条款内容。针对本条款在仲裁实践中关于其可拒绝的利益仅限于实体问题还是也包括管辖权问题的争议，明确规定缔约国能够拒绝的利益不仅限于实体利益，还包括排除仲裁程序性规定。由于 BIT 可以将缔约国的义务上升到国际义务的层面，而且还提供了投资者—东道国仲裁这一强有力的保护机制，因此，不排除某些与中国并无投资条约国家的投资者可能利用在第三国的"邮箱公司"向我国投资，以获得我国与第三国之间投资条约中投资者—东道国仲裁机制的保护。因此，在投资条约中纳入"利益拒绝"条款仍有一定意义。① 本条款内容是选择性规范，但针对条款中缺乏明确的界定与判断标准的"实质性经济活动"等仲裁实践中易引发争议的内容，缔约时如纳入此条款应考虑予以进一步细化和明确。

第 18 条　根本安全

本协定任何内容不得被解释为：

1. 要求缔约一方提供或者允许使用任何其认为披露将违背其根本安全利益的信息；或

2. 阻止缔约一方为履行其所承担的维持和恢复国际和平与安全的义务，或者为保护本国根本安全利益，采取其认为必需的措施。

【评析】根本安全例外条款是 BIT 中最重要的条款之一。其对于东道国而言是 BIT 中的"安全阀"，但是对于投资者而言，它则是 BIT 中易为缔约国滥用而免责的"阿喀琉斯之踵"。2001 年底至 2002 年初阿根廷为应对经济危机而采取了一系列经济措施，导致一些外国投资者利益受到了损害，因此这些投资者提起了国际投资仲裁。在仲裁庭抗辩中，阿根廷多次援引根本安全例外条款作为免责的理由。一些仲裁庭支持了阿根廷的抗辩，而另外一些仲裁庭则否认了根本安全例外抗辩。这使得根本安全例外条款受到国际法学界的关注。

目前学界对于"根本安全"的含义、根本安全例外条款是否可以仲裁以及援引该条款的可补偿性问题均存有广泛争议。各国 BIT 中一般都未对"根本安全"给予具体的定义，而是留待仲裁庭自由裁量。从目前仲裁庭的实践来看，根本安全不仅包括政治安全、军事安全，也包括经济安全、环境安全等。同时，学界依照根本安全例外条款中是否包含"其认为"（it considers）这一语词而将根本安全例外条款区分为非自行判断或非

① 马迅：《国际投资条约中的"利益拒绝"条款研究》，《中国海洋大学学报》（社会科学版）2013 年第 1 期。

自行裁决的根本安全例外条款与自行判断或自行裁决的根本安全例外条款。非自行判断的根本安全例外条款被认为具有可仲裁性，但对于自行判断的根本安全例外条款是否可以仲裁仍存有争议。一些学者认为自行判断的根本安全例外条款，也可以仲裁，但仲裁庭审理的范围应限定于东道国是否善意的范围内，而无权审查东道国措施的合法性。对于根本安全例外条款可补偿性问题，目前仲裁庭的裁判也并不一致，国际投资协定中也多未做出明确的规定。

美国在已签订的所有 BIT 中都包含有根本安全例外条款，只是在 2004 年以前签订的 BIT 中，其签订的是非自行判断的根本安全例外条款。随着这一条款在仲裁实践中一些问题的显现，美国在其签订的 BIT 中增加了"其认为"这一措辞，开始采取自行判断的根本安全例外条款，即缔约国有权采取其认为必要的措施来维护本国的安全利益，从而加强对国家主权的维护。由此也可知，通过 BIT 约束美国的国家安全审查制度并不具可行性，但 BIT 谈判可为中美双方提供交流与寻求解决这一问题的平台。

中国 BIT 范本草案中并未包括根本安全例外条款，中国已缔结的 BIT 中大多数也未对此做出规定，从维护国家安全利益与主权权力的角度看，中国宜在今后缔结的 BIT 中规定自行判断的根本安全例外条款。

第 19 条　信息披露

本协定的任何规定不得解释为要求缔约一方提供或允许获得披露会妨碍法律的执行或违背公共利益或损害特定公共或私人企业的合法商业利益的秘密信息。

【评析】本条系对信息披露做出的例外规定。美国 BIT 范本中为强调投资环境的透明度而做出一系列规定，本条则对这些规定做出例外安排，即这些规定不应要求缔约一方提供会妨碍执法或违背公共利益或损害特定公私企业的合法商业利益的秘密信息。中国 2010 年 BIT 范本草案中未对此做出专门规定。

BIT 中的例外规定，无论是从维护国家公共利益角度还是投资者利益角度，都有益于 BIT 中的规定取得一种平衡，以免过于强调投资者利益或东道国利益而导致投资者或东道国利益之间的严重失衡。

第 20 条　金融服务

1. 尽管本协定有其他规定，为保护投资者、存款人、投保人或金融服务提供者对其负有信托义务的自然人或企业，或为确保金融系统完整与稳定，缔约方不应被阻止出于审慎原因而采取或维持与金融服务有关的措施。【注 18】如果此类措施与本协定的规定不符，则其不应被该缔约方用来规避本协定下的承诺和义务。

2.（a）本协定的任何规定不适用于任何公共实体为寻求执行货币或相关信贷政策、汇率政策而采取的普遍适用的非歧视性措施。本条款不应影响缔约方在第 7 条 "转移" 或第 8 条 "业绩要求" 规定中承担的义务。【注 19】

（b）本条款中，"公共实体" 系指缔约方的中央银行或货币政策机关。

3. 当申请人根据第二章 "投资者与国家间争端解决" 提起仲裁请求且被申请人援引第 1 款或第 2 款进行辩护时，应适用下列规定：

（a）被申请人应依照第二章规定在提交仲裁请求之日起 120 日内向缔约双方的金融主管机关【注 20】提交一份书面请求，请求对第 1 款和第 2 款是否并在多大程度上是对仲裁请求的有效辩护做出共同决定。如仲裁庭已组建，被申请人应及时向仲裁庭提供该请求的副本。有关该仲裁请求的仲裁仅可以依照本款第（d）项中的规定进行。

（b）缔约双方金融主管机关应彼此进行磋商并努力以诚信原则做出第（a）项所规定的决定。任何决定应当立即转交给争议双方和仲裁庭（如果仲裁庭已组建）。该决定应对仲裁庭具有拘束力。

（c）缔约双方金融主管机关在均收到被申请人根据第（a）项要求做出共同决定的书面请求的 120 日内，如果未能根据第（a）项做出决定，仲裁庭应对金融主管机关未能解决的问题做出决定。除了本项所修改的内容外，第二章的规定应当适用。

（ⅰ）当任命尚未被任命的所有仲裁员时，争端每一方应采取适当的步骤以保证仲裁庭在金融服务法律或实践方面具备专业知识或经验。在指定首席仲裁员时，应考虑特定候选人在争端产生的特定金融服务领域所具备专业知识情况。

（ⅱ）在被申请人依照第（a）项提交要求做出共同决定的请求之前，如果根据第 27（3）条首席仲裁员已经被指定，应争端一方的要求该仲裁员应当被替换，并且仲裁庭应根据第（c）（ⅰ）项重新组建。如果根据第（d）项在仲裁程序重新开始后的 30 日内，争端双方未就指定新的首席仲裁员达成一致，应争端一方的请求，秘书长应根据第（c）（ⅰ）项指定首席仲裁员。

（ⅲ）仲裁庭不得根据有关金融主管机关未依照（a）项规定做出决定的事实，对第 1 款或第 2 款的适用做出推论。

（ⅳ）非争端缔约方可以对第 1 款和第 2 款是否以及在多大程度上是对仲裁主张的有效抗辩，向仲裁庭提交口头或书面陈述。除非其提交此陈述，否则为仲裁的目的，非争端缔约方被推定为对于第 1 款和第 2 款规定，其与被申请人立场一致。

（d）第（a）规定提交的仲裁可以进行：

（ⅰ）当争端双方和已组成的仲裁庭收到金融主管机关做出的共同决定的 10 日后；或

（ⅱ）当根据第（c）项规定给予金融主管机关的 120 日决定期限届满 10 日后。

（e）根据被申请人在第（c）项规定的做出共同决定 120 日期满后 30 日内提出的请求，或者，如果仲裁庭在 120 日期满后仍未组成，被申请人在仲裁庭组成后的 30 日内提出的请求，仲裁庭应在裁决被申请人援引第 1 款或第 2 款作为抗辩的诉请之前，处理或裁决第（c）项规定的金融机关尚未解决的问题。

被申请人没有提出此项请求的，不影响被申请人在仲裁程序中的适当阶段援引第 1 款和第 2 款作为抗辩。

4. 如果产生第三章规定的争端，且缔约一方的金融主管机关书面通知缔约另一方金融主管机关争端涉及金融服务，除了本款和第 5 款的修正之外，第三章规定应当适用：

（a）缔约双方的金融主管机关应就有关争端进行磋商，并且在收到通知之日起 180 日内向缔约双方转交其磋商报告。缔约一方须在 180 日的期限届满后根据第三章将争端提交仲裁。

（b）缔约一方可以使报告为根据第三章组成的仲裁庭获得以裁决本款提及的争端或类似争端，或者使报告为根据第二章组成的仲裁庭获得以裁决与第三章争端具有相同事件或情形的诉请。

5. 如果缔约一方依照第 4 款将涉及金融服务的争端根据第三章规定提交仲裁，在争端提交仲裁后 30 日内，应缔约一方的请求，在指定尚未被任命的所有仲裁员时，缔约各方应采取适当步骤以保证仲裁庭在金融服务法律和实践方面具备专业知识和经验。在指定首席仲裁员时，应考虑特定候选人在金融服务方面的专业知识。

6. 尽管有第 11（2）—（4）条"透明度—公布"的规定，每一缔约方在可行的情况下：

（a）应事先公布任何拟试行的普遍适用的有关金融服务的法规及该法规的目的；

（b）应给利害关系人和缔约另一方合理的机会对试行法规进行评论；

（c）应尽可能在最终通过法规时，以书面形式处理来自利害关系人的有关试行法规的重大实质评论。

7. "金融服务"这一术语应与《服务贸易总协定》金融服务附件中第 5（a）条中的金融服务具有相同的含义。

8. 为进一步明确，本协定不得解释为阻止缔约一方在金融机构中适用或者执行与缔约另一方投资者或合格投资有关的，为确保金融机构遵守法律或法规而采取的与本协定不一致的必要的措施，包括防止欺骗或欺诈实践相关的措施或应对违反金融服务合同造成的影响的措施，只要这些措施的实施不在情况相同的国家间造成任意的或不公正的歧视或者构成对金融机构的投资的变相限制。

【注 18】审慎原因这一术语当然包括维护单个金融机构的安全、稳定、完整和金融责任以及支付和结算系统的财务与经营的安全性和完整性。

【注 19】为进一步明确，为寻求执行货币或相关信贷政策、汇率政策而采取的普遍适用的非歧视性措施，不包括明确取消或者修改合同中有关货币单位或者汇率的条款。

【注 20】本条中，"金融主管机关"系指，对于美国，负责银行及其他金融服务的财政部，协同负责保险服务的美国贸易代表办公室、商务部以及其他机构；对于××国，＿＿＿＿＿。

【评析】在金融服务日益成为重要的投资形态的背景下，在国际投资协定中纳入金融服务的专条规定已成为重要趋势。但是，不断发生的金融危机以及阿根廷政府被外国投资者频频诉诸国际仲裁的惨痛经历，促使一些国家意识到，有必要将金融审慎例外安排引入国际投资条约，以便在投资（包括金融服务投资）自由化进程中维护东道国正当的规制权。[①] 2004 年美国 BIT 范本与加拿大 BIT 范本率先纳入金融审慎例外安排条款，对金融审慎例外措施、金融服务争端解决程序予以专条规定。

美国 2012 年 BIT 范本，基本沿袭 2004 年范本的内容，但也做了一些修改：一是扩充了 2012 年 BIT 范本第 20 条第 1 款"金融服务审慎例外"的注释，规定采取审慎措施的"审慎原因"包括为了"维护支付和结算系统的财务与经营的安全性和完整性"；二是新增了第 8 款监管措施例外条款；三是进一步细化有关金融服务的仲裁程序规定，提升金融服务相关法律制定的透明度。

2008 年从美国次贷危机开始的全球金融危机，进一步激发

---

① 陈欣：《论国际投资条约中的金融审慎例外安排》，《现代法学》2013 年第 4 期。

了各国政府对以新自由主义为理论基础的金融自由化的反思，并相继出台了一系列金融监管改革措施对其予以矫正。美国2012年BIT范本上述对金融服务相关规定的修改与增补，有利于为美国政府采取应对金融危机的监管措施预留政策空间。

从中国BIT缔约实践来看，2007年中国—韩国BIT、2008年中国—哥伦比亚BIT与2012年中国—加拿大BIT中已有涉及金融条款的内容，但整体上并没有形成统一的模式。例如，2007年中国—韩国BIT中在第6条"转移"中提到金融例外规定，2008年中国—哥伦比亚BIT则在第13条专门规定"金融部门的审慎措施"，2012年中国—加拿大BIT把金融审慎例外规定于一般例外中，并且规定涉及东道国金融机构的争端不适用投资者—东道国争端解决机制。鉴于金融审慎例外规定在BIT中具有金融领域开放"安全阀"的重要作用，可以预见，该条款也将成为中美BIT谈判中的关键条款之一。从本条第1款的规定来看，美国BIT范本中"金融审慎例外"的规定过于笼统。为避免由于定义的模糊性而为仲裁庭宽泛解释适用，即有关金融审慎措施的争议，不适用投资者与东道国争端解决机制。此外，也应注意本条款规定与资本转移条款、最惠国待遇条款以及有关国有企业定义等规定的内在联系，在谈判时需要将这些条款结合起来综合考虑，以免挂一漏万，留下可以打开一扇门的缝隙。

第21条　税收

1. 除本条规定外，第一章的规定不得对税收措施施加义务。

2. 第6条"征收"应适用于所有的税收措施，但仅在满足以下条件时，主张一项税收措施涉及征收的申请人可依据第二章提请仲裁：

(a) 申请人已首先书面向缔约双方的税收主管机关【注21】提交税收措施是否涉及征收的问题；并且

(b) 在提交之后的180日内，缔约双方的税收主管机关未能就该税收措施不是征收达成一致。

3. 在符合第 4 款规定的情况下，第 8 条"业绩要求"第（2）项至第（4）项规定应适用于所有税收措施。

4. 本协定不应影响任一缔约方依照税收协定享有的权利和承担的义务。如果本协定和此类协定不一致，则该税收协定在不一致的范围内优先适用。如果该协定是本协定缔约方之间的税收协定，则应由该协定下的主管部门单独承担决定本协定与该协定是否存在不一致的职责。

【注 21】本条中，"税收主管机关"系指：（a）对于美国，财政部助理部长（税收政策）；并且（b）对于××国，_____。

【评析】本条规定采用"一般例外"模式将税收措施排除在 BIT 适用之外，仅规定少数协定条款适用于税收事项。同时规定涉税协定具有优先适用性，且规定了税收争议行政审查机制，即当申请人主张一项税收措施涉及征收时，须就是否涉及征收的问题书面提交缔约双方的税收主管机关，只有当缔约双方的税收主管机关未能就该税收措施的认定达成一致情况下，才可以提交国际投资仲裁，即"税收否决"机制。

税收主权是一国国家主权的核心组成部分，美国 BIT 范本中将税收措施做出"一般例外规定"有利于避免外国投资者滥用诉权挑战东道国的税收主权，从而更好地维护国家主权。本条规定进一步彰显美国虽然大力推动投资自由化，强调对投资者权益的保护，但又是一个非常注重本国安全利益保护的国家，在 BIT 中凡事涉及国家主权内容时均异常的审慎。

当前，如果将税收措施完全排除在 BIT 之外，也是不明智的，那样将无法阻止东道国滥用税收措施。因此，本条规定中又增加了有关涉及征收的税收措施以及业绩要求内容适用于税收措施。

中国在已缔结的中外 BIT 中有关税收条款内容的规定不尽一致。早期缔结的 BIT 中，一般未对税收做出专门规定。后来缔结的一些 BIT 中，多将税收例外规定与有关投资待遇相联系，例如中国与土耳其 BIT 第 10 条规定在税收政策方面，缔约一方应努力给予缔约另一方国民和企业公正与公平的待遇。这种规定模式在中国对外签订的 BIT 中开始全面接受国际投资仲裁庭管辖权的情况下，意味着外国投资者可以将由于税收措施引发的投资争端提交国际仲裁庭，从而导致中国合法行使的税收管理权面临被认定为违反国际投资协定义务。晚近以来，中国对外缔结的国际投资协定已注意到这一问题，在中国 2010 年 BIT 范本草案中就专门在第 11 条规定了税收措施例外，并且中国范本借鉴了美国 BIT 范本中本条第 1 款与第 2 款的规定。两项规定最主要的不同之处在于中国仅规定适用涉及征收的税收措施，但未规定业绩要求的内容适用于所有税收措施，因此谈判中这仍将会是双方的分歧之处。

第 22 条　生效、期限和终止

1. 本协定自缔约双方相互交换批准书之日起 30 日后生效，协定有效期为十年，且除非根据第 2 款规定而终止，将继续有效。

2. 缔约一方可以在首个 10 年届满时终止本协定，或在此后的任何时候书面通知缔约另一方 1 年后终止本协定。

3. 自终止之日起的 10 年，除去涉及合格投资的设立或取得的适用条款，所有其他条款将继续适用于在终止之日前设立或取得的合格投资。

【评析】双边投资协定一般自生效之日起开始适用。1969 年《维也纳条约法公约》第 24 条规定："条约生效之方式及日期，依条约之规定或依谈判国之协议。"双边投资协定是否需要批准一般根据各缔约方国内宪法的规定。中国现已对外商签约 130 个左右 BIT，生效约 100 个左右；美国对外商签 BIT 约 47 个，生效 40 个。

双边投资协定都具有有效期，其主要是缔约双方愿受 BIT 约束的时限问题。大多数 BIT 都规定第一个有效期为 10 年，也有一些 BIT 规定不同的首个有效期。例如 1965 年德国与塞拉利昂的 BIT 中规定首个有效期为 3 年，1982 年中国与瑞典签订的首个 BIT 规定有效期为 15 年。中美 BIT 范本中都规定首个有效期为 10 年。

考虑到投资活动的持续性以及维护投资环境的稳定性的需要，BIT 中一般都会规定协定中的一些条款对于终止日前已设立或进行的投资继续有效。在这方面，中国的 2010 年 BIT 范本中规定本协定条款"对本协定终止之日前所做出的投资"，自协定终止之日起继续适用 10 年。美国 2012 年 BIT 范本，则明确协定条款适用于在终止日之前设立或取得的投资，同时强调指出，有关投资设立或取得的条款除外。中国范本中与美国范本中所要表达的含义基本一致。中国范本因未规定准入前国民待遇，因此也未排除投资设立与取得的条款。现中美 BIT 中将纳入准入前国民待遇，因此必会排除投资设立、取得与扩大等条款在 BIT 终止后的 10 年继续适用。

第二章

第 23 条　磋商与谈判

当发生投资争端时，申请人与被申请人应首先寻求通过磋商与谈判的方式解决，包括适用不具有约束力的第三方程序。

【评析】国际投资是很复杂的过程，在这一活动中难免发生事与愿违的事情。当争端发生后，通过何种方式解决至为重要。当前解决国际投资争端的方式主要包括磋商或谈判、调解、东道国当地救济、外国法院诉讼、外交保护以及国际仲裁等。其中磋商与调解，被视为是友好解决争端双方的两种方式，有助于双方之间的合作关系继续维持与发展。当前越来越多的国家在双边投资协定中规定，当发生争端时，争端双方应首先寻求通过磋商或调解的方式解决争端，即将磋商与调解作为提起国际仲裁的前置条件，但一般仅采取鼓励的方式而不作强制性规定。对此，中美 BIT 范本中的规定也无根本差异，只是美国 BIT 范本强调通过第三方程序的解决不具有约束力。中方范本草案中，直接规定"调解"解决，但调解是否具有约束力则未予明确。从国际法上看，对于争端双方就解决争端订立的和解协议是否具有约束力，并未有一致的规定。例如《联合国贸易法委员会国际商事示范法》第 14 条规定："当事人订立争端和解协议的，该和解协议具有约束力和可行性……"而《解决国家与他国国民间投资争端公约》第 35 条则规定，解决投资争端国际中心的调解结果无约束力。因此，在协定中再次强调调解结果无约束力，有利于避免仲裁庭滥用自由裁量权而扩大解释 BIT 条款。

第 24 条　提交仲裁

1. 如果争端一方当事人认为投资争端不能通过磋商与谈判的方式解决，则：

（a）申请人可以根据本章规定，以自己的名义，将争端诉求提交仲裁。

（ⅰ）主张被申请人已经违反。

（A）本协定第 3 条至第 10 条规定的义务；

（B）投资授权；或

（C）投资协议；以及

（ⅱ）申请人由于上诉违约行为而遭受损失或损害；并且

（b）申请人可以依本章规定，代表其所有、直接或间接控制的具有被申请人方法人资格的企业，将争端提交仲裁。

（ⅰ）主张被申请人已经违反。

（A）本协定第 3 条至第 10 条规定的义务；

（B）投资授权；或

（C）投资协议；以及

（ⅱ）主张该企业由于上诉违约行为而遭受损失或损害。

如果申请人可以依照本条款项下（a）（ⅰ）（C）或（b）（ⅰ）（C）提起违反投资协议的争端诉求，该请求事项及所主张的损失须与根据相关投资协议而设立或取得的合格投资直接相关，或与试图根据相关投资协议而设立或取得的合格投资直接相关。

2. 申请人依照本章规定将争端诉求提交仲裁应至少提前 90

日向被申请人送达其拟提交仲裁的书面通知（意向通知）。该通知须明确：

（a）申请人的姓名和地址，如果代表企业提交争端诉求的，则应包括企业的名称、地址和设立地；

（b）对于每一请求，应写明所主张的违反本协定、投资授权或投资协议的具体条款规定以及任何其他相关规定；

（c）每一请求的法律和事实依据；以及

（d）寻求的救济和请求赔偿的大概数额。

3. 引起争端诉求的事实发生 6 个月后，申请人可以提交本条第 1 款提及的仲裁诉求：

（a）如果被申请人与非投资争端方均为《ICSID 公约》的缔约国，依照《ICSID 公约》和《ICSID 仲裁程序规则》提交仲裁请求；

（b）如果被申请人或非投资争端一方不是《ICSID 公约》的缔约国，依照《ICSID 附加便利规则》提交仲裁请求；

（c）根据《联合国国际贸易法委员会仲裁规则》规定提出仲裁请求；或

（d）如果争端双方同意，提交至任何其他仲裁机构或依照任何其他仲裁规则。

4. 当申请人的仲裁通知或仲裁申请符合下述规定时，该请求应被视为依本章规定提交仲裁：

（a）参照《ICSID 公约》第 36（1）条规定，ICSID 秘书长收到仲裁通知或仲裁申请；

（b）参照《ICSID 附加便利规则》附表 C 第 2 条的规定，ICSID 秘书长收到仲裁通知或仲裁申请；

（c）参照《联合国国际贸易法委员会仲裁规则》第 3 条以及第 20 条的规定，被申请人收到仲裁请求与索赔申请书；

（d）依照本条第 3（d）项规定选择的任一仲裁机构或仲裁规则的规定，被申请人收到仲裁通知或仲裁请求。

申请人第一次所主张的请求在仲裁通知提交后，应被视为依照本章规定于通知收到之日依照可适用的仲裁规则提交了仲裁请求。

5. 本条第 3 款规定的可适用的仲裁规则，以及依照本章规定于提交仲裁请求之日已生效的仲裁规则，具有规范仲裁的效力，除非本协定修订。

6. 申请人应在仲裁通知中写明：

（a）申请人所指定的仲裁员姓名；或

（b）申请人书面同意由秘书长指定仲裁员。

【评析】国际投资仲裁素来是美国 BIT 范本中的重要内容，约占美国 BIT 范本的三分之一篇幅。这些规定是投资者在投资争端发生后与东道国进行仲裁的法律基础。投资者与东道国争端解决机制被形象地称为 BIT 的"牙齿"，即通过这一机制，外国投资者可以在其认为东道国违反 BIT 义务时将争端提交到国际投资仲裁机构解决，从而使 BIT 中的所有保护外国投资者利益方面的规定切实发挥作用。

本条中规定的可以提交国际投资仲裁的争端诉求的范围、提交仲裁须符合的程序要求等内容是双边投资协定中的重要条款。依照本条第 1 款的规定，可以提交国际投资仲裁的争端包括三类，即被申请人违反了 BIT 范本中第 3 条至第 10 条的义务、投资授权或投资协议。其中第 3 条至第 10 条规定的东道国义务包括国民待遇、最惠国待遇、最低待遇标准、征收与补偿、转移、业绩要求、高层管理人员与董事会、有关投资的法律和决定的发布。除上述条款规定之外，投资者并不能因 BIT 中的规定引发争端而提交国际投资仲裁。这充分表明对于涉及国家利益重要事项，美国非常谨慎，坚持"留权"在手，而不提交国际仲裁庭解决。本款规定还强调"请求事项及所主张的损失须与根据相关投资协议而设立或取得的或试图设立或取得的合格投资直接相关"，即投资者要提起投资仲裁必须初步证明其遭受的损失与东道国违反协定义务具有直接相关性，但怎样的关系具有直接的因果联系协定中并未予以明确规定，有待仲裁庭逐案裁量。

第 2 款规定投资者提起国际投资仲裁需要提前 90 日向对方

发出书面仲裁意向通知，这一规定主要考量的是给被申请人一定的时间做好仲裁的准备，以免其相对于申请人在选择仲裁员与聘请律师等方面处于被动不利地位。本款规定还要求投资者在仲裁通知中明确载明其每一项仲裁请求的事实与法律依据，以免投资者滥用投资仲裁。

第 3 款规定提起投资仲裁的 6 个月的冷却期与可以选择的提交仲裁的模式。冷却期规定是指申请人只有当引起争端的事实发生后一段时间方可提交仲裁，这段时间（多数 BIT 都规定为 6 个月）被国际投资法学者称为"冷却期"。这一规定的主要目的是给当事双方机会通过磋商与谈判方式友好解决争端。

第 4 款规定如何认定仲裁提交时间问题。在 BIT 中一般规定投资者须在一定时间内将争端提交仲裁，否则丧失诉权，因此确定争端提交时间对于仲裁的进行至为关键。本条款还列举了依照不同模式提交仲裁，其提起仲裁的时间认定标准也各不相同。

第 5 款规定要求适用提起仲裁时生效的仲裁规则，从而排除了因仲裁规则修订而导致当事方因未在 BIT 中对适用仲裁规则的版本做出约定而引发争议。

第 6 款规定要求提起仲裁时即明确其指定的仲裁员或交由秘书长代为指定仲裁员，从而避免在仲裁员选择上拖延时间，影响争端的解决。

从中国已签订的中外 BIT 来看，中国对于可以提交仲裁的争端范围，因中外 BIT 缔结的时间不同而有所不同。中国在 20 世纪八九十年代签订的 BIT 中，多未接受 ICSID 的仲裁管辖权。中国加入《华盛顿公约》后，初期对 ICSID 的管辖权主要采取"逐案同意"的方式，但自 1998 年中国与巴巴多斯签订的 BIT 开始，中国开始在对外签订的 BIT 中全面接受 ICSID 管辖权，例如中国—德国 BIT 第 9 条第 1 款规定"缔约一方与缔约另一方投资者之间就投资产生的任何争议"，其宽泛的措辞规定使得可以提交仲裁的争端范围无限扩大。这虽然有利于对中国海外投资利益的保护，但是不利于东道国政府维护宏观经济调控的权力。中国 2010 年 BIT 范本草案，对这种全面接受 ICSID 管辖权的做法予以了重新的平衡，其中规定可以提交仲裁的争端包括东道国违反促进和保护投资、国民待遇、最惠国待遇、公正与公平待遇、征收、损害与损失的赔偿、转移、代位与第 14 条规定的其他义务，规定涉及国家主权的税收规定不适用于投资者与东道国争端解决机制。

第 25 条　各缔约方对仲裁的同意

1. 缔约各方同意按照本协定与本章的规定将争端诉求提交仲裁。

2. 本条第 1 款规定的同意以及依照本章的规定把争端诉求提交仲裁，应符合以下要求：

（a）《ICSID 公约》第二章（中心管辖权）的规定以及《ICSID 附加便利规则》关于争端方书面同意的规定；以及

（b）《纽约公约》第 2 条关于"书面协议"的规定；以及

（c）《美洲国家国际商事仲裁公约》第 1 条关于"协议"的规定。

【评析】本条规定了各缔约方接受 ICSID 管辖权的方式。一般认为，接受 ICSID 管辖权的方式包括"逐案同意"、"有限同意"、"全面同意与重要例外结合"以及"全面同意"四种方式。美国 2012 年 BIT 范本的规定属于"全面同意与重要例外结合"的方式，即依照本条规定东道国在 BIT 中做出符合要求的"同意"后，外国投资者就可以直接根据第 24 条规定将可以提交国际仲裁的争端提交国际仲裁庭，而无须东道国专门逐案表示同意。我国著名国际投资法学者陈安认为，本条规定实际等于剥夺或阉割了东道国对每一案件的"逐案审批同意"权，而依照《ICSID 公约》第 25 条第 1 款的规定，只有当双方将同意争端提交 ICSID 管辖的意思表示以书面形式做出后，IC-SID 仲裁庭才有权处断缔约国与另一缔约国国民之间因投资而产生的任何法律争端。①

对于 ICSID 管辖权的同意方式，我国已缔结的中外 BIT 中的规定并不一致。我国在刚加入《ICSID 公约》后，签订的中外 BIT 中主要采取"逐案同意"为主的方式，但自 1998 年缔结的中国—巴巴多斯 BIT 后，转变为大部分采取"全面同意"方式以及少部分继续采取"逐案同意"或仅就征收补偿额争议接受 ICSID 管辖权的"有限同意"方式。中国 BIT 中的这一转变主要是配合 1998 年后中国实施的"走出去"战略，即加强对我国海外投资利益的保护。但是，"全面同意"方式蕴含着东道国被诉的潜在风险，目前国际仲裁实践中已有阿根廷的前车之鉴，因此还需予以提前防范。考虑到正在进行中的中美 BIT 谈判将在"准入前国民待遇加负面清单模式"基础上进行，且中国是一个处于经济转型过程中的发展中国家，中国宜在美国 BIT 范本已做出的不适用投资者与东道国争端解决机制的例外规定的基础上，进一步考虑增加准入前国民待遇、最惠国待遇与金融例外等条款中的内容不适用投资者与东道国争端解决机制，通过对这些易引发争端的条款的国际投资仲裁机制的保留，可以为政府根据经济发展情况而进行相关政策调整预留更多空间。

第 26 条 缔约各方同意的条件和限制

1. 如果申请人首次得知或应当得知违反本协定第 24 条第（1）项规定并且申请人（依照第 24 条（1）（a）项的规定提出请求）或企业（依照第 24 条（1）（b）项的规定提出请求）已经遭受损失或损害之日起超过三年，申请人不能依本章规定将争端诉求提交仲裁。

2. 不可以依照本章规定将争端诉求提交仲裁，除非：

（a）申请人根据本协定规定的程序以书面方式同意仲裁；

---

① 陈安：《中外双边投资协定中的四大"安全阀"不宜贸然拆除——美、加型 BITs 谈判反驳关键性"争端解决"条款剖析》，载《国际经济法学刊》第 13 卷第 1 期，北京大学出版社 2006 年版，第 14 页。

以及

（b）仲裁通知书附有以下文书：

（i）依照第24条第（1）（a）项的规定提交仲裁的，附有申请人书面弃权书；并且

（ii）依照第24条第（1）（b）项的规定提交仲裁的，附有申请人及其企业的书面弃权书

放弃其有关涉嫌构成违反第24条所指任一措施依照任一缔约方国内法规定启动或继续在任何行政法庭或法院或其他争端解决程序的权利。

3.尽管有本条第2（b）项规定，如果提起诉讼以保护申请人或者企业在仲裁审理期间的权利和利益为唯一目的，申请人（依照第24条第（1）（a）项的规定提交仲裁）以及申请人或企业（依照第24条第（1）（b）项的规定提交仲裁）可以启动或继续寻求不涉及支付赔偿金的临时禁令救济向被申请人方的司法性或行政性法庭起诉。

【评析】本条规定向国际投资仲裁机构提交争端诉求的"同意"的条件与限制。首先，在第1款规定"同意"将争端诉求提交仲裁需要满足3年的时间限制。从仲裁实践看，这一限制当属管辖权限制，其有助于投资争端及时处理与解决。对于东道国的持续性行为，一般认为3年期限应从该行为的最后发生之时起算而非最早发生之时。中国2010年BIT范本草案也规定了3年的时限规定。

中国2010年BIT范本草案对于提交仲裁的限制与本条规定的主要区别之处在于其规定缔约另一方可以要求投资者在提交国际仲裁之前，用尽缔约另一方法律和法规所规定的国内行政复议程序，即投资者将争端提交给ICSID前需要"用尽当地救济"。在2012年缔结的中国—加拿大BIT中第21条也规定"用尽当地救济"后方能提交国际仲裁庭。"用尽当地救济"规定有助于东道国在争端发生后，首先通过国内行政或司法补救办法解决争端，免于提交到国际仲裁庭浪费人力、物力，并且其是东道国在争端发生后一定时期内优先实行本国管辖权的重

要体现，中国在中美 BIT 谈判中应继续坚持这一原则立场。

第 27 条　仲裁员的选择

1. 除非争端双方另有约定，仲裁庭应由三名仲裁员组成，争端双方各自指定一名仲裁员，第三名仲裁员由争端双方协议任命，该仲裁员应为首席仲裁员。

2. 秘书长依照本章规定负责指定仲裁员。

3. 在符合第 20 条第（3）项规定的情况下，如果根据本章规定提交仲裁之日起 75 日未组成仲裁庭，秘书长应争端一方的请求应根据其自由裁量权指定仲裁员或指定尚未任命的仲裁员。

4. 为了符合《ICSID 公约》第 39 条和《ICSID 附加便利规则》附表 3 第 7 条的规定，以及在不影响基于国籍外的原因拒绝仲裁员的情况下：

（a）被申请人同意依照《ICSID 公约》或《ICSID 附加便利规则》的规定组建的仲裁庭中每一位仲裁员的指定；

（b）第 24（1）（a）条所指的申请人，仅在其书面同意该仲裁庭中的每一位仲裁员的指定的情况下，才可以依照《ICSID 公约》或《ICSID 附加便利规则》的规定提交符合本章规定的仲裁，或继续仲裁；以及

（c）第 24（1）（b）条所指的申请人，仅在申请人及企业以书面方式同意该仲裁庭中的每一位仲裁员的指定的条件下，才可以依照本章规定提交仲裁，或依照《ICSID 公约》或《ICSID 附加便利规则》的规定继续仲裁。

【评析】本条是关于仲裁员选择的规定。仲裁员是国际投资争端仲裁程序运作的核心因素。本条规定强调并重申了在仲裁员选择方面应遵守的程序性规定，即应遵守《ICSID 公约》及《ICSID 附加便利规则》的规定。依照《ICSID 公约》第 13 条的规定，每一缔约国可以向仲裁员小组指派 4 名成员。当发生国际投资争端且投资者提起仲裁后，东道国与投资者可以从仲裁员小组中选择仲裁员。另据《ICSID 公约》第 14 条第 1 款

的规定，指派的仲裁员需具备品德高尚，在法律、商务、工业或金融方面有公认的资格，且具有独立性这三个基本条件。

近年来由于国际投资仲裁中裁决不一致等问题而引发的国际投资仲裁正当性危机中，仲裁员在仲裁中缺乏独立性问题也是引起诟病的原因之一。由于国际投资仲裁脱胎于商事仲裁，仲裁员一般在投资仲裁中具有倾向于保护投资者的问题，而且因其不是常设机构，仲裁员在仲裁中的独立性很难保证。此外，从 ICSID 仲裁实践来看，担任仲裁员的多为瑞士、英国、法国及美国公民，而 ICSID 仲裁被诉方多数是发展中国家，因此一些发展中国家及学者担心这些来自发达国家的仲裁员在仲裁中多倾向于强调为外国投资者权益提供高标准的保护，以致仲裁庭所做裁决缺乏独立性。这种担忧并非是多虑的。

第 28 条　仲裁的进行

1. 争端双方可以根据第 24（3）条规定的适用的仲裁规则约定仲裁法定地点。如果争端双方未能达成一致意见，仲裁庭应根据适用的仲裁规则确定仲裁地点，但该仲裁地点应为《纽约公约》缔约国一方的境内。

2. 非争端方可以就有关本协定的解释向仲裁庭提交口头和书面意见。

3. 仲裁庭有权接受并考虑来自非争端方国家的公民或机构的"法庭之友"陈述书。

4. 在不影响仲裁庭处理作为先决问题的其他异议的权力的情况下，如果作为一个法律问题，依照第 34 条规定不可能做出有利于申请人的裁决，仲裁庭应就被申请人提出的作为先决问题的异议做出处理或裁决。

（a）此种异议应尽可能在仲裁庭组成后就提交，在任何情况下不迟于仲裁庭确定的被申请人提交答辩状之日（或者，在仲裁通知修正的情况下，不迟于仲裁庭确定的被申请人提交对修正仲裁通知的答辩状之日）。

（b）仲裁庭收到根据本款提出异议时，应当中止有关案情的任何法律程序，确立一个与已确立的考虑其他预审问题的日程相一致的考虑异议的日程，并签发附有理由说明的有关异议的决定或裁决。

（c）根据本款对异议做出裁决时，仲裁庭应当假定申请人仲裁通知（或修正的仲裁通知）中支持任何请求的事实声明是真实的，并且如果是依照《联合国国际贸易法委员会仲裁规则》提交仲裁，《联合国国际贸易法委员会仲裁规则》中所指的请求声明也是真实的。仲裁庭还可以考虑任何相关的无争议的事实。

（d）不能仅仅因为被申请人提出或未提出本款规定的异议，或利用第5款规定的简易程序，认为被申请人放弃对管辖权或实体权利的任何争端提出异议的权利。

5.如果被申请人在仲裁庭组成后45日内提出请求，仲裁庭对于依照第4款规定提出的异议和任何关于仲裁庭对争端不具有管辖权的异议，应快速做出裁决。仲裁庭应中止有关实体权利的任何法律程序，并在不迟于请求提出的150日内签发附有理由说明的关于异议的决定或裁决。但是，如果争端一方要求举行听证会，仲裁庭可以延长30日签发决定或裁决。无论是否要求举行听证会，仲裁庭均可以基于特殊原因，短暂延长签发决定或裁决的期限，但该延长期限不得超过30日。

6.当仲裁庭根据第4款或第5款对于被申请人的异议做出裁定时，如有必要，可以裁决支持胜诉方因提出或反对异议发生的合理的费用和律师费。在确定上述裁决是否有必要时，仲裁庭应考虑申请人的诉求或是被申请人的异议是否是无意义的，并应给予争端双方评论的合理机会。

7.被申请人不得以申请人已收到或将收到根据保险或担保合同获得全部或部分所主张的损害的赔偿或其他补偿作为抗辩、反诉或抵销权的理由。

8.为保护争端一方的权利或确保仲裁庭的管辖权充分有效行使，仲裁庭可以发布采取临时保护措施的命令，包括争端一方拥有或控制的证据保全以及确保仲裁庭管辖权的命令。仲裁庭不可以做出扣押令或禁止适用涉嫌构成违反第 24 条所指的措施的命令。本款中，命令包括建议。

9.（a）在依本章规定进行的任何仲裁中，应争端一方的请求，仲裁庭应在签发有关责任的决定或裁决前将拟议的决定或裁决转达给争端双方和非争端方。在仲裁庭转达其拟议的决定或裁决后 60 日内，争端双方可以就有关拟议的决定或裁决的任何方面向仲裁庭提交书面评论意见。仲裁庭应考虑任何此类意见并不迟于 60 日的评议期届满后的 45 日内做出决定或裁决。

（b）（a）项不得适用于依据本章规定进行的已根据第 10 款规定提交诉讼的任何仲裁。

10. 如果将来在其他制度安排下，审查投资者与东道国争端解决仲裁庭所作裁决的上诉机制得以建立，则缔约方应考虑根据第 34 条做出的裁决是否适用此上诉机制。缔约双方应尽力确保其考虑采用的任何此类上诉机制规定的程序透明度与第 29 条确立的仲裁程序透明度的规定类似。

【评析】本条规定的主要是仲裁中的一些程序性规定。其中可圈可点的主要有两项制度：法庭之友与上诉机制。

首先，法庭之友制度。法庭之友制度系英美法系国家国内程序法中的一项重要制度。20 世纪 90 年代以来经济全球化的加速发展，越来越多的国际公民社会组织要求参与全球经济治理，表现在国际经济规则的程序法方面，为越来越多的非政府组织要求通过法庭之友制度参与 WTO 和国际投资争端解决机制。

按照《布莱克法律词典》释义，法庭之友系指因对诉讼标的具有强烈兴趣，通过主动向法庭申请或根据法庭要求在法院审理案件中向法庭提交陈述书的非争端当事人。从现有的国际投资仲裁实践看，NAFTA 和 ICSID 仲裁中均有接受法庭之友的陈述书的案例。前文已述国际投资仲裁庭一般由三名仲裁员组成，其中两名为争端当事方指定，这决定被指定仲裁员在仲裁中主要是从维护指定其的当事人角度考虑问题，而投资者与东道国仲裁案件中，多涉及公共利益问题，仲裁员的来源决定其在仲裁中往往会忽视"公共利益"。因此，引入法庭之友有助于仲裁庭在综合考虑不同争端当事方的观点、知识和见解的基础上做出正确的裁决，提高案件审理的透明度，增加仲裁庭的公信力。

长期以来，发展中国家与发达国家在法庭之友这一问题上并未形成一致看法。发展中国家多对法庭之友持反对态度，主要原因在于发展中国家认为法庭之友是一项英美法系国家国内法律制度，尚未上升成为一项国际法律制度。更为重要的原因则是其从东道国立场出发，认为作为法庭之友的国际公民社会组织多与来自发达国家的投资者存在千丝万缕的利害关系，法庭之友在国际投资仲裁中极有可能作为投资者的朋友对抗东道国。但目前一些学者研究显示，从已有的接受法庭之友陈述书的国际投资仲裁案例来看，在这些案件中法庭之友更多是关注公共利益而站在东道国一边。其实，对于法庭之友资源不发达以及不具有对抗式诉讼程序传统的发展中国家而言，接受法庭之友制度尚待观念的转变；而从改革完善国际投资仲裁体制的角度而言，进一步完善法庭之友制度，例如在确保其自身独立性方面予以进一步规范，则采用这一制度利大于弊。

其次，上诉机制。美国 2012 年 BIT 范本修订中，虽然国内的一些 BIT 批评者呼吁修改 BIT 范本中投资者与东道国争端解决机制的规定，但范本仅对仲裁裁决的上诉机制问题进行了修改，删除了 2004 年范本附件 D 关于缔约双方在协定生效后三年内应展开关于是否建立一个双边上诉机构或类似机制的谈判的规定，并把原第 28 条第 10 款的规定"如果建立了其他仲裁裁决的上诉机构，缔约方应努力达成协议同意由上诉机构审查依协定做出的仲裁裁决"修改为现在的规定。新规定取消了三年的期限。这说明依照 BIT 规定在两国间展开上诉机制的谈判并不具吸引力，现已提上议程的投资者与东道国争端解决机制的改革还有赖于多边政策对话。从 ICSID 以往提出设立上诉机制的设想抛出后，广泛征求意见后又被搁置的情况看，当前建立这一制度的时机仍未成熟。

第 29 条　仲裁程序的透明度

1. 在符合本条第 2 款和第 4 款规定的情况下，被申请人在收到下列文件后，应及时转交给非争端方并使公众可获得这些文件：

（a）意向通知；

（b）仲裁通知；

（c）争端一方提交给仲裁庭的诉状、摘要和辩论意见书以及按照第 28 条第 2 款（非争端方陈述）、第 3 款（法庭之友陈述书）和第 33 条（合并仲裁）提交的任何书面陈述；

（d）如有，仲裁庭听证会的纪要或者记录；以及

（e）仲裁庭的命令、裁决和决定。

2. 仲裁庭举行的听证会应向公众开放，并在与争端各方协商后，做出合适的后勤安排。但是，任何争端一方在听证会中拟使用被确定为受保护的信息，应通知仲裁庭。仲裁庭应做出适当安排以保护这些信息不被泄露。

3. 本章规定不要求被申请人披露受保护的信息，或提供或允许获取根据第 18 条 "安全例外条款" 或第 19 条 "信息披露条款" 的保密信息。

4. 向仲裁庭提交的任何受保护的信息应依照下列程序保护其不被泄露：

（a）根据（d）项规定的限制，争端双方和仲裁庭均不得向非争端方或公众披露争端一方按照（b）项规定提交的明确指定为受保护的信息。

（b）任一争端方声称某一信息为受保护的信息，应在向仲裁庭提交该信息时明确指明。

（c）争端一方应在其提交声称包含受保护的信息的文件时，同时提交不包含受保护信息的节录版本，只有节录版本应根据第 1 款规定提供给非争端方并向公众公开。并且

（d）仲裁庭应对于有关受保护的信息的指定提出的任何异议做出决定。如果仲裁庭认为该信息未被正确指定，提交信息的争端一方可以：

（ⅰ）撤回全部或部分包含此信息的陈述；或

（ⅱ）同意重新提交根据法庭的决定和（c）项规定纠正指定信息的完整版和节录版本文件。

在任何一种情况下，争端另一方都应在必要时重新提交完整版和节录版本文件，要么删除第一次提交信息的争端一方根据（ⅰ）撤回的信息；要么重新指定受保护的信息与第一次提交信息的争端一方根据（ⅱ）指定一致的信息。

5. 本章的规定不要求被申请人不向公众公开根据其法律规定应披露的信息。

【评析】国际投资仲裁是在传统的国际商事仲裁规则基础上发展起来的，其以国际商事仲裁固有的秘密性为基本特征，即仲裁庭审的不公开性与仲裁相关文件与裁决的保密性。但由于国际投资仲裁中经常会涉及东道国的公共利益问题，近年来国际投资仲裁机构在仲裁实践中又存在裁决相互冲突、裁决偏向投资者的经济利益而不顾东道国的社会利益等缺陷，国际投资仲裁的秘密性标签受到了广泛的质疑，改革的呼声四起。各方开始努力增强国际投资仲裁的透明度，特别是在仲裁程序以及包括仲裁裁决在内的相关文件的合理公开方面展开了广泛讨论。

2006 年新修订生效的《ICSID 仲裁程序规定》和《ICSID 附设仲裁程序规则》中将"可以"公布裁决书中涉及法律推理的摘要修改为"应该且立即"公布裁决书中法律推理部分的摘要。还在第三方参与仲裁程序方面作了修改，把允许第三方参与须"经过双方当事人同意"修改为"除非一方当事人反对，否则，经过与 ICSID 秘书长协商"，仲裁庭就可以允许第三人参与庭审。

对于国际投资仲裁增强透明度的改革，美国一直在全力推动并通过其缔结的 BIT 与 FTA 向其他国家推广。与《ICSID 仲裁程序规定》与《ICSID 附设仲裁程序规则》的修改相较，美国 BIT 范本在增强仲裁透明度方面的规定无疑步子迈得更大。例如，本条第 1 款规定被申请人在收到仲裁通知、争端一方提交给仲裁庭的诉状等仲裁相关文件后就应及时转交给非争端方并向公众公开。第 2 款则规定在与争端各方协商并做出合适的后勤安排以及对受保护信息做出适当安排保护其不被泄露的情况下，要求仲裁庭举行的听证会应向公众开放。虽然美国 BIT 范本中的上述规定对于提升国际投资仲裁透明度是非常强有力且具有操作性的措施，但是其高标准严要求的透明度规定，对"仲裁"这一解决投资争端方式所具有的"秘密性"基本特征无疑构成了挑战。特别是，仲裁程序文件的公开势必会给正在进行中的仲裁当事各方造成外部压力，甚至激化矛盾，造成国际投资争端解决的"政治化"。更为重要的是，从美国 BIT 范本中规定来看，被申请人也即投资东道国负有公开相关仲裁文件的义务。本条规定其实默认投资东道国对外国投资者采取的监管措施一旦为投资者提交仲裁，即不论是否涉及公共利益均会受到国际社会方方面面的审视。

中国 2010 年 BIT 范本草案中未对透明度问题做出规定。在这方面，联合国国际贸易法委员会新出台的《贸易法委员会投资人与国家间基于条约仲裁透明度规则》（以下简称《透明度规则》）中的一些规定或可为中国借鉴。这一于 2014 年 4 月 1 日生效的新规则中规定了投资者与国家间基于条约仲裁的透明度和向公众开放的可能性，同时该规则在第 7 条做出了透明度例外适用情形的规定，如规定向公众提供的信息，如果会对仲裁过程完整性造成本规则所确定的损害，不得提供此种信息等。该规则还解决了由谁负责公布信息这一问题，规定由"信息存储处"根据《透明度规则》将向公众提供信息，而"信息存储处"这一职能由联合国秘书长通过联合国国际贸易法委员会秘书处承担。信息则通过贸易法委员会的网站公布。增强国际投资仲裁透明度的重要性不言而喻，但宜在仲裁的秘密性与仲裁透明度之间取得平衡，以寻求投资者利益保护与东道国利益保护之间的平衡。

第 30 条　准据法

1. 在符合本条第 3 款规定的情况下，根据第 24 条第（1）

（a）（ⅰ）（A）项或第 24 条第（1）（b）（ⅰ）（A）项提交的争端诉求，仲裁庭应当根据本协定以及可适用的国际法裁决争端问题。

2. 在符合本条第 3 款以及本章其他条款的情况下，根据第 24 条第（1）（a）（ⅰ）（B）项或（C）项，或第 24 条第（1）（b）（ⅰ）（B）项或（C）项提交的争端诉求，仲裁庭应当适用：

（a）相关投资授权或投资协议中明确规定的法律，或争端双方另行约定的法律；

（b）如果没有明确规定的法律或其他约定的法律；

（ⅰ）被申请人方国内的法律，包括其法律冲突规则；【注 22】以及

（ⅱ）适用的国际法规则。

3. 本条中，缔约各方指定各自的代表做出并且宣布对本协定规定做出解释的共同决定对仲裁庭有约束力，仲裁庭的任何决定或裁决均须符合上述共同决定。

【注 22】被诉方的法律系指具有适当管辖权的国内法院或仲裁庭拟在同一案件中适用的法律。

【评析】准据法条款解决的是国际投资争端仲裁中依据什么准则处断争端的问题。准据法适用的正确与否直接攸关最终仲裁裁决的效力与仲裁当事人的权利与义务。如果仲裁庭未适当适用准据法会被认为滥用权力，从而依照《解决国家与他国国民间投资争端公约》第 52 条第 1 款第 2 项的规定而确认仲裁判决无效。

在国际投资仲裁实践中，目前越来越多的仲裁庭对提交的仲裁，倾向于选择适用国际法而拒绝适用东道国法律。例如被认为是中国 ICSID 受理的中国第一案"谢业深诉秘鲁政府案"中，即体现了仲裁庭选择优先适用国际法而拒绝适用国内法的问题。

美国 2012 年 BIT 范本对于准据法的规定沿袭了 2004 年 BIT 范本的规定，而美国 2004 年 BIT 范本是在总结吸收仲裁实践的经验基础上所作的修订。美国 2012 年 BIT 范本对于争端诉求依

照提起的依据不同进行了分类，并据此确定适用不同的准据法。本条规定因东道国违反本协定中第 3 条至第 10 条的行为，即涉及违反国民待遇、最惠国待遇、转移、征收条款等提起的仲裁，应适用本协定以及适用的国际法裁决争端问题。对于因东道国违反投资协议或投资授权提起的仲裁，则依争端双方约定适用的法律，如果没有明确规定时则适用东道国国内的法律以及适用的国际法规则。此外，本条第 3 款规定还赋予了缔约国对本条规定的解释权，从而保证缔约国能够对于仲裁庭适用准据法的自由裁量权予以有效限制。

从中国 2010 年 BIT 范本草案第 13 条的规定来看，未规定依据对争端诉求的分类而确定适用不同的准据法，仅强调"应依据争端双方协议的法律规范处断争端"。当没有协议时，则应适用争端缔约方的法律（包括冲突规范），以及可适用的国际法规范，尤其是本协定。从这一规定来看，中国 BIT 范本中并未特别强调适用东道国的法律，这与中国 20 世纪 80 年代缔结的 BIT 中强调在合格投资、资金转移等问题上适用东道国法律有所变化，反映了中国的缔约实践已据国际投资仲裁实践的实际情况而做出调整。但考虑到中美 BIT 将在"准入前国民待遇加负面清单模式"基础上进行谈判，为避免将来引发针对中国政府的诉讼，中国在 BIT 谈判中应主张对于资金转移、国民待遇、负面清单中具体条款的解释应以东道国法律为据。

第 31 条　附件的解释

1. 如果被申请人辩称声称的违反措施属于载明在附件 1、附件 2 或附件 3 的条目中的范围，应被申请人的请求，仲裁庭应要求缔约双方对此问题做出解释。缔约双方应在该要求提出后 90 日内向仲裁庭提交其有关解释的书面共同决定。

2. 本条中，缔约各方指定各自的代表按照第 1 款规定做出并且宣布的共同决定对仲裁庭有约束力，仲裁庭的任何决定或裁决均须符合此共同决定。如果缔约方未在 90 日内做出共同决定，仲裁庭应对该问题做出裁决。

【评析】本条规定赋予缔约方享有附件的解释权。中国 2010 年 BIT 范本草案中未对此做出规定。在 BIT 中增加这一规定有助于限制晚近以来国际投资仲裁庭通过扩大解释 BIT 内容而扩大管辖权与滥用自由裁量权的弊端。中美双方在此问题上应无实质分歧。

第 32 条　专家报告

在不影响根据适用的仲裁规则授权的对其他专家的任命的情况下，仲裁庭可以应缔约一方的请求，或者除非争端双方不赞成，主动任命一位或多位专家，根据争端双方同意的条款与条件，就争端一方在仲裁中提出的任何关于环境、健康、安全或其他科学问题的事实情况向仲裁庭提交书面报告。

【评析】本条是关于仲裁庭接受专家报告的规定。与第 28 条规定中提及的法庭之友陈述书寻求的是同样的目标，即帮助仲裁庭做出公正的裁决。与法庭之友规定的区别之处在于，专家报告是仲裁庭在争端当事方的请求与同意的情况下，由其主动任命专家要求其提交涉及科学问题的专业报告。奉行简式 BIT 的中国 BIT 范本草案中，未对此做出规定。

第 33 条　合并审理

1. 当两个或两个以上争端诉求根据第 24（1）条规定单独提交仲裁，而争端诉求具有共同的法律或事实问题，并产生于相同的事件或情形，根据拟被命令涉及的所有争端方达成的一致意见或者第 2 款至第 10 款的规定，任何争端方均可申请合并审理的命令。

2. 争端一方依据本条规定寻求合并审理的命令应将书面请求送交秘书长和该命令拟涉及的所有争端方，并且在申请中载明：

（a）仲裁庭命令中涉及的所有争端方的名称与地址；

（b）请求仲裁庭命令的性质；以及

（c）请求仲裁庭命令的依据。

3. 除非秘书长在收到依照第 2 款规定的送交的请求后 30 日内发现该请求明显没有事实根据，仲裁庭应依照本条设立。

4. 除非仲裁庭命令涉及的所有争端方不同意，依照本条设立的仲裁庭应由三名仲裁员组成：

（a）一名仲裁员由申请人指定；

（b）一名仲裁员由被申请人指定；

（c）秘书长任命首席仲裁员，但是首席仲裁员不应为任一争端方国民。

5. 秘书长在收到依照第 2 款规定送交的请求 60 日后，如果被申请人或申请人未依照第 4 款规定指定仲裁员，应命令所涉任一争端方的请求，秘书长应指定尚未任命的一名或多名仲裁员。如果被申请人未指定一名仲裁员，秘书长应指定一名争端方的国民，而如果申请人未指定一名仲裁员，秘书长应任命一名非争端方的国民。

6. 当依照本条设立的仲裁庭符合依照第 24（1）款规定提交的两项或多项仲裁诉求具有共同的法律或事实问题，并产生于相同的事件或情形，为了公正有效地裁决争端诉求，并经对争端双方的审理后，仲裁庭可以做出下列命令：

（a）对所有或部分诉求一起行使管辖权、审理和裁决；

（b）如果仲裁庭的决定被认为有助于解决其他诉求，对一项或多项诉求行使管辖权、审理和裁决；

（c）指令此前依照第 27 条（仲裁员的选择）设立的仲裁庭对所有或部分诉求一起行使管辖权、审理和裁决，如果：

应任何先前不是争端一方的申请人的请求，该仲裁庭，应重新由其原先的成员组成，除了申请人应依照第 4（a）项和第 5 款任命的仲裁员。

该仲裁庭应决定任何先前的听证会是否应重新进行。

寻求合并，按照所有争端各方的协议寻求将覆盖到 10 的顺序或第 2 款的规定。

7. 当仲裁庭依照本条规定设立后，依照第 24（1）款规定提交仲裁的申请人若未在依据第 2 款规定提交的申请中，该申请人可以向仲裁庭提交一份将其包括在依照第 6 款做出的任何命令中的书面请求，并应在请求中载明：

（a）申请人的姓名与地址；

（b）申请命令的性质；以及

（c）申请命令的依据。

申请人应将请求的副本送交秘书长。

8. 依照本条规定设立的仲裁庭应依照《联合国国际贸易法委员会仲裁规则》进行仲裁程序，本章做出修改的规定除外。

9. 如果依照本条设立或被指令的仲裁庭已对一项诉求或一项诉求的一部分行使管辖权，依照第 27 条设立的仲裁庭则不再对其具有管辖权。

10. 依照本条规定设立的仲裁庭，应争端一方的申请，依照第 6 款做出裁决之前，可以命令依照第 27 条设立的仲裁庭暂停审理，除非后一仲裁庭已延期审理。

【评析】本条规定的是国际投资仲裁案件的合并审理制度。这一制度最早规定于《北美自由贸易协定》中，但是这一制度在设立后的很长时间里一直处于静止状态。直至近年来由于国际投资仲裁裁决结果不一致的情况日益频现，其作为克服国际投资仲裁信任危机的改革尝试，始受重视。

合并审理是指当不同的仲裁请求涉及共同的事实问题或法律问题时，应仲裁当事人的请求与同意，仲裁庭可以合并审理这些仲裁请求。仲裁请求涉及共同的事实问题或法律问题的情况，在投资者与东道国争端解决机制中，较为常见。这主要是由于东道国出台的一项监管措施，往往会影响到众多外国投资者利益，或者尽管东道国的措施仅针对其境内某一外资企业，但由于根据双边投资协定中"投资者"的规定，不仅该企业可以以自己名义提交仲裁，该企业的股东甚至股东的控股股东也有权就东道国的措施提交国际仲裁。2001 年阿根廷经济危机发生后，众多外国投资者针对阿根廷为应对危机依据《公共紧急状态法》所采取的措施向 ICSID 提交仲裁。ICSID 在裁决这些案件时，就努力建议所涉事实相同的仲裁请求合并审理。

合并审理有助于避免相同或类似案情的国际投资仲裁案件由于不同仲裁庭的审理出现裁决不一致的情况，有利于节省仲裁当事方的费用。当前合并审理的主要问题在于，目前《华盛顿公约》、《ICSID 仲裁程序规则》、《ICSID 附设仲裁程序规则》、《联合国国际贸易法委员会仲裁规则》以及多数双边投资协定中均未明确规定合并审理问题，因此，在一些国际投资仲裁中适用合并审理制度缺乏明确的法律依据。此外，素来重视"正当程序"的英美法系国家也对合并仲裁可能对仲裁的合意性与私密性的负面影响有所顾忌。美国在 2012 年 BIT 范本中对合并审理的程序予以了明确规定，但其规定强调合并申请需由争端方提出请求。中国 2010 年 BIT 范本则未对此做出规定。

第 34 条　裁决

1. 仲裁庭对被申请人做出最终裁决时，仲裁庭仅可以就以下事项做出单独或合并裁决：

（a）金钱赔偿和任何适当的利息；和

（b）返还财产，在此情况下裁决应规定被申请人可以支付赔偿金和相应利息以代替财产返还。

仲裁庭还可以依照本协定和适用的仲裁规则裁决仲裁费用和律师费。

2. 在符合第 1 款规定的情况下，当依照第 24（1）（b）项规定提交仲裁诉求时：

（a）返还财产裁决应规定返还给企业；

（b）金钱赔偿和相应利息的裁决应规定支付给企业；以及

（c）裁决应说明其不影响任何人依照可适用的国内法享有的任何救济的权利。

3. 仲裁庭不可以判处罚金。

4. 仲裁庭所作裁决在争端双方之间的特定案件之外应不具有约束力。

5. 在符合第 6 款规定和适用于临时裁决的审查程序的情况下，争端一方应遵守并不迟延地履行裁决。

6. 争端一方不能寻求强制执行终局裁决直至：

（a）当终局裁决是依《华盛顿公约》做出时：

自裁决做出之日起已超过 120 日且争端方未请求修改或撤销该裁决；或

修改或撤销该裁决的程序已完成。以及

（b）当终局裁决是依《解决投资争端国际中心附加便利规则》、《联合国国际贸易法委员会仲裁规则》或依照第 24（3）（d）项规定争端双方选择的任何其他仲裁规则做出时：

（ⅰ）自裁决做出之日起已超过 90 日且裁决做出已满 90 日且争端方未启动修改、取消或撤销该裁决的程序；或

（ⅱ）法院已驳回或批准修改、搁置或撤销裁决的申请且争端方未有进一步的诉请。

7. 每一缔约方应对裁决在其境内的执行做出规定。

8. 如果被申请人未遵守或履行最终裁决，应非争端方提交的请求，应根据第 37 条（缔约国间争端解决）设立仲裁庭。在不影响依照适用的国际法规则提供的其他可能的救济的情况下，提出申请的缔约方可寻求下列程序：

（a）裁决未遵守最终裁决与本协定中的义务不相符；和

（b）建议被申请人遵守最终裁决。

9. 无论第 8 款规定的程序是否启动，争端一方均可以依照《ICSID 公约》或《纽约公约》（或者《美洲国家国际商事仲裁公约》）要求执行仲裁裁决。

10. 为了《纽约公约》第 1 条（或者《美洲国家国际商事仲裁公约》第 1 条）之目的，依照本章提交仲裁的诉求应被视为产生于商业关系或交易。

【评析】本条规定仲裁庭可以做出的裁决以及裁决的履行问题。将本条规定与 2010 年中国 BIT 范本草案的规定相比较，可以发现两个范本关于仲裁庭可以做出的裁决以及争端方可以提出强制执行裁决的条件规定等内容基本一致。关于本条规定，中美 BIT 范本的主要区别在于本条第 9 款和第 10 款的规定。依照这两款的规定，争端一方可以依照《纽约公约》要求

执行仲裁裁决，而且依照本章规定提交仲裁的诉求应被视为产生于商业关系或交易关系。但是，中国在加入《纽约公约》时做出了"商事保留声明"，依照 1987 年 4 月 10 日《最高人民法院关于执行我国加入的〈承认及执行外国仲裁裁决公约〉的通知》，"我国仅对按照我国法律属于契约性和非契约性商事法律关系所引起的争端适用该公约。……但不包括外国投资者与东道国政府之间的争端"。因此，如果外国投资者依据《ICSID公约》之外的仲裁规则对中国政府提起仲裁，而中国政府拒不履行对其不利的裁决，外国投资者既不能依据《ICSID公约》的裁决承认与执行，也不能依据《纽约公约》在其他缔约国请求强制执行裁决。但这种情况只会在缔约各方不执行裁决的情况下才会出现。此外，中国与美国均是《ICSID公约》的缔约方，投资者如果在发生争端后直接选择 ICSID 解决争端，而不选择其他仲裁规则，则可以依照《ICSID公约》规定确保仲裁裁决的承认与执行。因此，中美 BIT 中可以不对《纽约公约》及其商事保留做出规定。

第 35 条　附件与注释

附件与注释应是本协定的组成部分。

【评析】本条对协定的附件与注释的效力做出规定，明确表明附件与注释与协定正文文本具有同等效力。在协定谈判中，协定的注释的内涵对于条文的解释与定义不容忽视。例如 2012 年 BIT 范本中关于"国有企业"新增注释，对于何谓"被授予政府职权"给予限定，虽仅增加了一个注释，但足以扩大对国有企业的认定范围，从而扩大条约对国有企业的适用范围。中国应考虑通过国内立法对于国有企业予以恰当定义，并通过在负面清单中做出依照国内法定义的"国有企业"这一保留，弱化双边投资协定对国有企业的冲击，特别是避免完全属于国内法范畴的争端被提交至国际投资仲裁庭解决，从而维护中国的司法主权。

第 36 条　文件的送达

向缔约一方递交通知以及其他文件应送达到附件 3 中该缔约方指定地点。

【评析】本条为仲裁的程序性规定，即对于递交仲裁通知与其他文件的地点做出约定。

第三章

第 37 条　缔约国间争端解决

1. 在符合第 5 款规定的情况下，缔约双方之间关于本协定解释与适用的任何争端，若未能通过磋商或其他外交途径解决的，须应任一缔约方的请求提交仲裁，由仲裁庭依照适用的国际法规则做出有约束力的决定或裁决。除非缔约双方之间另有不同的协议，应适用《联合国国际贸易法委员会仲裁规则》，缔约双方或本协定所作修改之处除外。

2. 除非缔约双方另有约定，仲裁庭应由三名仲裁员组成，每一缔约方指定一名仲裁员，第三名也即首席仲裁员，由双方共同指定。如果仲裁庭未能在依照本章规定提交仲裁之日起 75 日内组成，应任一缔约方请求，秘书长应行使裁量权指定一名或多名尚未任命的仲裁员。

3. 仲裁员的费用以及仲裁程序中的其他费用应由缔约双方平均承担。但是，仲裁庭可以行使裁量权指示缔约一方承担更高比例的费用。

4. 第 28 条第 3 款"法庭之友意见"，第 29 条"投资者—国家仲裁程序的透明度"，第 30 条第 1 款和第 3 款"准据法"以及第 31 条"附件的解释"，应比照（mutatis mutandis）适用于根据本条提起的仲裁。

5. 第 1 款至第 4 款规定不适用于根据第 12 条或第 13 条提起的争端事项。

【评析】本条规定的是国家间争端解决机制。为了以"非政治化"的方式解决海外私人投资争端，各国选择通过 BIT 模式保护其私人海外投资，即各国政府希望建立不需要任何的政府干预而可以为投资者提供有效救济的机制。BIT 中的投资者—国家争端解决机制恰恰能够满足这一现实需要。由此可知，BIT 中虽然规定"国家间投资争端解决"内容，各国也具有对其海外投资的国民与投资利益提供外交保护的权利，但其并非是能够使 BIT 发挥投资保护作用的关键内容。从国际投资实践来看，缔约国之间的投资争端也比较鲜见。在美国 BIT 范本中关于"国家间投资争端解决"问题仅有一个条文，与"投资者—东道国争端解决机制"十四个条文相较而言，内容简约明晰。

与美国 BIT 范本内容相较，中国 2010 年 BIT 范本草案中对于"国家间投资争端解决"规定了 6 个月的"友好解决"期限，即在缔约国间就所签投资协定的解释与适用发生争议后，6 个月内如果未能通过外交途径解决，才可以提交专设仲裁庭解决，美国 BIT 范本则无此限制。在仲裁适用规则方面，美国 BIT 范本规定适用《联合国国际贸易法委员会仲裁规则》，但双方另有约定或修改之处除外。中国 BIT 范本草案则未对仲裁适用规则予以明确规定，仅规定仲裁庭应自行决定其程序按照本协定以及缔约双方都承认的国际法原则做出裁决。从 BIT 的整体功能与核心条款的角度看，两国间范本关于本条款的差异不会对谈判的推进构成实质性障碍。

各方全权代表签署此条约，以昭信守。

本协定于×年×月×日在×签订，用英文和×语写成，每种文本同等作准。

附件 1
习惯国际法

缔约双方确认其对习惯国际法的共识，即一般意义上的习惯国际法和第 5 条"最低待遇标准"和附件 2"征收"中的习惯国际法源于各国遵循法律义务的普遍和一致的实践。关于第 5 条"最低待遇标准"，习惯国际法对外国人的最低待遇标准系指所有保护外国人的经济权利和利益的习惯国际法原则。

附件 2

征收

缔约双方确认以下共识：

1. 第 6 条"征收与补偿"第 1 款旨在反映在征收方面有关国家义务的习惯国际法。

2. 除非缔约一方的一项行为或一系列行为侵犯了投资的有形或无形财产权或财产利益，否则不构成征收。

3. 第 6 条"征收与补偿"第 1 款规定了两种情形，第一种是直接征收，即一项投资被国有化或通过正式转移所有权或全部没收的其他方式直接征收。

4. 第 6 条"征收与补偿"第 1 款规定的第二种情形是间接征收，即缔约一方的一项行为或一系列行为未正式转移所有权或全部没收，但具有等同于直接征收的效果。

（a）决定缔约一方的一项行为或一系列行为是否构成间接征收，除其他因素外，需要在具体事实情况下逐案、以事实为基础进行调查考虑：

（i）政府行为对经济的影响，尽管缔约一方的行为或一系列行为的事实对投资的经济价值产生不利影响，但仅此并不构成间接征收；

（ii）政府行为对明确的、合理的投资期待的妨碍程度；

（iii）政府行为的性质。

（b）除极少数情况外，缔约一方为保护合法的公共福利之目标而制定并适用的非歧视性监管行为，如公共健康、安全和环境，不构成间接征收。

附件 3

美利坚合众国

送达美国的通知与其他文件须送至下列地址：

执行主任

法律顾问办公室

国务院

华盛顿特区，20520

美利坚合众国

（××国家）

送达（××国家）的通知和其他文件须送至下列地址：

（填写送达通知和其他文件的地址）

二　中美 BIT 谈判对中国的意义与挑战

从战略角度看，目前进行中的中美 BIT 谈判有助于进一步推动中美之间的投资合作，促进中美战略互信的发展。从具体实践考察，则可发现中美 BIT 谈判对中国而言是积极影响与挑战并存。

（一）中美 BIT 谈判有利于中国参与国际投资体制重塑

根据联合国贸发会 2015 年《世界投资报告》统计，截至 2014 年年底，全球国际投资保护协定数量达至 3271 项。虽然当前国际投资协定数量庞大，但呈碎片化发展，国际投资体制仍处于一个非常不成熟的时期，统一、系统的多边投资规则体系尚未建立。

近年来各国在投资协定缔结方面更是表现出明显的二分态度，国际投资规则体系的发展正处于岔路口。一方面，一些国家正通过终结双边投资协定、退出解决投资争端国际中心或缔结不含有投资者—东道国争端解决条款的投资条约选择退出国际投资体制；而另一方面，在条约制定方面则有一个"向上扩展"的趋势，表现为一些国家积极商签新的 BIT，并且在协定谈判内容方面更具广度与深度。虽然 BIT 总数仍然呈上升趋势，但由于近年来每年新增 BIT 数量呈下降趋势，过去单一目的的 BIT 已很少，现在多是由多国签订的优惠贸易与投资协定中包含较为复杂的投资规则。这些条约的典型特征是包含投资市场准入条款与投资准入后阶段更具平衡性的规则，即寻求对投资者提供强力保护与为政府管理公共利益保留必要的政策空间之间的平衡。但是，在投资协定中包含市场准入承诺被证明是不和谐因素：资本输出国和地区，如美国、加拿大、欧盟和日本是主要的倡议者，而资本输入国通常予以抵制。

中国海外投资流量的大幅增加，使得中国在这一问题上的立场受到各方关注。中美 BIT 谈判的推进，充分表明了中国在日益复杂的投资体系问题上选择了与欧美等发达国家相同的立场，即同意在 BIT 中不仅包含投资保护规则，而且包含复杂市场准入规则以扩展条约范围。

中国未加入 TPP，也未加入目前正在进行的 TISA 和 TTIP 等重要国际协定谈判。但美国 BIT 范本规定与其缔结的自由贸易协定中投资章节规定基本保持一致，而 TPP 和 TTIP 投资条款的具体内容与 2012 年美国 BIT 的内容也基本一致。因此，通过中美 BIT 谈判，中国可以参与到国际投资规则重塑中，从而增加话语权。

（二）　中美 BIT 谈判有利于为中国海外投资提供国际法层面保障

双边投资保护协定从形成之初就是资本输出国为保护其跨国投资而设计的精致的法律保护工具，可以为投资者提供一个明确、稳定和透明的投资法律框架。特别是当投资者与东道国发生投资争端时，投资者可以依照 BIT 中的投资者与东道国争端解决机制的规定寻求国际救济。

截至 2014 年末，中国对美投资存量为 380.11 亿美元，占中国在发达经济体投资存量的 28.1%。但遗憾的是，当前中国与美国尚未签订 BIT。积极与美国商签双边投资协定，特别是在市场准入、国民待遇、投资争端解决机制等方面进行充分谈判，有利于为中国投资者海外投资提供国际法层面的保障。

（三）　中美 BIT 对投资的促进作用较难评估

BIT 能否促进 FDI 流入与流向问题一直是学界关注的热点问题，各方观点并不一致。联合国贸易和发展会议（UNCTAD）对 1998 年至 2008 年间发表的有关 BIT 对外国直接投资的间接影响的一系列经济学研究成果进行分析后指出，早期实证的研究结果显示 BIT 对外国直接投资的影响是模棱两可的，有的研究显示影响很弱，有的研究显示有相当大的影响，还有的个别研究显示根本没有影响。但是，基于 2005 年至 2008 年发表的根据更多数据样本、改善的测量模型与多次测试的研究结果显示，BIT 对于由发达国家流入到发展中国家的外国直接投资流量具有一定的影响。虽然大多数双边投资保护协定并不能改变外国直接投资的主要经济因素，但能改善一些政策和体制方面的决定因素，从而增加签订了 BIT 的发展中国家获得更多的外国直接投资的可能性。詹森（Jason Webb Yackee，2008）则指出，在一些实行海外投资保险制度的发达国家中，资本输出国往往根据东道国签署 BIT 的意愿程度来决定其投资保险制度的可获得性。即这些国家会审查本国与投资目标国家间是否签订双边投资协定。对未与本国签署 BIT 的国家，资本输出国通常不愿向投资者提供风险担保，或以较高保险费率方式提供，从而提高投资者的风险或投资成本。

众所周知，影响投资的因素是多方面的，例如自然资源、劳动力、基础设施、市场规模、邻近性和政治稳定性等。因此，BIT 对吸引外资的重要性与影响是很难评估的。BIT 对促进投资的主要作用是 BIT 形成的稳定的法律框架能够降低投资者的风险，而降低风险是投资决定的一个重要因素，BIT 在这个决定中可以发挥一定的作用。

具体到中美 BIT，从中美 BIT 谈判对中国吸引外商投资角度看，以"准入前国民待遇加负面清单模式"为基础进行 BIT 谈判，将有助于推进中国国内投资管理体制改革，促进国内市场进一步开放，优化国内投资环境，进而增强中国对外资的吸引力。

就中美 BIT 谈判对中国赴美国投资的促进作用，从前文分析可知目前中国对美投资的主要投资壁垒是美国的海外投资审查制度。在这一问题上，BIT 的达成所能发挥的作用，仅限于其作为 CFIUS 审查中是否存在安全风险的一种考量。CFIUS 审查中，对安全风险的确定取决于多种因素，其中之一是美国与投资者的东道国政府之间的战略关系。但是，这并不是强有力的制度性约束，因此，中美 BIT 谈判对于中国赴美投资有多大推动作用尚待评估。

（四）中美 BIT 对中国国内外资管理体制改革既是机遇也是挑战

前文已述，中美 BIT 谈判确立的谈判基础——"准入前国民待遇加负面清单模式"——有利于突破现行中国外商投资管理体制深化改革中的"瓶颈"问题。国际投资领域的国民待遇意味着外国投资者可以在同等的条件下与东道国本国的投资者竞争。"准入前国民待遇加负面清单模式"要求一国政府给予外国投资者在设立、并购、扩大阶段的待遇，在同等条件下不低于其给予国内投资者的待遇。而中国当前的双轨制外资立法与外资准入的管理规定与其相冲突，客观上要求现行的投资管理体制进行深入改革，减少行政审批，放宽外资准入，赋予各类企业公平参与市场竞争的机会，提高外资管理体制的透明度。

与此同时，"准入前国民待遇加负面清单模式"对中国当前外资监管与风险防控能力提出了严峻的挑战。准入前国民待遇并不表明中国会在投资领域全面实施国民待遇，设置负面清单即为降低准入前国民待遇这一高标准的承诺。问题的关键在于如何设置高水平的"负面清单"以降低高水平投资自由化带来的监管风险。由于中国外资管理体制具有"重事前审批，轻事后监管"的倾向，事后监管的法律法规处于滞后发展状态。因此，如果采用负面清单管理模式，亟待政府在宏观层面给出新的创新制度设计，弥合因为现行政策法律修改与废除造成的监管空白与风险。此外，中美 BIT 达成后，中国将进一步开放国内市场。按照负面清单规定，未列入负面清单的产业领域，外资将与内资享有同等的进入待遇。这对于一些产业的发展可能造成冲击，进而影响整体经济发展和产业布局。

（五）外国投资者诉中国的国际投资仲裁案件有可能大幅增加

投资者与东道国争端解决机制是美国 BIT 范本中的重要内容，约占美国 BIT 范本的三分之一篇幅。依照美国范本中的规定，外国企业在投资争端发生后可以在未"用尽当地救济"的情况下，直接将投资争端提交给解决投资争端国际中心（ICSID）解决。这一机制被形象地称为 BIT 的"牙齿"，可以使 BIT 的规定并不仅仅停留在纸面上。这也是 BIT 与 WTO 争端解决机制的主要区别之一。

中国是一个处于经济转型过程中的发展中国家，难免会在经济管理中应对突发事件进行政策调整，而一旦这些政策措施调整触及外国投资者利益，中国就有可能被外国企业直接起诉到国际投资仲裁庭。国际投资仲裁脱胎于商事仲裁，仲裁员一般在投资仲裁中具有倾向于保护投资者的问题。

中美 BIT 以"准入前国民待遇加负面清单模式"为基础进行谈判，进一步加大了外国企业将与中国政府的投资争端起诉到国际投资仲裁庭的潜在风险。目前在 ICSID 受理的案例中，以《北美自由贸易协定》为例，60%—70%基于国民待遇问题。此外，国际投资仲裁还意味着中国政府的相关管理措施将被置于国际社会聚光灯下被放大审视。

三　中国的应对策略

综上分析，笔者认为应对上述中美 BIT 谈判对中国的挑战，可以从以下方面着手：

第一，积极推动中美 BIT 谈判，参与国际投资规则重塑，切实维护我国海外投资利益。中国作为投资东道国与成长中的海外投资大国，需要通过中美 BIT 谈判认真深入研究国际投资法实践中的前沿问题：对于国际投资法中尚未形成统一认识的实践性问题，我国应积极参与理论探讨；对于可能形成的国际规则，我国需要表明立场。我国应充分利用中美 BIT 谈判，对涉及我国海外投资利益的国有企业定义、环境与劳工等条款的具体内容进行充分谈判、据理力争，切实维护我国海外投资利益。

第二，结合自身经济发展特点，逐步引入国际投资新规则。对于国际投资新规则与新议题，中国不宜抱持抵触心理，完全否定。事实上，在国际经贸规则谈判中，如果能够在规则接受程度和方式上掌控得当，这些规则将发挥良性的"倒逼"作用。对于一些不会影响中国核心利益与根本原则的措施，我国应该做出相应调整。同时，也应清醒地意识到，接受高标准的国际投资规则，需要结合自身经济发展特点，逐步引入。各国所处的经济发展阶段不同，产业发展水平差别更大，经济发展所处的政治、法律和社会环境也不同，要求在国际范围内制定同等的投资规则标准不具有合理性。例如目前欧美力推的竞争中立政策，一方面可以促使中国持续推进国有企业改革，让国企作为一个平等独立的主体参与市场竞争，提高其可持续发展的能力，而不是凭借优惠政策的保护；而另一方面，也应强调推行竞争中立规则，不能忽视发展中国家和转型经济体的经济发展水平和特点，否则其将演变为贸易投资保护的工具。纵观美国、欧盟、澳大利亚等发达国家政府商业领域的改革历程，它们也是逐步推进，绝非一蹴而就。因此，中国应立足自身作为发展中国家和转型经济体的基本国情，在充分了解本国的产业发展现状的基础上，借鉴发达国家经验，逐步、适当引入高标准的国际准则的经验。

第三，借鉴国际经验，深化外资管理体制改革。中美 BIT 中的负面清单一旦达成，就不能像上海自贸区"负面清单"一样根据实践情况随时调整，其具有国际法上的效力。如果一国随意进行修订违反其中的规定，而这些变化又影响到了外国投资者在该国的投资利益，外国投资者就可依据 BIT 中的投资者与东道国争端解决机制条款将东道国起诉到国际投资仲裁庭。因此，在中美负面清单谈判启动的时间表敲定后，中国当前亟待加快外资管理体制改革进程。

当前外资管理体制特别需要完善外资准入国家安全审查制度与反垄断审查工作，弥合因为现行政策法律修改与废除造成的监管空白与风险。由于我国当前这些制度建设都处于初期阶段，难免遇到实施困难，例如近来对外资企业的反垄断审查工作就受到一些质疑，美国有评论者甚至据此要求停止正在进行中的中美 BIT 谈判。[①]这些都凸显了加快外资监管制度的完善与改革的迫切性。

第四，秉持合作互惠共识，争取达成一个平衡、共赢、高水平

① Derek M. Scissors, "Stop the US-China Bilateral Investment Treaty Talks", 2014-08-19, http：//www. aei. org/article/economics/international-economy/stop-the-us-china-bilateral-investment-treaty-bit-talks/.

的中美 BIT。中美 BIT 谈判为中国与美国的良性沟通搭建了良好的平台。在谈判中，双方如果能够务实地践行合作共识，前述谈判难点将会随着谈判的深入而逐渐一一迎刃而解。事实上，如果谈判双方有足够的战略互信，在 BIT 谈判具体文本设定方面，就会表现出极大的灵活性。例如美国在与澳大利亚缔结自贸协定时，双方基于互信就未规定投资者与东道国争端解决机制，表现出了很大的灵活性。因此，中国需要在中美 BIT 谈判中从多方面积极斡旋，强调中国现仍为发展中国家，BIT 的达成应寻求互惠共赢的目标。

中国以往对 BIT 中条款的设定多是从投资东道国角度考虑，将 BIT 视为"盾"，以防为主。随着中国海外投资的日益增加，从中国企业"走出去"视角重新审视 BIT 中的规定，则会发现 BIT 中的一些高标准要求通过适当调整与平衡也可以变成我们手中的"矛"，保护我国的海外投资利益。总之，审慎评估与对待中美 BIT 谈判，最终会为中国经济的可持续发展保驾护航。

附录 1

中国缔结的双边投资协定一览表

洲	国家	签署日期	生效日期
欧洲	瑞典	1982 年 3 月 29 日	1982 年 3 月 29 日
欧洲	瑞典议定书	2004 年 9 月 27 日	2004 年 9 月 27 日
欧洲	德国	1983 年 10 月 7 日	1985 年 3 月 18 日
欧洲	德国	2003 年 12 月 1 日	2005 年 11 月 11 日
欧洲	法国	1984 年 5 月 30 日	1985 年 3 月 19 日
欧洲	法国	2007 年 11 月 26 日	2010 年 8 月 20 日
欧洲	比利时	1984 年 6 月 4 日	1986 年 10 月 5 日
欧洲	比利时	2005 年 6 月 6 日	2009 年 12 月 1 日
欧洲	卢森堡	1984 年 6 月 4 日	1986 年 10 月 5 日
欧洲	卢森堡	2005 年 6 月 6 日	2009 年 12 月 1 日
欧洲	芬兰	1984 年 9 月 4 日	1986 年 1 月 26 日
欧洲	芬兰	2004 年 11 月 15 日	2006 年 11 月 15 日
欧洲	挪威	1984 年 11 月 21 日	1985 年 7 月 10 日
欧洲	意大利	1985 年 1 月 28 日	1987 年 8 月 28 日
欧洲	丹麦	1985 年 4 月 29 日	1985 年 4 月 29 日
欧洲	荷兰	1985 年 6 月 17 日	1987 年 2 月 1 日
欧洲	荷兰	2001 年 11 月 26 日	2004 年 8 月 1 日
欧洲	奥地利	1985 年 9 月 12 日	1986 年 10 月 11 日
欧洲	英国	1986 年 5 月 15 日	1986 年 5 月 15 日
欧洲	瑞士	1986 年 11 月 12 日	1987 年 3 月 18 日
欧洲	瑞士	2009 年 1 月 27 日	2010 年 4 月 13 日

洲	国家	签署日期	生效日期
欧洲	波兰	1988 年 6 月 7 日	1989 年 1 月 8 日
欧洲	保加利亚	1989 年 6 月 27 日	1994 年 8 月 21 日
欧洲	保加利亚附加议定书	2007 年 6 月 26 日	2007 年 11 月 10 日
欧洲	俄罗斯	2006 年 11 月 9 日	2009 年 5 月 1 日
欧洲	匈牙利	1991 年 5 月 29 日	1993 年 4 月 1 日
欧洲	捷克和斯洛伐克	1991 年 12 月 4 日	1992 年 12 月 1 日
欧洲	斯洛伐克	2005 年 12 月 7 日	2007 年 5 月 25 日
欧洲	捷克	2005 年 12 月 8 日	2006 年 9 月 1 日
欧洲	葡萄牙	1992 年 2 月 3 日	1992 年 12 月 1 日
欧洲	葡萄牙	2005 年 12 月 9 日	2008 年 7 月 26 日
欧洲	西班牙	1992 年 2 月 6 日	1993 年 5 月 1 日
欧洲	西班牙	2005 年 11 月 24 日	2008 年 7 月 1 日
欧洲	希腊	1992 年 6 月 25 日	1993 年 12 月 21 日
欧洲	乌克兰	1992 年 10 月 31 日	1993 年 5 月 29 日
欧洲	摩尔多瓦	1992 年 11 月 6 日	1995 年 3 月 1 日
欧洲	白俄罗斯	1993 年 1 月 11 日	1995 年 1 月 14 日
欧洲	阿尔巴尼亚	1993 年 2 月 13 日	1995 年 9 月 1 日
欧洲	克罗地亚	1993 年 6 月 7 日	1994 年 7 月 1 日
欧洲	爱沙尼亚	1993 年 9 月 2 日	1994 年 6 月 1 日
欧洲	斯洛文尼亚	1993 年 9 月 13 日	1995 年 1 月 1 日
欧洲	立陶宛	1993 年 11 月 8 日	1994 年 6 月 1 日
欧洲	冰岛	1994 年 3 月 31 日	1997 年 3 月 1 日
欧洲	罗马尼亚	1994 年 7 月 12 日	1995 年 9 月 1 日
欧洲	罗马尼亚附加议定书	2007 年 4 月 16 日	2008 年 9 月 1 日
欧洲	南斯拉夫	1995 年 12 月 18 日	1996 年 9 月 12 日
欧洲	塞尔维亚	1995 年 12 月 18 日	1996 年 9 月 13 日
欧洲	马其顿	1997 年 6 月 9 日	1997 年 11 月 1 日
欧洲	马耳他	2009 年 2 月 22 日	2009 年 4 月 1 日

续表

洲	国家	签署日期	生效日期
欧洲	塞浦路斯	2001 年 1 月 17 日	2002 年 4 月 29 日
欧洲	拉脱维亚	2004 年 4 月 15 日	2006 年 2 月 1 日
欧洲	波斯尼亚和黑塞哥维那	2002 年 6 月 26 日	2005 年 1 月 1 日
亚洲	泰国	1985 年 3 月 12 日	1985 年 12 月 13 日
亚洲	新加坡	1985 年 11 月 21 日	1986 年 2 月 7 日
亚洲	科威特	1985 年 11 月 23 日	1986 年 12 月 24 日
亚洲	斯里兰卡	1986 年 3 月 13 日	1987 年 3 月 25 日
亚洲	日本	1988 年 8 月 27 日	1989 年 5 月 14 日
亚洲	马来西亚	1988 年 11 月 21 日	1990 年 3 月 31 日
亚洲	巴基斯坦	1989 年 2 月 12 日	1990 年 9 月 30 日
亚洲	土耳其	1990 年 11 月 13 日	1994 年 8 月 19 日
亚洲	蒙古	1991 年 8 月 25 日	1993 年 11 月 1 日
亚洲	乌兹别克斯坦	1992 年 3 月 13 日	1994 年 4 月 12 日
亚洲	乌兹别克斯坦	2011 年 4 月 19 日	2011 年 9 月 1 日
亚洲	吉尔吉斯斯坦	1992 年 5 月 14 日	1995 年 9 月 8 日
亚洲	亚美尼亚	1992 年 7 月 4 日	1995 年 3 月 18 日
亚洲	菲律宾	1992 年 7 月 20 日	1995 年 9 月 8 日
亚洲	哈萨克斯坦	1992 年 8 月 10 日	1994 年 8 月 13 日
亚洲	韩国	1992 年 9 月 30 日	1992 年 12 月 4 日
亚洲	韩国	2007 年 9 月 7 日	2007 年 12 月 1 日
亚洲	土库曼斯坦	1992 年 11 月 21 日	1994 年 6 月 6 日
亚洲	越南	1992 年 12 月 2 日	1993 年 9 月 1 日
亚洲	老挝	1993 年 1 月 31 日	1993 年 6 月 1 日
亚洲	塔吉克斯坦	1993 年 3 月 9 日	1994 年 1 月 20 日
亚洲	格鲁吉亚	1993 年 6 月 3 日	1995 年 3 月 1 日
亚洲	阿联酋	1993 年 7 月 1 日	1994 年 9 月 28 日
亚洲	阿塞拜疆	1994 年 3 月 8 日	1995 年 4 月 1 日
亚洲	印度尼西亚	1994 年 11 月 18 日	1995 年 4 月 1 日

续表

洲	国家	签署日期	生效日期
亚洲	阿曼	1995 年 3 月 18 日	1995 年 8 月 1 日
亚洲	以色列	1995 年 4 月 10 日	2009 年 1 月 13 日
亚洲	沙特阿拉伯	1996 年 2 月 29 日	1997 年 5 月 1 日
亚洲	黎巴嫩	1996 年 6 月 13 日	1997 年 7 月 10 日
亚洲	柬埔寨	1996 年 7 月 19 日	2000 年 2 月 1 日
亚洲	叙利亚	1996 年 12 月 9 日	2001 年 11 月 1 日
亚洲	也门	1998 年 2 月 16 日	2002 年 4 月 10 日
亚洲	卡塔尔	1999 年 4 月 9 日	2000 年 4 月 1 日
亚洲	巴林	1999 年 6 月 17 日	2000 年 4 月 27 日
亚洲	伊朗	2000 年 6 月 22 日	2005 年 7 月 1 日
亚洲	缅甸	2001 年 12 月 12 日	2002 年 5 月 21 日
亚洲	朝鲜	2005 年 3 月 22 日	2005 年 10 月 1 日
亚洲	印度	2006 年 11 月 21 日	2007 年 8 月 1 日
亚洲	孟加拉	1996 年 9 月 12 日	1997 年 3 月 25 日
亚洲	阿拉伯联合酋长国	1993 年 7 月 1 日	1994 年 9 月 28 日
大洋洲	澳大利亚	1988 年 7 月 11 日	1988 年 7 月 11 日
大洋洲	新西兰	1988 年 11 月 22 日	1989 年 3 月 25 日
大洋洲	巴布亚新几内亚	1991 年 4 月 12 日	1993 年 2 月 12 日
非洲	加纳	1989 年 10 月 12 日	1990 年 11 月 22 日
非洲	埃及	1994 年 4 月 21 日	1996 年 4 月 1 日
非洲	摩洛哥	1995 年 3 月 27 日	1999 年 11 月 27 日
非洲	毛里求斯	1996 年 5 月 4 日	1997 年 6 月 8 日
非洲	津巴布韦	1996 年 5 月 21 日	1998 年 3 月 1 日
非洲	阿尔及利亚	1996 年 10 月 17 日	2003 年 1 月 28 日
非洲	加蓬	1997 年 5 月 9 日	2009 年 2 月 16 日
非洲	尼日利亚	1997 年 5 月 12 日	废除
非洲	尼日利亚	2001 年 8 月 27 日	2010 年 2 月 18 日
非洲	苏丹	1997 年 5 月 30 日	1998 年 7 月 1 日

续表

洲	国家	签署日期	生效日期
非洲	南非	1997 年 12 月 30 日	1998 年 4 月 1 日
非洲	佛得角	1998 年 4 月 21 日	2001 年 10 月 1 日
非洲	埃塞俄比亚	1998 年 5 月 11 日	2000 年 5 月 1 日
非洲	突尼斯	2004 年 6 月 21 日	2006 年 7 月 1 日
非洲	赤道几内亚	2005 年 10 月 20 日	2006 年 11 月 15 日
非洲	马达加斯加	2005 年 11 月 21 日	2007 年 7 月 1 日
非洲	马里	2009 年 2 月 12 日	2009 年 7 月 16 日
非洲	莫桑比克	2001 年 7 月 10 日	2002 年 2 月 26 日
非洲	尼日利亚	2001 年 8 月 27 日	2010 年 2 月 18 日
非洲	坦桑尼亚	2013 年 3 月 24 日	2014 年 4 月 17 日
美洲	玻利维亚	1992 年 5 月 8 日	1996 年 9 月 1 日
美洲	阿根廷	1992 年 11 月 5 日	1994 年 8 月 1 日
美洲	乌拉圭	1993 年 12 月 2 日	1997 年 12 月 1 日
美洲	厄瓜多尔	1994 年 3 月 21 日	1997 年 7 月 1 日
美洲	智利	1994 年 3 月 23 日	1995 年 8 月 1 日
美洲	秘鲁	1994 年 6 月 9 日	1995 年 2 月 1 日
美洲	牙买加	1994 年 10 月 26 日	1996 年 4 月 1 日
美洲	古巴	1995 年 4 月 24 日	1996 年 8 月 1 日
美洲	古巴	2007 年 4 月 20 日	2008 年 12 月 1 日
美洲	巴巴多斯	1998 年 7 月 20 日	1999 年 10 月 1 日
美洲	特立尼达和多巴哥	2002 年 7 月 22 日	2004 年 12 月 7 日
美洲	圭亚那	2003 年 3 月 27 日	2004 年 10 月 26 日
美洲	墨西哥	2008 年 7 月 11 日	2009 年 6 月 6 日
美洲	加拿大	2012 年 9 月 9 日	2014 年 10 月 1 日
大洋洲	巴哈马	2009 年 9 月 4 日	
大洋洲	文莱	2000 年 11 月 17 日	
大洋洲	瓦努阿图	2006 年 4 月 7 日	
非洲	贝宁	2004 年 2 月 18 日	

续表

洲	国家	签署日期	生效日期
非洲	博茨瓦纳	2000 年 6 月 12 日	
非洲	喀麦隆	1997 年 5 月 10 日	
非洲	乍得	2010 年 4 月 26 日	
非洲	刚果（布）	2000 年 3 月 20 日	
非洲	刚果（金）	2011 年 8 月 11 日	
非洲	科特迪瓦	2002 年 9 月 23 日	
非洲	吉布提	2003 年 8 月 18 日	
非洲	几内亚	2005 年 11 月 18 日	
非洲	肯尼亚	2001 年 7 月 16 日	
非洲	阿拉伯利比亚民众国	2010 年 8 月 4 日	
非洲	纳米比亚	2005 年 11 月 17 日	
非洲	塞舌尔	2007 年 2 月 10 日	
非洲	塞拉利昂	2001 年 5 月 16 日	
非洲	乌干达	2004 年 5 月 27 日	
非洲	赞比亚	1996 年 6 月 21 日	
亚洲	约旦	2001 年 11 月 15 日	
美洲	哥伦比亚	2008 年 11 月 22 日	
美洲	哥斯达黎加	2007 年 10 月 24 日	

资料来源：作者根据我国商务部和 UNCTAD 数据整理。

附录 2

美国对外签订双边投资协定一览表

国家	签订时间	生效时间
阿尔巴尼亚	1995 年 1 月 11 日	1998 年 1 月 4 日
阿根廷	1991 年 11 月 14 日	1994 年 10 月 20 日
亚美尼亚	1992 年 9 月 23 日	1996 年 3 月 29 日
阿塞拜疆	1997 年 8 月 1 日	2001 年 8 月 2 日
巴林岛	1999 年 9 月 29 日	2001 年 5 月 30 日
孟加拉国	1986 年 3 月 12 日	1989 年 7 月 25 日
白俄罗斯	1994 年 1 月 15 日	待交换批准文书生效
玻利维亚	1998 年 4 月 17 日	2001 年 6 月 6 日 （见注 1）
保加利亚	1992 年 9 月 23 日	1994 年 6 月 2 日
喀麦隆	1986 年 2 月 26 日	1989 年 4 月 6 日
刚果民主共和国（原扎伊尔）	1984 年 8 月 3 日	1989 年 7 月 28 日
刚果共和国（布拉柴维尔）	1990 年 2 月 12 日	1994 年 8 月 13 日
克罗地亚	1996 年 7 月 13 日	2001 年 6 月 20 日
捷克共和国（见注 2）	1991 年 10 月 22 日	1992 年 12 月 19 日
厄瓜多尔	1993 年 8 月 27 日	1997 年 5 月 11 日
埃及	1986 年 3 月 11 日	1992 年 6 月 27 日
萨尔瓦多	1999 年 3 月 10 日	待交换批准文书生效
爱沙尼亚	1994 年 4 月 19 日	1997 年 2 月 16 日
格鲁吉亚	1994 年 3 月 7 日	1997 年 8 月 17 日

续表

国家	签订时间	生效时间
格林纳达	1986 年 5 月 2 日	1989 年 3 月 3 日
海地	1983 年 12 月 13 日	待双方国内程序批准以及交换批准文书生效
洪都拉斯	1995 年 7 月 1 日	2001 年 7 月 11 日
牙买加	1994 年 2 月 4 日	1997 年 3 月 7 日
约旦	1997 年 7 月 2 日	2003 年 6 月 12 日
哈萨克斯坦	1992 年 5 月 19 日	1994 年 1 月 12 日
吉尔吉斯斯坦	1993 年 1 月 19 日	1994 年 1 月 12 日
拉脱维亚	1995 年 1 月 13 日	1996 年 12 月 26 日
立陶宛	1998 年 1 月 14 日	2001 年 11 月 22 日
摩尔多瓦	1993 年 4 月 21 日	1994 年 11 月 25 日
蒙古	1994 年 10 月 6 日	1997 年 1 月 1 日
摩洛哥	1985 年 7 月 22 日	1991 年 5 月 29 日
莫桑比克	1998 年 12 月 1 日	2005 年 3 月 3 日
尼加拉瓜	1995 年 7 月 1 日	待美国国内程序批准以及双方交换批准文书生效
巴拿马	1982 年 10 月 27 日	1991 年 5 月 30 日
巴拿马（修订）	2000 年 6 月 1 日	2001 年 5 月 14 日
波兰	1990 年 3 月 21 日	1994 年 8 月 6 日
罗马尼亚	1992 年 5 月 28 日	1994 年 1 月 15 日
俄罗斯	1992 年 6 月 17 日	待另一方国内程序批准以及双方交换批准文书生效
卢旺达	2008 年 2 月 19 日	2012 年 1 月 1 日
塞内加尔	1983 年 12 月 6 日	1990 年 10 月 25 日
斯洛伐克（见注 3）	1991 年 10 月 22 日	1992 年 12 月 19 日
斯里兰卡	1991 年 9 月 20 日	1993 年 5 月 1 日
特立尼达和多巴哥	1994 年 9 月 26 日	1996 年 12 月 26 日
突尼斯	1990 年 5 月 15 日	1993 年 2 月 7 日

续表

国家	签订时间	生效时间
土耳其	1985 年 12 月 3 日	1990 年 5 月 18 日
乌克兰	1994 年 3 月 4 日	1996 年 11 月 16 日
乌拉圭	2005 年 11 月 4 日	2006 年 11 月 1 日
乌兹别克斯坦	1994 年 12 月 16 日	待交换批准文书生效

注 1：2011 年 6 月 10 日，玻利维亚政府通知美国其终止《美利坚合众国政府与玻利维亚共和国政府关于促进和相互保护投资协定》。截至 2012 年 6 月 10 日（终止日），除在终止时已存在的合格投资仍适用于条约 10 年外，该协定停止生效。

注 2 和注 3：1991 年 10 月 22 日，与捷克和斯洛伐克联邦共和国签署协定，自 1993 年 1 月 1 日对作为单独的国家捷克共和国和斯洛伐克生效。

资料来源：作者根据美国国务院资料翻译，U. S. Department of State，http：//www. state. gov/e/eb/ifd/bit/117402. htm。

附录 3

国际投资协定一览表
（截至 2013 年年底）

国家（地区）	双边投资协定	其他国际投资协定	总数
阿富汗	3	4	7
阿尔巴尼亚	43	7	50
阿尔及利亚	47	8	55
安哥拉	8	7	15
安圭拉岛	—	1	1
安提瓜和巴布达	2	9	11
阿根廷	58	15	73
亚美尼亚	40	3	43
阿鲁巴岛	—	1	1
澳大利亚	22	14	36
奥地利	66	61	127
阿塞拜疆	46	4	50
巴哈马群岛	1	9	10
巴林岛	29	15	44
孟加拉国	28	4	32
巴巴多斯	10	9	19
白俄罗斯	60	4	64
比利时	93	61	154
伯利兹	7	9	16
贝宁	16	9	25

续表

国家（地区）	双边投资协定	其他国际投资协定	总数
百慕大群岛	—	1	1
不丹	—	2	2
玻利维亚	17	12	29
波斯尼亚和黑塞哥维那	38	5	43
博茨瓦纳	8	7	15
巴西	14	16	30
英属维尔京群岛	—	1	1
文莱达鲁萨兰国	8	16	24
保加利亚	68	62	130
布基纳法索	14	9	23
布隆迪	7	9	16
柬埔寨	21	14	35
喀麦隆	16	6	22
加拿大	30	17	47
佛得角	9	6	15
开曼群岛	—	1	1
中非共和国	4	5	9
智利	50	28	78
中国	130	17	147
哥伦比亚	8	20	28
科摩罗	6	10	16
刚果	14	5	19
刚果民主共和国	16	10	26
库克群岛	—	2	2
哥斯达黎加	21	17	38
科特迪瓦	10	10	20
克罗地亚	58	62	120
古巴	58	3	61

国家（地区）	双边投资协定	其他国际投资协定	总数
塞浦路斯	27	62	89
捷克共和国	79	62	141
丹麦	55	62	117
吉布提	9	10	19
多米尼加	2	9	11
多米尼加共和国	15	4	19
厄瓜多尔	18	8	26
埃及	100	13	113
萨尔瓦多	22	9	31
赤道几内亚	9	5	14
厄立特里亚	4	6	10
爱沙尼亚	27	63	90
埃塞俄比亚	29	6	35
斐济	—	3	3
芬兰	71	62	133
法国	102	62	164
加蓬	14	6	20
甘比亚	16	7	23
格鲁吉亚	31	4	35
德国	134	62	196
加纳	26	7	33
希腊	43	62	105
格林纳达	2	9	11
危地马拉	19	11	30
几内亚	20	7	27
几内亚比绍共和国	2	8	10
圭亚那	8	10	18
海地	7	9	16

续表

国家（地区）	双边投资协定	其他国际投资协定	总数
洪都拉斯	11	10	21
中国香港	16	4	20
匈牙利	58	62	120
冰岛	9	30	39
印度	84	12	96
印度尼西亚	64	14	78
伊拉克	7	6	13
爱尔兰	—	62	62
以色列	37	5	42
意大利	93	62	155
牙买加	17	9	26
日本	22	17	39
约旦	53	9	62
哈萨克斯坦	45	7	52
肯尼亚	14	7	21
基里巴斯	—	2	2
朝鲜	24	—	24
韩国	91	13	104
科威特	74	14	88
吉尔吉斯斯坦	29	7	36
老挝	24	15	39
拉脱维亚	44	62	106
黎巴嫩	50	8	58
莱索托	3	7	10
利比里亚	4	7	11
利比亚	35	11	46
列支敦士登	—	1	1
立陶宛	54	62	116

续表

国家（地区）	双边投资协定	其他国际投资协定	总数
卢森堡	93	62	155
中国澳门	2	2	4
马达加斯加	9	5	14
马拉维	6	9	15
马来西亚	68	21	89
马尔代夫	—	3	3
马里	17	8	25
马耳他	22	62	84
毛里塔尼亚	20	7	27
毛里求斯	40	10	50
墨西哥	29	15	44
摩尔多瓦共和国	39	4	43
摩纳哥	1	—	1
蒙古	43	3	46
黑山	18	4	22
蒙特塞拉特岛	—	9	9
摩洛哥	63	9	72
莫桑比克	25	7	32
缅甸	7	14	21
纳米比亚	14	7	21
瑙鲁	—	2	2
尼泊尔	6	3	9
荷兰	97	62	159
新喀里多尼亚	—	1	1
新西兰	5	12	17
尼加拉瓜	18	11	29
尼日尔	5	9	14
尼日利亚	24	8	32

续表

国家（地区）	双边投资协定	其他国际投资协定	总数
挪威	15	28	43
阿曼	34	14	48
巴基斯坦	46	7	53
巴勒斯坦领土	3	7	10
巴拿马	24	10	34
巴布亚新几内亚	6	3	9
巴拉圭	24	15	39
秘鲁	31	27	58
菲律宾	37	13	50
波兰	62	62	124
葡萄牙	55	62	117
卡塔尔	49	14	63
罗马尼亚	82	62	144
俄罗斯	72	3	75
卢旺达	7	10	17
圣基茨和尼维斯	—	9	9
圣卢西亚岛	2	9	11
圣文森特和格林纳丁斯	2	9	11
萨摩亚	—	2	2
圣马力诺	8	—	8
圣多美和普林西比	1	3	4
沙特阿拉伯	24	14	38
塞内加尔	25	9	34
塞尔维亚	51	4	55
塞舌尔	4	9	13
塞拉利昂	3	7	10
新加坡	41	26	67
斯洛伐克	55	62	117

国家（地区）	双边投资协定	其他国际投资协定	总数
斯洛文尼亚	38	62	100
所罗门群岛	—	2	2
索马里	2	5	7
南非	43	10	53
南苏丹	—	1	1
西班牙	82	62	144
斯里兰卡	28	5	33
苏丹	27	10	37
苏里南	3	10	13
史瓦济兰	6	10	16
瑞典	69	62	131
瑞士	119	31	150
阿拉伯叙利亚共和国	42	5	47
中国台湾	23	5	28
塔吉克斯坦	34	7	41
泰国	39	21	60
前南斯拉夫的马其顿共和国	39	5	44
东帝汶	3	1	4
多哥	4	9	13
汤加	1	2	3
特立尼达和多巴哥	13	9	22
突尼斯	55	9	64
土耳其	89	19	108
土库曼斯坦	25	6	31
图瓦卢	—	2	2
乌干达	15	8	23
乌克兰	73	5	78
阿拉伯联合酋长国	45	14	59

续表

国家（地区）	双边投资协定	其他国际投资协定	总数
英国	105	62	167
坦桑尼亚	19	7	26
美国	46	64	110
乌拉圭	30	17	47
乌兹别克斯坦	50	5	55
瓦努阿图	2	2	4
委内瑞拉玻利瓦尔共和国	28	4	32
越南	60	17	77
也门	37	6	43
赞比亚	11	8	19
津巴布韦	30	8	38

资料来源：UNCTAD，IIA database；作者根据 2014 年《世界投资报告》附件 7 翻译整理。